周必勇 著

新时期中国新闻评论舆论引导力变迁研究

[1978-2021]

江苏人民出版社

图书在版编目（CIP）数据

新时期中国新闻评论舆论引导力变迁研究：1978—
2021 / 周必勇著. —南京：江苏人民出版社，2024.5
ISBN 978 - 7 - 214 - 29105 - 9

Ⅰ.①新…　Ⅱ.①周…　Ⅲ.①新闻工作-舆论-研究
-中国-1978-2021　Ⅳ.①G219.2

中国国家版本馆 CIP 数据核字（2024）第 096454 号

书　　　名	新时期中国新闻评论舆论引导力变迁研究(1978—2021)	
著　　　者	周必勇	
责 任 编 辑	郝　鹏	
装 帧 设 计	朱万能	
责 任 监 制	王　娟	
出 版 发 行	江苏人民出版社	
地　　　址	南京市湖南路 1 号 A 楼，邮编：210009	
照　　　排	南京紫藤制版印务中心	
印　　　刷	江苏凤凰数码印务有限公司	
开　　　本	787 毫米×1092 毫米　1/16	
印　　　张	18.25	
字　　　数	310 千字	
版　　　次	2024 年 5 月第 1 版	
印　　　次	2024 年 5 月第 1 次印刷	
标 准 书 号	ISBN 978 - 7 - 214 - 29105 - 9	
定　　　价	78.00 元	

（江苏人民出版社图书凡印装错误可向承印厂调换）

序

近年来,新闻舆论"四力"(传播力、引导力、影响力、公信力)是新闻界和学术界关注的热门话题。其中,引导力是"四力"的核心,新闻评论是引导舆论最有力的工具,将两者相结合的"新闻评论舆论引导力"这一课题具有显著的理论意义和实践价值。周必勇的新作《新时期中国新闻评论舆论引导力变迁研究(1978—2021)》,从新时期中国新闻评论舆论引导力演进的历史维度出发,以引导力变迁为主题,以1978年到2021年43年间不同时期的时代特征和党的中心工作为背景,梳理和分析了新时期新闻评论在各阶段进行舆论引导、发挥重要作用的典型表现和代表性作品,从构成要素、评价指标、作用机制及目标诉求等方面着手,探讨和揭示了各阶段新闻评论舆论引导力的特征、效果及演化路径,在此基础上总结和提炼出新时期新闻评论舆论引导力变迁的历史逻辑及现实启示,给我们呈现的是一部视角独特、内容丰富的学术力作。

通过作者的论述我们可以看到,新时期中国新闻评论舆论引导力变迁主要可分为三个阶段,同时存在与其相对应的特征和效果。从改革开放之初的回归拓展,到世纪之交的多元提升,再到新时代的强化整合,新闻评论的舆论引导力始终处于不断的发展和完善过程之中,围绕当时党的中心工作和发展大局,发挥了引领方向、指导实践与塑造认同的巨大作用。在各阶段新闻评论舆论引导力所表现出的特征及效果背后,存在着引导力在意识形态、指导方针、价值导向和发展理念等方面的"不变"的逻辑,以及在空间、作为及取向维度的"变"的逻辑,两者一起构成了中国当代新闻评论舆论引导力变迁的客观规律。政治生活、经济发展和科技文化等社会环境状况,则构成了引导力变迁的外部因素和动力机制。

本书最大的特色在于历史研究与应用研究相结合,将新闻宣传工作中的"舆论引导"课题,以新闻评论为研究样本加以系统性的回顾、分析和总结,在开阔的历史视野中思考当代新闻评论舆论引导力变迁的规律及得失,这使得新闻评论舆论引导突破了传统的实务研究范畴，为当代新闻评论应如何提高和完善舆论引导力这一重要课题提供了史论层面的指导和借鉴。此外，作者的资料准备工作极为扎实，全面而细致的文献梳理和分析一方面丰富了学术界在舆论引导和新闻评论方面的研究成果，另一方面也为开展新闻评论舆论引导力的相关研究提供一个新的视角以及历史经验层面的启示。

当然，作为作者在学术研究道路上的阶段性成果，本书也存在着一些不足，比如研究方法以定性为主，而数据分析与关于引导力测算的定量研究相对较少，造成部分结论的精确性稍显欠缺。相信随着作者后续研究的深入，书中的薄弱之处都会得到弥补和充实，成果也会更加完善。

我与必勇相识已久，他谦逊好学、勤奋上进，是三江学院国家级一流专业（新闻学）的学术骨干，近年来在教书育人及学术研究方面颇有成绩。2022 年 7 月，他作为江苏省教育厅推荐的国内访问学者进入南京大学新闻传播学院，在我的指导下进行了一年的访问研习，从此我们也便有了师生缘分。访学期间，必勇以"中国特色传播体系下数字经济与传媒治理的协同发展"为研究课题，在个人学术研究及教学能力提升方面进步明显，取得了包括获得博士学位及省级产教融合型一流课程在内的一系列重要成果。这本专著就是他在博士论文的基础上，进一步加工和完善后的成果结晶。作为他博士论文的最早的读者，同时也作为他访学进修的指导老师，他邀我为此书作序，我当然欣然从命。从这本书中，我能充分感受到他对学术的坚持与努力，希望他在未来能继续保持对学术的探索热情，在工作和学习中取得更多的成绩和突破，为新闻传播研究奉献更多的佳作。

丁和根

2024 年 5 月于南京大学

目　录

绪　论

第一节　研究背景与选题意义

一、研究背景

舆论引导是中国共产党新闻思想的重要内容，是党的宣传思想工作的重要领域。做好舆论引导工作、提升舆论引导能力，是关系到党的新闻舆论工作成效以及党的执政能力建设的重要课题。从革命战争年代党对新闻工作坚持指导性的要求，到新中国成立后"政治家办报"口号的提出，再到改革开放后的舆论宣传、舆论导向与舆论引导等新闻舆论命题的相继提出，这一过程体现了舆论引导的重要地位和含义演变。可以说，对新闻与舆论关系的研究与处理，以及舆论引导的探索实践，是中国共产党新闻事业发展的一条主线，也是包括新闻评论在内的党的宣传工作中最鲜明、最突出的内容和活动之一。①

中共十八大后，中国特色社会主义进入新时代，随着我国进入以多元利益为基础的多元社会，社会各阶层、群体的意见表达矛盾冲突明显增多，不同社会思潮之间的交锋日益激烈。而在互联网时代所形成的舆论场新格局中，自媒体的勃兴极大分化了主流媒体的舆论引导力、影响力和传播力，新老媒体在引导舆论方面存在着主导权、话语权的博弈。此外，在当前全球经济政治格局发生深刻变化的复杂形势下，虽然我国政治、经济、国防等硬实力不断上升，但西强东弱的国际传播环境依然存在，东西方舆论冲突乃至意识形态对立不断加剧。上述社会结构、传播生态及国际话语格局等方面出现的新形势、新情况、新问题，使得新时期党的新闻舆论工作面临着巨大压力和挑战，新闻评论必须在更复杂的环境和更多元的语境下提升、

---

① 《全面提升新时代宣传工作的科学化规范化制度化水平》，《人民日报》2019年9月1日，第2版。

强化、完善其舆论引导能力,从而实现其化解矛盾、凝聚共识的功能,发挥其引领导向、整合社会的作用。

因此,新闻媒体尤其是主流媒体做好舆论引导工作,加强包括新闻评论在内的新闻舆论引导力建设,是当前形势下保证舆论引导效果、做好宣传思想工作、营造和谐健康舆论环境的必然要求。如习近平总书记所说:"在形势比较复杂的情况下,要提高舆论引导能力……要善于把握本质、主流和趋势,善于把握社会心理,善于把握时、度、效,深度分析,主动发声,澄清是非,更有针对性做好舆论引导工作。"[1]在新的传播格局下,提升新闻媒体特别是新闻评论的舆论引导力,加强对"引导力"课题的研究和总结,是做好新时代党的新闻舆论工作的重点和关键,具有重要的学术创新和实践指导意义。

二、选题意义

(一) 在媒体融合时代,舆论环境与传播生态的巨大变化对新闻舆论工作提出了新挑战和更高要求。2016 年 2 月 19 日,习近平在党的新闻舆论工作座谈会上指出"尊重新闻传播规律,创新方法手段,切实提高党的新闻舆论传播力、引导力、影响力、公信力"[2],首次正式提出了"新闻舆论引导力"的概念。这一提高新闻舆论"四力"的论断,以及之后的一系列相关讲话精神,是习近平新闻思想的重要内容,是新时代做好党的新闻舆论工作的基本要求。

在"四力"之中,传播力是前提,而引导力是手段,是传播力的"推进器"和"校准星"[3],推动和加速传播力的精准发力;影响力和公信力是传播力与引导力共同作用带来的结果。引导力凭借其对目标的科学和合理设计,在"四力"提升中起着关键性作用。提高新闻媒体尤其是主流媒体的舆论引导力,用主流意识形态和社会主义核心价值观来整合多样化的思想观念和社会舆论,是做好新时代党的新闻舆论工作的基础和保障,对提高党的执政能力、巩固党的执政地位至关重要。本书以"引导力"作为研究课题,契合当前新闻舆论工作的突出地位,具有较强的现实意义。

---

[1] 习近平:《在中央经济工作会议上的讲话(2015 年 12 月 18 日)》,《习近平关于全面建成小康社会论述摘编》,北京:中央文献出版社,2016 年,第 200 页。

[2] 《习近平在党的新闻舆论工作座谈会上强调:坚持正确方向创新方法手段 提高新闻舆论传播力引导力》,《人民日报》2016 年 2 月 20 日,第 1 版。

[3] 沈正赋:《论新闻舆论"四力"发展的动力建构》,《现代传播》2022 年第 1 期。

（二）互联网时代下的社会舆论呈现出浅表化、情绪化的特征，需要新闻媒体通过自身的信息传播给予专业、理性的指导。评论是承载深刻思想的最佳载体。作为一种重要新闻体裁，新闻评论是营造和形成新闻舆论的重要方式和手段，影响社会舆论最直接、最鲜明的手段和方式。面对新闻事件和社会热点，新闻评论所表现出的洞察力、控制力和说服力，就是新闻评论的舆论引导力。

新闻评论的发展历史及自身议论性、新闻性的特征，决定了它在把握正确导向、提高民众认识、塑造理性精神方面具有重要作用。新闻评论是引导舆论最有力的工具，是决定舆论引导权威性、公信力、影响力的最重要因素。本书以"新闻评论舆论引导力"作为研究对象，符合新闻评论这一意见表达文体及传播系统的属性与功能特征，适应了新媒体环境下公众的深层认知需要，具有较强的针对性和实践指导价值。

（三）新闻评论是引导舆论的关键，多年来在党的新闻舆论和宣传思想工作中起到了重要作用，但其在历史及实践中存在着诸如意识形态挂帅、滥用辩证、说教意味浓厚等弊端，在互联网时代还出现了盲目跟风炒作、公共议题失声、专业性深刻性缺失等问题。这些问题和缺陷，严重影响了新闻评论舆论引导力的发挥和实现，需要认真研究并加以解决。

历史是当卜最好的镜子。本书从新时期中国新闻评论舆论引导力演进的历史维度出发，以引导力变迁为主题，以1978年到2021年43年间不同时期的时代特征和党的中心工作为背景，通过梳理和分析中国当代新闻评论在各阶段进行舆论引导、发挥重要作用的典型表现和代表性作品，从构成要素、评价指标、作用机制及目标诉求等方面着手，探讨和揭示各阶段新闻评论舆论引导力的特征、效果及演化路径，在此基础上总结和提炼中国当代新闻评论舆论引导力变迁的历史逻辑及现实启示。本书的研究目标在于将传统新闻宣传工作中的"舆论引导"课题，运用传播学、社会学、历史学、政治学、逻辑学等学科知识，从新闻评论出发加以系统性的回顾、分析和总结，在此基础上使新闻界和学术界形成对"引导力"这一概念的宏观理解和认知，并在更开阔的历史演进层面思考当代新闻评论舆论引导力变迁的规律及得失，为当代新闻评论应如何提高和完善舆论引导力这一重要问题提供指导和借鉴。本书选题的学术意义在于：通过全面、细致的文献梳理和分析，丰富学术界在舆论引导和新闻评论方面的研究成果，为开展新闻评论舆论引导力的相关研究提供一个新的视角，以及历史经验层面的启示。

第二节　研究综述

一、中国新闻评论研究概况

中文"新闻评论"一词是个本土化生成的概念，这一命名既概括了意见表达文体的共同属性，也指出了"新闻"文体的特性，因此是较为科学的。中国新闻评论的早期研究与近代政论写作及文人论政传统有密切关系。王韬、谭嗣同、梁启超等近代政论家对报刊政论文体及写作发表过一些感悟式的论述，虽然还不是严格意义上的正式研究，但可以说是中国新闻评论研究的发端。

中国新闻评论的早期研究大多集中于教学活动及新闻学著作中。1919 年邵飘萍在北大新闻学研究会讲授"评论写作"课程，这是报人第一次有意识地对新闻评论进行专门研究。另外，张友渔著有《何谓社论》①、《报纸评论之起源》②等有关新闻评论教学的总结性文章。徐宝璜的《新闻学》③专辟一章"新闻纸之社论"，阐述社论写作的思想、材料和文字表达，并进入大学课堂。郭步陶的《编辑与评论》④是我国最早的新闻评论专著。20 世纪 40 年代，新闻评论作为一个学术概念，逐步趋于成熟。1941 年，张鹤魂的《新闻评论》⑤一书出版，"新闻评论"概念第一次明确出现在著作名称中。1947 年出版的程仲文的《新闻评论学》⑥，标志着新闻评论真正进入了"学"的阶段。

中华人民共和国成立后到 20 世纪 80 年代初，中国新闻评论研究陷入相对停滞状态，直到改革开放后，随着新闻事业和新闻教育的复苏，新闻评论的实践及研究才重回正轨。进入 21 世纪后，与新闻评论实践的兴盛同步，新闻评论的研究也迎来爆发期，相关著作和学术文献不断涌现。

（一）论文层面

通过对中国学术期刊网络出版总库（CNKI）进行搜索，从 1981 年到 2021 年底，

---

① 张友渔：《何谓社论？——1932 年任教于燕京大学新闻系之讲义》，《新闻研究资料》1981 年第 3 期。
② 张友渔：《报纸评论之起源》，《张友渔文选（上卷）》，北京：法律出版社，1997 年。
③ 徐宝璜：《新闻学》，北京：中国人民大学出版社，1994 年。
④ 郭步陶：《编辑与评论》，上海：商务印书馆，1933 年。
⑤ 张鹤魂：《新闻评论》，北平：现代学社，1941 年。
⑥ 程仲文：《新闻评论学》，上海：力生文化出版公司，1947 年。

以"新闻评论"为主题的期刊论文数量共有7421篇,而发表于2000年以后的有6541篇,由此可见新世纪新闻评论研究的兴盛。

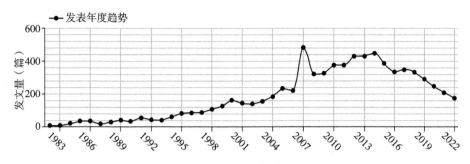

图绪1　"新闻评论"研究论文分布趋势图（1981—2021）
资料来源：中国学术期刊网络出版总库(CNKI)

不但论文数量呈井喷之势,新闻评论的研究范围也大大拓展。新世纪前,新闻评论只停留在最基本的创作层面,如选题、立意、结构、论证、分类、特点、功能、写作等。2000年之后,随着时代发展以及新闻评论自身的演变,新闻评论研究在上述范畴之外进一步发展完善,以反思为主,对新闻评论的内涵、特征、性质、功能、价值等本体性理论的研究进一步深化。如赵振宇的系列研究论文及其所指导的系列博士论文,从宽容意识、民主意识、科学精神、公共话语等方面,对新闻评论的哲学源头进行了系统研究,在认识论和价值观的高度探寻其精神内涵[1];曾建雄指出社会转型导致了中国新闻评论传播环境的变化和评论功能的拓展,新闻评论工作者从内容到形式对传统评论进行了大胆创新[2];黄芝晓则从语言学的角度,指出当代新闻评论的语言要有"现代语感",拉近与受众的心理距离,便于受众理解和交流,如此方能正确、有效地引导舆论[3];杨新敏认为新闻评论是基于新闻事实基础上的意见性文体,新闻性是其根本特征,新闻评论应突出时效性、思想性、论理性[4]。

在新闻评论实务研究方面,新世纪后,对媒体评论的个案式研究,如南方都市报评论、央视评论、人民日报"任仲平"评论、凤凰卫视评论等,占据了新闻评论实务研究的主体,如陈家兴认为,新闻评论应遵从新闻传播规律,从公众阅读心理和习

---

①　赵振宇：《多重理论视野中的新闻评论》,《西南民族大学学报（人文社科版）》2006年第9期。

②　曾建雄：《转型期新闻评论功能的拓展与内容形式创新》,《国际新闻界》2012年第12期。

③　黄芝晓：《新闻评论的现代语感》,《国际新闻界》2007年第7期。

④　杨新敏：《重新认识新闻评论》,《现代传播》2002年第4期。

惯出发，进行宣传和倡导①；张原认为，新闻评论作为舆论环境建设的一种重要力量，在多元化时代亟须建立一种有利于舆情导向的新传播范式②。另有部分学者从中美新闻评论对比的角度，对新闻评论进行了比较研究。

在新闻评论历史研究方面，多位研究者将评论史与中国现代史、文人论政史结合起来加以考察。胡文龙对改革开放后 20 年新闻评论的改革和走向，从选题立论、文体形式、语言风格等方面进行了总结和介绍③；马少华考察了时评在中国发展、衰落与复兴的历史，认为"时评文体的升沉是新闻评论规律的升沉"④；涂光晋则从史学角度考察了中国新闻评论的文体源流与精神传承，对改革开放以来的新闻评论发展史进行了梳理⑤；张玉川从词源学角度，对"新闻评论"词汇和概念进行了溯源和考证⑥。

在互联网时代背景下，新媒体评论研究成为近年来新闻评论研究的热点。马少华对自媒体环境下新闻评论的多元化创新性写作进行了深刻剖析，以"观点写作"的概念统领了新形势下新闻评论文体规范的突破和创新⑦；殷俊、孟育耀指出感性、多维、随动是新媒体言论不同于传统言论的主要特征，在新的舆论环境下越来越成为公众进行意见表达的主要方式⑧；新华社新闻研究所对《人民日报》等多家传统纸媒进行了考察，总结和探讨了其在新媒体影响下新闻评论的转型路径及创新策略⑨；涂光晋、吴惠凡指出，在新媒体革命的影响下，传统新闻评论发生了许多新的变化，呈现出许多新的特点，在形态上表现为从单一渠道到多种渠道，在主体上表现为从单向传播到多级传播，在议题上表现为从"把关人"到"整合者"，在功能上表现为从"宣传阵地"到"观点市场"，在方式上表现为从"引导"到"整合"，这些新变化和新特点有利于受众进行观点表达和参与公共事务，从而实现新闻评论的公共话语平台功能⑩。

① 陈家兴：《新闻评论的舆论引导刍议》，《新闻记者》2009 年第 7 期。
② 张原：《新闻评论构建舆论引导话语权的范式研究》，《电视研究》2010 年第 11 期。
③ 胡文龙：《我国新时期新闻评论改革与走向》，《新闻界》1998 年第 5 期。
④ 马少华：《时评的历史与规范》，《新闻大学》2002 年第 3 期。
⑤ 涂光晋：《从"济天下"到"持论公正"》，《现代传播》2006 年第 1 期。
⑥ 张玉川：《对"新闻评论"一词的溯源与考证》，《国际新闻界》2012 年第 1 期。
⑦ 马少华：《观点写作，在创新中建立新的文体默契》，《中国记者》2020 年第 7 期。
⑧ 殷俊、孟育耀：《论新媒体言论的基本特征及传播转型》，《国际新闻界》2012 年第 12 期。
⑨ 新华社新闻研究所课题组：《新媒体环境下新闻评论创新之策》，《中国记者》2013 年第 9 期。
⑩ 涂光晋、吴惠凡：《表达·交流·争论·整合——新媒体时代新闻评论的变化与反思》，《国际新闻界》2011 年第 5 期。

（二）著作和教材层面

在著作和教材层面，新闻评论研究也呈现出蓬勃发展之势。以中国人民大学、复旦大学、华中科技大学为代表的高校新闻评论研究团队，多年来形成和发布了多项高质量的研究成果，代表性的有《新闻评论学》（秦珪、胡文龙）[1]、《新闻评论教程》[2]、《中国新闻评论发展研究》[3]、《新闻评论》[4]、《时代之"声"——新时期中国新闻评论研究》[5]、《新闻评论学》（丁法章）[6]、《现代新闻评论》[7]、《新闻评论研究引论》[8]、《新闻评论通论》[9]、《中国新闻评论发展史（近代部分）》[10]、《解码新时评——中国新闻时评的新发展（1996—2006）》[11]等。此外，以人民日报社为代表的媒体研究团队，也出版了一批有影响力的著作，如邵华泽的《新闻评论写作漫谈》[12]、《新闻评论探讨》[13]、《同研究生谈新闻评论》[14]三部曲，范荣康的《新闻评论学》[15]，以及中国青年报曹林的《时评写作十讲》[16]、《时评写作十六讲》[17]等。

在此期间，新闻评论方面的作品集也大量出现。如《思想原声：一百年来的思想激荡》[18]，编选了从1901年到2001年整个二十世纪的有影响力的社论和时评文章；米博华的《走进高高殿堂：米博华新闻评论选》[19]，收录了作者二十多年间在《人民日报》上发表的文章。《南方都市报》、《新京报》等媒体也对其刊登的评论文章进

① 秦珪、胡文龙：《新闻评论学》，北京：中国人民大学出版社，1987年。
② 胡文龙、秦珪、涂光晋：《新闻评论教程》，北京：中国人民大学出版社，1998年。
③ 胡文龙主编：《中国新闻评论发展研究》，北京：中国人民大学出版社，2002年。
④ 马少华：《新闻评论》，长沙：中南大学出版社，2005年。
⑤ 涂光晋：《时代之"声"——新时期中国新闻评论研究》，北京：中国人民大学出版社，2011年。
⑥ 丁法章：《新闻评论学》，上海：复旦大学出版社，1985年。
⑦ 赵振宇：《现代新闻评论》，武汉：武汉大学出版社，2005年。
⑧ 赵振宇：《新闻评论研究引论》，北京：中国人民大学出版社，2011年。
⑨ 赵振宇：《新闻评论通论》，北京：清华大学出版社，2014年。
⑩ 曾建雄：《中国新闻评论发展史（近代部分）》，桂林：广西师范大学出版社，1996年。
⑪ 陈栋：《解码新时评——中国新闻时评的新发展（1996—2006）》，北京：中国社会科学出版社，2010年。
⑫ 邵华泽：《新闻评论写作漫谈》，北京：长城出版社，1986年。
⑬ 邵华泽：《新闻评论探讨》，北京：人民日报出版社，1993年。
⑭ 邵华泽：《同研究生谈新闻评论》，北京：人民日报出版社，1999年。
⑮ 范荣康：《新闻评论学》，北京：人民日报出版社，1988年。
⑯ 曹林：《时评写作十讲》，上海：复旦大学出版社，2011年。
⑰ 曹林：《时评写作十六讲》，北京：北京大学出版社，2020年。
⑱ 周伟主编：《思想原声：一百年来的思想激荡》，北京：光明日报出版社，2003年。
⑲ 米博华：《走进高高殿堂：米博华新闻评论选》，北京：新华出版社，2006年。

行整理并相继出版。从 2009 年起，人民日报评论部开始出版《人民日报评论年编》①，迄今已连续出版十多年。2013 年出版的《人民日报社论全集》②，收录了1948—2012 年间共计 7208 篇所有社论文章。此外还有《人民日报任仲平 100篇》③、汇集了获中国新闻奖的评论作品集《获奖评论赏析》④、知名时评人曹林的《时评中国》⑤系列作品集，等等。

纵观中国新闻评论研究的历史可以发现，无论是在学术文献，还是专著教材层面，其在数量和质量上都呈现出兴旺向上的繁荣局面。特别是 21 世纪以来，随着媒体评论实践的活跃，以及新媒体评论影响力的日益增强，研究成果数量呈剧增态势，研究领域进一步扩大。虽然当前对于新闻评论的研究还存在着著作教材化、理论深度与研究张力尚显不足等问题，但既有研究成果的积累、研究视野的扩大以及研究方法的多元，为新闻评论后续研究的深入开展创造了良好条件。

二、中国新闻评论史研究概况

本书总体上属于新闻评论史研究范畴，旨在从舆论引导力的视角，对当代新闻评论在引导舆论方面的表现及发展演变过程进行分阶段梳理、剖析和总结，是新闻史研究框架下关于新闻评论的专题史研究。因此，有必要对中国新闻评论史的专题研究情况进行整理和分析，以了解既有学术成果及研究空白，凸显本书的研究价值和意义。因前文已从论文层面介绍了新闻评论研究的总体概况，其中也包含了新闻评论史的内容，此处主要选取部分具有代表性的重要著作，从选题内容及写作特色等方面进行重点介绍和分析。

从 1927 年戈公振的《中国报学史》开始算起，虽然至今中国新闻史研究已有近百年历史，数量极为丰富，但关于新闻评论史专题研究的著作却为数不多。大多数新闻通史类著作只是在介绍各时期新闻事业发展情况时，顺带着包含了一些和新闻评论有关的内容。截至目前，关于新闻评论史专题研究的著作主要有以下四部。⑥

---

① 人民日报评论部：《人民日报评论年编》（2009—2023），北京：人民日报出版社，2009—2024 年。
② 人民日报社论全集编写组：《人民日报社论全集》，北京：人民日报出版社，2013 年。
③ 人民日报社评论部：《人民日报任仲平 100 篇》，北京：人民日报出版社，2018 年。
④ 刘建华、曹云雯主编：《获奖评论赏析》，北京：人民日报出版社，2020 年。
⑤ 曹林：《时评中国》（1—4 部），北京：北京大学出版社，2016—2023 年。
⑥ 前文已在注释中标明四部专著的出版情况，下文不再赘述。

一是曾建雄的《中国新闻评论发展史（近代部分）》。该书主要研究了从近代报刊产生到辛亥革命前后（1815—1914）的中文报刊评论产生和发展的历程。该书查阅了大量原始资料，还原了当时众多知名报刊言论的原貌，完整呈现了近代中国新闻评论从政论到时评的演变过程。作者对近代报刊评论发展根植于"社会需要和读者需求"①这一本质特征及规律的总结，认识深刻，雄辩有力，对之后的新闻评论研究尤其是史论研究富有启示意义。

二是胡文龙主编的《中国新闻评论发展研究》。该书对中国新闻评论的起源、发展至新世纪前后的历程进行了研究。该书系统性强，描绘了一条新闻评论从古到今发展的主线，对王韬、梁启超、李大钊、毛泽东、鲁迅、邹韬奋、张季鸾、徐铸成、胡乔木、邓拓等人设专章介绍，较为完整且有重点地记录了中国新闻评论百余年来的演变轨迹和发展历程。

三是涂光晋的《时代之"声"——新时期中国新闻评论研究》。该书以1978年改革开放到2011年33年间中国新闻评论的发展为研究对象，梳理和评析了这一历史剧变时期新闻评论在重要事件和社会问题上的表现，探究其传播规律、问题与趋势。该书将新闻史研究与新闻理论、新闻实务研究相结合，为当代新闻史研究充实了新内容，也为新闻实务研究探索了一种新视角，对后续学者开展新闻评论实践研究具有借鉴意义。

四是陈栋的《解码新时评——中国新闻时评的新发展（1996—2006）》。该书以1996—2006年期间新闻时评的发展变化历程为研究对象，研究了其与中国社会变革的互动关系。该书以"时评形态变化"为分段标准，以专题史为研究模式，对新闻时评推进公共领域建构进行了深入解读，具有较强的思想性与可读性。

此外，范荣康的《新闻评论学》在其前半部分对中国新闻评论近代以来至1987年间的发展历程进行了回顾。该书详细点评了党报评论尤其是新中国成立后"三十多年的是非功过"②，对新闻评论规律及其与社会舆论的关系作了思考和总结。部分学者对近代新闻业从事言论工作的知名人士如王韬、梁启超、胡适、邹韬奋、张季鸾、储安平等，以及一些报刊的评论状况进行了较为细致的个案研究。③

上述具有代表性的中国新闻评论史研究著作及作品，从不同的角度对中国新

---

① 曾建雄：《中国新闻评论发展史（近代部分）》，桂林：广西师范大学出版社，1996年，第234页。
② 范荣康：《新闻评论学》，北京：人民日报出版社，1988年，第125页。
③ 杨娟：《民国时期新闻评论理念研究——以储安平为中心的考察》，博士学位论文，华中科技大学，2017年，第12—13页。

闻评论演变发展的历史作了独到、精辟的专题研究,相关成果及研究思路、方法,对本书的构思与写作具有重要的启示和借鉴价值。但从总体上看,既有成果主要着眼于对中国新闻评论发展情况的整体介绍,属较宏观的新闻体裁史研究,至今尚无从舆论引导力的视角对当代尤其是新时期新闻评论发展史进行专门研究的成果。

三、中国新闻评论舆论引导力研究概况

(一)舆论引导力研究概况

早在 1997 年,就有学者从报纸版面编排的角度提出了"引导力"这一概念,指出"内容丰富、形式精美、风格独特的版面会对读者产生强大的吸引力和引导力"[①]。之后,学界和业界有关"引导力"的研究陆续开展,内容基本上围绕新闻宣传、舆论引导等课题进行,研究成果也主要集中于新闻传播领域。本书中的"引导力"一词,特指新闻传播学中的"舆论引导力"概念,其近年来一直是我国新闻学界和业界的热门课题,成果丰硕。

以"舆论引导力"为主题,对中国学术期刊网络出版总库(CNKI)搜索,截至2021 年底,共有 1505 条结果,其中期刊论文 1285 篇,学位论文 68 篇。纵观成果发展趋势,2006 年以后随着胡锦涛舆论引导思想的确立和完善,关于"舆论引导力"的研究成果数量明显增多;2016 年习近平在"2·19"讲话中提出了新闻舆论"四力"论,有关"舆论引导力"的研究成果数量达到了顶峰,至今仍然热度不减。

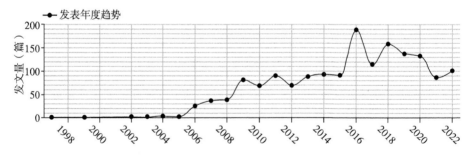

图绪 2 "舆论引导力"主题研究成果分布趋势图(1997—2021)
资料来源:中国学术期刊网络出版总库(CNKI)

---

① 应金泉:《引导力·创造力·生命力——试论党报版面的特殊作用和编排艺术》,《新闻实践》1997年第 10 期。

通过检索发现,关于"舆论引导力"研究的期刊文献成果主题除概念解析外,主要分布在"主流媒体""传播力""新闻舆论""新媒体"等内容层面,涉及学科主要是"新闻与传媒""中国共产党""行政学及国家行政管理"等领域,体现了明显的新闻传播学学科特征及应用研究导向。

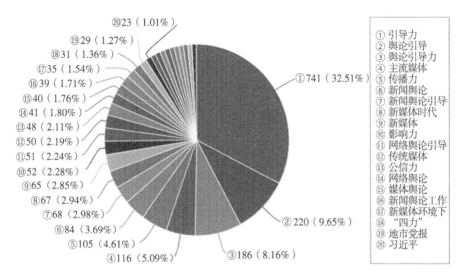

图绪3　"舆论引导力"研究期刊论文主题分布图(1997—2021)
资料来源:中国学术期刊网络出版总库(CNKI)

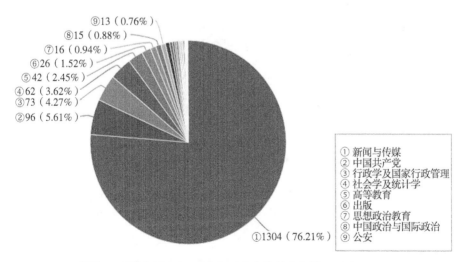

图绪4　"舆论引导力"研究期刊论文学科分布图(1997—2021)
资料来源:中国学术期刊网络出版总库(CNKI)

综观 2006 年以后关于"舆论引导力"研究的期刊论文,有代表性且影响较大的研究成果主要体现在以下几个方面:

对"舆论引导力"含义及规律的理论研究,如《传播的"语法革命"和舆论引导力》①、《媒体公信力:提高媒体舆论引导能力的前提》②、《舆论引导力的学理解读》③、《媒体时代新闻舆论传播力、引导力、影响力和公信力的重构》④、《论习近平新闻思想》⑤、《新闻媒体引导力的内涵、现状与实现层次———一种基于认同理论的分析》⑥等。

对舆论引导及引导力建设的方法策略研究,如《论当前我国舆论引导的新策略》⑦、《政府应对网络空间的舆论危机及其治理》⑧、《网络议程设置的实证研究———以提升网络舆论引导力为视阈》⑨、《多元舆论场中党的舆论引导能力研究》⑩、《舆论引导"时、度、效"方法论研究论纲》⑪等。

对舆论引导力的历史渊源和发展研究,如《党媒提高舆论引导力的历史经验与当代启示》⑫、《新闻舆论引导力:理论渊源、现实依据与提升路径》⑬、《从宣传到引导:中国共产党新闻舆论思想的历时性考察与思辨》⑭等。

以提升主流媒体舆论引导力为主旨的专题研究,如《刍议提升主流媒体舆论引

①　喻国明:《传播的"语法革命"和舆论引导力》,《电视研究》2009 年第 10 期。

②　袁志坚:《媒体公信力:提高媒体舆论引导能力的前提》,《新闻与传播研究》2010 年第 5 期。

③　刘肖、董子铭:《舆论引导力的学理解读》,《当代传播》2012 年第 3 期。

④　沈正赋:《媒体时代新闻舆论传播力、引导力、影响力和公信力的重构》,《现代传播》2016 年第 5 期。

⑤　季为民、叶俊:《论习近平新闻思想》,《新闻与传播研究》2018 年第 4 期。

⑥　李舒、宋守山:《新闻媒体引导力的内涵、现状与实现层次———一种基于认同理论的分析》,《现代传播》2021 年第 3 期。

⑦　郑保卫、邹晶:《论当前我国舆论引导的新策略》,《现代传播》2007 年第 6 期。

⑧　张勤、梁馨予:《政府应对网络空间的舆论危机及其治理》,《中国行政管理》2011 年第 3 期。

⑨　蒋忠波、邓若伊:《网络议程设置的实证研究———以提升网络舆论引导力为视阈》,《新闻与传播研究》2011 年第 3 期。

⑩　赵宬斐:《多元舆论场中党的舆论引导能力研究》,《政治学研究》2014 年第 1 期。

⑪　张勇锋:《舆论引导"时、度、效"方法论研究论纲》,《现代传播》2015 年第 10 期。

⑫　邹汉阳、肖巍:《党媒提高舆论引导力的历史经验与当代启示》,《毛泽东邓小平理论研究》2016 年第 3 期。

⑬　计永超、刘莲莲:《新闻舆论引导力:理论渊源、现实依据与提升路径》,《新闻与传播研究》2016 年第 9 期。

⑭　沈正赋、刘传红:《从宣传到引导:中国共产党新闻舆论思想的历时性考察与思辨》,《中国地质大学学报(社会科学版)》2017 年第 6 期。

导力》①、《把握受众特点变化，提高主流媒体舆论引导力》②、《新媒体时代主流媒体舆论引导力提升路径探讨》③、《媒介融合时代主流媒体如何提升舆论引导力》④、《论重大公共卫生事件中主流媒体舆论引导力提升》⑤、《新型主流媒体舆论引导力提升的理念革新——网络生态系统视域下》⑥等。

　　对新媒体平台的舆论引导方法及规律的即时性研究，如《媒体微博：公共事件中的舆论引导者》⑦、《重大事件中微信传播的舆论引导》⑧、《自媒体时代媒体官微舆论引导力建构——基于"舆论站队"现象的分析和应对》⑨等。

　　以某一媒体的舆论引导具体表现为对象的案例研究，如《从"党的耳目喉舌"到"公众话语平台"——"人民网"意见表达与整合研究》⑩、《传播好中国声音 提升舆论引导力——解析央视〈新闻联播〉的故事化实践》⑪、《竖屏、平民与传播力：〈主播说联播〉创新理念探析》⑫等。

　　可见，当前关于"舆论引导力"研究的论文数量已较为丰富，研究范围较为广泛，涵盖了理论、策略、历史、专题研究等各个领域，部分研究成果具有较高的现实针对性和指导价值。"舆论引导力"课题宏观的研究视野和多元的研究方法，以及前期积累的丰富成果，为开展"新闻评论舆论引导力"的子课题专项研究奠定了基础，提供了有利条件。

（二）中国新闻评论舆论引导力相关研究综述

　　虽然西方新闻界主导性理论——"社会责任论"明确提出"报刊要澄清和提出

① 谢跃进：《刍议提升主流媒体舆论引导力》，《中国广播电视学刊》2008年第4期。
② 宣柱锡：《把握受众特点变化，提高主流媒体舆论引导力》，《中国记者》2010年第6期。
③ 齐亚宁：《新媒体时代主流媒体舆论引导力提升路径探讨》，《理论与改革》2015年第5期。
④ 刘俊、胡智锋：《媒介融合时代主流媒体如何提升舆论引导力》，《人民论坛》2019年第6期。
⑤ 丁柏铨：《论重大公共卫生事件中主流媒体舆论引导力提升》，《中国出版》2020年第18期。
⑥ 金玉萍、刘建状：《新型主流媒体舆论引导力提升的理念革新——网络生态系统视域下》，《中国编辑》2021年第12期。
⑦ 陈昌凤：《媒体微博：公共事件中的舆论引导者》，《新闻与写作》2013年第11期。
⑧ 陈燕：《重大事件中微信传播的舆论引导》，《新闻界》2014年第13期。
⑨ 李劭强：《自媒体时代媒体官微舆论引导力建构——基于"舆论站队"现象的分析和应对》，《中国出版》2016年第20期。
⑩ 涂光晋、吴惠凡：《从"党的耳目喉舌"到"公众话语平台"——"人民网"意见表达与整合研究》，《现代传播》2012年第1期。
⑪ 方毅华、曲经纬：《传播好中国声音 提升舆论引导力——解析央视〈新闻联播〉的故事化实践》，《电视研究》2016年第8期。
⑫ 范海潮：《竖屏、平民与传播力：〈主播说联播〉创新理念探析》，《电视研究》2020年第1期。

社会的目标和价值观"①的要求,国外学术界加强新闻指导性的趋势也日益明显,但对于新闻传播引导力的研究却不多见。通过对"国道外文文献库——SpecialSci 外文专题库"以及"中图外文电子图书全文数据库"进行以"guidance(引导)"+"public opinions(舆论)"或"news(新闻)"或"journalism(新闻界)"为关键词的搜索发现,1995 年以来和新闻引导相关的外文文献及专著等研究成果屈指可数,且主要集中于管理学、计算机科学技术、安全科学技术、行为与社会科学等领域,至今尚无以"新闻评论舆论引导力"为主题的研究成果。"舆论引导"及"新闻评论引导力"的研究主要集中于国内新闻界和学术界。

以"新闻评论"与"引导力"为主题,在中国学术文献总库(CNKI)中进行搜索,截至 2021 年底,共有 166 条结果,包括"学位论文"27 部,全部为硕士论文。从数量上看,2016 年以后关于新闻评论舆论引导力的研究成果呈现出明显增长的态势。这些论文以做好舆论引导工作为基调,从选题、写作、文风、效果等方面,较为全面地研究了如何加强新闻评论舆论引导力的话题。

部分学者从增强党报等主流媒体的新闻评论引导力的策略角度,在题材选择、观点立场、表达方式等方面进行了探讨,提出了建议。代表性成果有:杨忠厚指出在众声喧哗的时代,主流媒体评论可以激浊扬清、针砭时弊、澄清谬误、明辨是非,在舆论场赢得主动,并以《辽宁日报》系列重要新闻评论为例,提出借力而行、顺势而为,充分利用新媒体及时发现舆论场的谬误观念动向,通过评论及时推动问题解决的建议②;顾朝阳提出党报评论要做好三个方面:要做活政论,让党的路线、方针、政策的宣传贴近群众生产生活,让主题宣传深入人心;要做强时评,多关注社会热点、及时回应群众需求,满足受众的表达欲望;要做精短评,根据受众需求,采取受众喜闻乐见的方式,将党报观点立场、主流价值取向更好地传播给受众③;杨树通过定性研究和案例分析的研究方法对新型主流媒体新闻评论的创新与发展进行了探讨,提出新型主流媒体新闻评论要从价值引领、思想引领、话语引领和技术引领等四个方面发力④。

---

① [美]新闻自由委员会:《一个自由而负责的新闻界》,展江译,北京:中国人民大学出版社,2004 年,第 15 页。
② 杨忠厚:《于发声处显担当——关于主流媒体增强评论引导力的几点思考》,《新闻战线》2016 年第 11 期。
③ 顾朝阳:《做活政论 做强时评 做精短评——让党报评论落地生根》,《新闻世界》2016 年第 5 期。
④ 杨树:《媒体融合背景下新型主流媒体新闻评论创新与发展》,《中国出版》2020 年第 12 期。

部分学者从互联网时代舆论场形势及传播环境变化对新闻评论的挑战这一角度切入,探讨了如何加强新闻评论引导力建设以应对新形势新要求的话题。代表性成果有:徐聪指出党报评论要转换视角,创新思维,贴近实际,改进文风,创新运用各种手段,从广大读者最关心、最直接和最现实的问题出发确定选题内容,善于正面引导,使新闻评论真正深入人心,并提出"内容平实化、述评融合化、写作草根化、引导热门化"的党报评论改革方向①;刘雷以"网络第一评"——人民网评为研究对象,结合具体实践,探讨了其在舆论引导方面的策略,包括把握时机、确保网评的时效性,深入浅出、增强受众贴近性,主动出击、增强现实指向性,聚焦软话题、提高文化自信心四个方面,对新兴舆论场的引导具有重要的现实指导意义②。

另外,侯煜、杨恒以加强舆论导向这一宣传需求为研究起点,从理论层面论述了新闻评论进行舆论引导的重要性、必要性、引导原则等内容,具有较强的学理色彩③;金梦玉、丁韬文以时下热门的短视频新闻评论为研究对象,在肯定其灵活直观优势的同时,指出其制作时效迟滞、内容呈现受限、价值输出单一等发展瓶颈,提出在长视频与短视频、专业化与个性化、分众化与主流化之间,找到一条短视频新闻评论从"风口"到"出口"的转化路径,具有较强的现实针对性④。

综合来看,当前我国关于新闻评论舆论引导力的研究成果较为丰富,具有较强的时效性、指导性,但除了前述列举成果之外,大多数成果的发表平台层次较低。大部分研究的出发点为做好宣传及舆论导向工作,并以党报等主流媒体为研究对象,体现出较强的政治属性及意识形态色彩。此外,在研究思路上,相当一部分成果为应用研究,即以媒体评论文章或栏目的实际操作为例,侧重于舆论引导的方法与策略层面,类似于新闻评论业务经验的实践总结,研究主体亦多为媒体评论版编辑等从业人员,体现出较强的实务研究及应用导向特色。

纵观当前中国学术界在中国新闻评论、中国新闻评论史、中国新闻评论舆论引导力三个主题上的研究现状,可以发现其成果较为丰富,尤其在进入 21 世纪后相关成果呈井喷之势,研究范围和指向覆盖了理论、实践、历史及专题研究等多个方面,展现了当前中国新闻评论及舆论引导研究的兴盛局面。但整体而言,尚存在一

①　徐聪:《全媒体时代党报评论引导力提升四策》,《中国出版》2015 年第 17 期。
②　刘雷:《新闻评论提升新兴舆论场引导力的策略——以"人民网评"为例》,《传媒》2020 年第 6 期。
③　侯煜、杨恒:《新闻评论的舆论引导能力分析》,《社科纵横》2010 年第 11 期。
④　金梦玉、丁韬文:《"短视频＋新闻评论"的创作路径、发展瓶颈与未来探索》,《中国编辑》2021 年第 6 期。

些缺陷和空白之处,如对新闻评论思维及精神向度的研究还比较单薄,缺少基于哲学、逻辑学、社会学等领域的理论架构支撑,新闻评论文体的独立意义和品格尚未得到彰显。另外,虽然新闻评论及舆论引导力两个主题分别有众多从历史维度开展的研究成果面世,但将两者结合起来,从历史变迁的较宏观视角探讨新闻评论进行舆论引导的做法及效果的成果还不多见,至今尚无学者从史论角度开展新闻评论舆论引导力发展演变的专项研究,新闻评论的舆论引导课题缺少历史经验和规律总结层面的指导和借鉴,这和新闻评论及舆论引导力各自的研究热度很不相称。这种情况反映出新闻评论作为一种重要的舆论引导手段,在理论性、应用性研究持续兴盛的同时,其在历史演进方面的专题性研究亦须随之加强,这也是本书选题的初衷所在。

第三节　主要概念界定

本书涉及的主要概念可分为两组,一组为与"新闻评论"相关的概念,一组为与"舆论引导力"相关的概念。此外,还有"新时期"的时间范围及分期,以及"变迁"的含义等内容。为更清楚地阐释本书的研究内容和范围,需要对这些概念进行准确界定。

一、新闻评论

(一)新闻评论

关于"新闻评论"的定义,大致可以分为三种:文体说、表达说和信息说。三种定义各自从不同角度对新闻评论的特征、表现和功能进行了概括和提炼。根据研究内容和主题特征,本书中"新闻评论"主要采用"表达说"这一定义,即新闻评论是传者借用大众传播工具或载体,对新近发生或发现的新闻事实、问题、现象直接表达自己意愿的一种有理性、有思想、有知识的论说形式。[①]

需要说明的是,关于新闻评论的三种定义并不冲突,都具有科学性和合理性。本书的新闻评论定义实际上也包含了文体说中的"议论文体"及信息说中的"意见性信息"内涵,如在介绍新闻评论的历史发展过程时,会涉及其文体演变的情况,此

---

① 赵振宇:《一项需要普及和提高的公民素质——关于新闻评论的三点理性思考》,《新闻大学》2007年第4期。

时是将其作为一种"议论文体"进行分析；在对具体评论作品进行内容分析时，也会将其文字或语言视为一种具有评价性和引导性的"意见性信息"。

新闻评论具有三个基本特征：新闻性、政治性[①]和群众性。[②] 新闻性是指评论选题应该具备时效性，或者是人们密切关注、具有新闻意义的事实；政治性是指新闻评论在一定的宗旨、立场和政治倾向的指导下，以论证说理为主要手段，从思想、政治或伦理的角度分析问题，阐述对于事物的看法；群众性是指新闻评论应面向广大受众，以公众利益为导向，贴近生活实际，在思想内容和表现形式上充分反映、满足群众的需求和喜好。

本书中的新闻评论概念，以及所列举的相关代表性案例作品（以体制内主流媒体的优秀评论作品为主要研究对象），如新中国成立之初的思想评论、政治评论，改革开放之后的各种专业评论，新世纪前后大量涌现的"时评"文章，以及党的十八大后以"融合"为主要特征的新型主流媒体的创新性"观点写作"，在指导思想、价值追求和内涵本质上皆包含了这三个特征。虽然在不同历史阶段，由于技术条件的限制以及所处时空环境的影响，新闻评论的特征体现各有侧重，所承担的目标任务以及舆论引导效果有所不同，甚至在某些特殊时期（如"文化大革命"）产生了负面作用，舆论引导力性质被异化，但总体而言，新闻评论在党的正确路线的引领下，较好地贯彻和体现了新闻性、政治性和群众性的特征要求。

（二）时评

时评，指以议论时事为主的新闻评论，也称"时事评论"。它是对新闻性事实、问题或现象进行规范论说的文章[③]，是当前新闻评论的主要表现形态。

"时评"和"新闻评论"两个概念都包含了议论文体、意见性信息、媒体表达等含义，有很大的重合度，但两者还是存在着区别。"新闻评论"中的"新闻"，是具有新闻属性的一类事物的总称，不仅包括新闻，也包括新闻性的现象、问题。当代新闻评论虽然绝大部分是对媒体报道的新闻事件进行评论，但仍有一部分评论的由头或对象是媒体未曾报道但新近发生、存在的社会现象或问题。而时评的评论对象是新闻时事，可以认为，时评就是狭义的新闻评论。那些时效性不强、发表时间滞

---

① 不同学者对"政治性"有不同的表达，如丁法章的《当代新闻评论教程》（复旦大学出版社，2020年，第33页）将其表述为"思想性"，李舒的《新闻评论》（中国人民大学出版社，2013年，第14页）将其表述为"政论性"，但基本内涵是一致的，都强调新闻评论要有"政治"视角。

② 范荣康：《新闻评论学》，北京：人民日报出版社，1988年，第5页。

③ 马少华：《时评的历史与规范》，《新闻大学》2002年第3期。

后的作品,不属于严格意义上的时评。

除了时效性,时评还具有规范性的特征,即应有观点和论证过程。那些只有观点没有论证的作品,如编者按、一句话点评,以及缺乏规范论证结构的网络跟帖、留言,属于广义的新闻评论,不属于时评范畴。

二、舆论引导力

(一)舆论

从词源的角度看,舆论这一概念的含义在中西方具有共通性,都是指公众的意见。陈力丹给"舆论"下的定义是:"舆论是公众关于现实社会以及社会中的各种现象、问题所表达的信念、态度、意见和情绪表现的总和,具有相对一致性、强烈程度和持续性,对社会发展及有关事态的进程产生影响,其中混杂着理智和非理智的成分。"①这一定义较为完整地表述了舆论的生成过程及发展演化的特点,在国内学术界广为流传。

另外,学术界对"舆论"的理解有广义和狭义之分。广义的"舆论"将官方舆论、国际舆论、新闻舆论、公众舆论等都纳入其中,统称为"社会舆论";狭义的"舆论"则主要限定在"公众舆论"层面。在本书的语境中,"舆论"一词主要指"公众舆论",这样可以更准确地理解"舆论"与其他概念组合在一起时的内涵。② 而有关"新闻舆论"的含义,以及"新闻舆论"与"公众舆论"之间的关系,本书将在第一章介绍"舆论引导力的思想流变"内容时再作详细说明。

(二)引导与引导力

据有关学者考证,"引导"一词,在中国古代最早出现于东汉思想家王充《论衡》一书中:"适辅服药引导,庶冀性命可延,斯须不老。"③意即导引,是古代道家的一种养生方法。此外,《辞源》对"引导"的释义还包括"引领;古代官员外出,在前传呼开路的人"等含义,对"引"字则有"拉、牵、引导、带领④等释义。《辞海》对"引导"一词的释义,有"1. 带领、向导;2. 古代官员出行,在前开路者;3. 导引,古代道家的

---

① 陈力丹:《舆论学——舆论导向研究》,上海:上海交通大学出版社,2012 年,第 33 页。

② 陈力丹:《毛泽东论舆论》,《东南传播》2014 年第 10 期。

③ 《辞源》(上册),北京:商务印书馆,2015 年,第 1386 页。

④ 《辞源》(上册),北京:商务印书馆,2015 年,第 1336 页。

一种养生方法"①等。《现代汉语大词典》中"引导"一词意为"指导、导引；带领"②。《汉语大词典普及本》中"引导"一词意为"1. 带领；2. 古代高官出行在前传呼开路的人；3. 启发"③。《汉语大词典》中"引导"意为"1. 带领，使跟随；2. 古代高官出行在前传呼开路的人；3. 启发，领导；4. 导引，古代道家的一种养生方法"④，等等。

综上所述，"引导"一词主要包括"带领、指导、启发、使跟随"等含义。如果对其进一步深入比较、剖析，可以发现，作为一种自古以来就存在的复杂的人类活动，各个时期、各个版本的文献对"引导"所下的定义具有一些共通的内涵，如在思想理念方面蕴含引领性和指导性，在行为动机方面存在方向性和目的性，在具体做法方面讲求规律性和艺术性，等等。从信息传播的角度来看，"引导"是传播者通过一定的传播方式和传播内容，影响受众的情绪、意见、态度和信念，对受众起到带领、指导、启发等作用效果的传播行为。

由此可见，"引导"概念的内涵和信息传播、舆论演变密切相关，和本书所论述的"新闻评论舆论引导力"的构成要素（方向、大小、作用点），以及评价指标（议题、导向、思想、表现）等内容特征也存在着天生的契合之处，而这正是本书开展"舆论引导力"专题研究的重要维度。

所谓"引导力"，即引导者进行引导的能力。2016 年 2 月 19 日，习近平在党的新闻舆论工作座谈会上提出："切实提高党的新闻舆论传播力、引导力、影响力、公信力。"⑤自此，"引导力"成为热门研究课题。有学者将"引导力"定义为：新闻媒体根据自己设置的议程或议题引导受众进行思考，或者引导他们朝着某一特定方向去认识和理解新闻的一种能力。⑥ 目前，学术界关于"引导力"的研究主要集中于新闻传播学领域，大多数情况下和"舆论"一词连用，即"舆论引导力"。

（三）舆论导向与舆论引导

舆论导向是中国共产党新闻和宣传理论中的一个重要概念。人们有时会把

---

① 《辞海》（第六版典藏本），上海：上海辞书出版社，2011 年，第 5368 页。
② 《现代汉语大词典》，北京：商务印书馆国际有限公司，2018 年，第 1747 页。
③ 《汉语大词典（普及本）》，上海：汉语大词典出版社，2000 年，第 1312 页。
④ 《汉语大词典》（第四卷），上海：汉语大词典出版社，1989 年，第 99 页。
⑤ 《习近平在党的新闻舆论工作座谈会上强调：坚持正确方向创新方法手段 提高新闻舆论传播力引导力》，《人民日报》2016 年 2 月 20 日，第 1 版。
⑥ 沈正赋：《新媒体时代新闻舆论传播力、引导力、影响力和公信力的重构》，《现代传播》2016 年第 5 期。

"舆论导向"等同于"舆论引导"，实际上两者并不是同一概念，在词性上存在着明显区别。舆论导向是一个名词短语，指新闻机构的报道对社会舆论的影响的方向[①]；舆论引导是一个宾语前置的动宾结构短语，指新闻媒体对公众舆论进行引导。

坚持正确舆论导向，是社会主义新闻事业的一项重要任务，是关系到党和人民命运前途、巩固和加强党的执政地位、维护社会和谐稳定的重要因素，是社会主义新闻事业的根本特征和重要工作内容。舆论导向包括三方面内容：一是对当前社会舆论的评价；二是对当前社会舆论及舆论行为的引导；三是就某些社会事件组织舆论。[②]

舆论引导，是组织、个人和媒体通过特定手段对舆论的发展趋势进行调控和影响，从而使公众的行为和观念发生变化。[③] 从媒体角度来说，舆论引导就是劝服大众尊重、遵循、实行国家的法规、社会公德及政府的方针、政策，达成社会共识，形成共同行动。[④] 其具体实践方式包括宣传教育、鼓舞示范、解释论证、指导启发、监督批评以及促进交流等。舆论引导是根据 21 世纪以来国内外背景和互联网带来的舆论新生态等形势的变化所提出的中共新闻舆论思想的新阶段，重点在于提高舆论引导的水平和效果，是对舆论导向思想的发展和深化。

舆论导向理论虽然包含着"引导"之义，但它更强调引导方向的正确性，更多地体现了传者本位的传统宣传工作理念；而舆论引导更多强调的是"引"和"导"，更注重"引导"行为与过程本身的艺术性、有效性与合规律性，显示了对公众及其舆论的尊重，以及党和群众的新型关系，反映了中国共产党执政理念的进步和改变。

（四）舆论引导力

根据中国新闻学界的研究视角及相关成果，以及党在各个历史时期新闻舆论观的发展演化情况，"引导力"一般是指"舆论引导力"，即舆论引导者按照预期的引导方向，传播一定的观点与信息，并对舆论运行过程进行协调与平衡，影响被引导者意见、态度、倾向的能力。[⑤]

---

① 马国泉、张品兴、高聚成主编：《新时期新名词大辞典》，北京：中国广播电视出版社，1992 年。

② 童兵：《关于当前新闻传播几个理论问题的思考》，《新闻与传播研究》2013 年第 1 期。

③ 计永超、刘莲莲：《新闻舆论引导力：理论渊源、现实依据与提升路径》，《新闻与传播研究》2016 年第 9 期。

④ 李良荣：《新闻学概论》（第六版），上海：复旦大学出版社，2018 年，第 206 页。

⑤ 沈正赋：《新媒体时代新闻舆论传播力、引导力、影响力和公信力的重构》，《现代传播》2016 年第 5 期。

在我国当前的学术语境和传播实践中,舆论引导的主体是新闻媒体,以及其掌控者或所有者即党和政府,具有鲜明的意识形态和思想宣传色彩。因此,舆论引导主要指党和政府主导下的新闻舆论引导,即新闻舆论对公众舆论的引导,"引导力"也特指"新闻舆论引导力"。本书的研究对象——新闻评论舆论引导力,其含义可详细表述为:新闻评论所形成的新闻舆论对公众舆论进行引导的能力。

关于"舆论引导力"和"新闻舆论引导力"两者之间的内涵关联和表述区别,本书将在第一章"舆论引导力的学理解读与概念辨析"部分再作深入剖析。

三、"新时期"的时间范围及分期

本书题目中的"新时期",指的是按史学界的传统分法,即从 1978 年党的十一届三中全会召开至今的历史阶段,确切的具体时间跨度为 1978 年 12 月到 2021 年 7 月,即新中国成立和建党一百周年两个重要时间节点之间的岁月,约 43 年。

关于中国当代史的分期,由于史学工作者的历史观和观察问题的角度不同,以及所处的时间节点不同,存在着不同意见。总体看来,比较统一的意见是:以 1978 年中共十一届三中全会为界,将中国当代史划分为改革开放前和改革开放后两个时期。[①] 在此基础上,再以重大政治事件和政治变革为标志,细分出不同的发展阶段。对改革开放后的"社会主义现代化建设新时期"这一阶段,大多数学者以 1992 年邓小平"南方谈话"和中共十四大为分界线,以创建社会主义市场经济体制为标志进行分期,较有代表性的分法是:将其分为开创中国特色社会主义道路时期(1978.12—1991.12)和拓展中国特色社会主义道路时期(1992.1—2012.11)两个阶段[②]。2012 年中共十八大后,中国特色社会主义进入新时代,学者普遍将其视为一个新的历史时期。

根据史学界对中国当代史的分期方法,综合考虑当代中国新闻事业发展与演变的历程,本书将新时期新闻评论舆论引导力 43 年的变迁过程划分为三个历史时期:开创中国特色社会主义道路时期(1978—1992)、拓展中国特色社会主义道路时期(1992—2012)和中国特色社会主义新时代(2012—2021)。改革开放之后,新闻事业和新闻评论的发展日新月异,其内容和形式随着传播技术的进步和互联网时代的到来而不断发生着变化、创新和突破,将这一时期划分为三个阶段分别进行深入

---

① 郑珺:《新世纪以来国史学理论问题研究的进展及思考》,《毛泽东邓小平理论研究》2012 年第 11 期。
② 朱佳木:《当代中国史理论研究的学科建设及当前任务》,《思想理论教育导刊》2021 年第 5 期。

研究,有助于细致把握新闻评论舆论引导力变迁的规律和动因,也符合时代发展的特征和趋势。

四、"变迁"之"变"与"不变"

本书题目中的"变迁",指的是事物状况或阶段的变化转移,一般是用来形容时代、环境的发展变化,具有宏观的、历史演变的意味。辩证唯物主义发展观认为,事物发展是继承因素与转换因素的统一,没有转换便没有发展,没有继承便没有连续性,也无所谓发展可言。事物发展是变与不变的统一。变化的因素使事物变态,不变的因素使事物保持存在,二者结合在事物整体上形成发展。[①] 这一关于事物发展本身的辩证法认识同样适用于对"变迁"一词的理解。

作为一种事物存在的状态和形式,变迁有体现发展、进步的"变"的一面,也有保持稳定性、连续性的"不变"的一面,"不变"也是变迁过程的一部分。本书在着重分析和论证新闻评论舆论引导力变迁过程中的发展变化、体现引导力演进和提升轨迹的同时,也将在最后一章关于新闻评论舆论引导力变迁的"历史逻辑"内容部分对其中一以贯之的思想性、经验性因素进行总结和提炼,以准确反映新闻评论舆论引导力变迁过程的规律和全貌。

本书名为"新时期中国新闻评论舆论引导力变迁研究",具体研究内容为中国新闻评论舆论引导力在 1978—2021 年间的整体表现、重要事件、历史发展和分阶段演化过程,并以史为鉴,总结经验和教训,提炼和把握规律,为认知和提升新时代新闻评论舆论引导力提出意见和建议。

第四节　研究对象与研究思路

一、研究对象

本书的研究主题为"新时期中国新闻评论舆论引导力变迁",主要研究对象为1978—2021 年间具有重要影响力和代表性的新闻评论作品,以及相关媒体及作者的舆论引导实践。在此基础上,对各阶段新闻评论舆论引导力的特征表现及效果作出总结和评价。丰富的评论作品及案例样本,是论文研究取得有价值成果的基

---

① 韩民青:《发展是变与不变的统一》,《学术论坛》1982 年第 3 期。

础和关键。

因为引导力的指向性、"纯效果"特征,加之我国新闻事业在宣传思想及意识形态工作方面的特殊地位和属性,本书所选择的案例样本主要基于主流新闻媒体,研究对象主要集中于党报、党刊、党台、党网等体制内媒体所发表的新闻评论作品及相关舆论引导实践,尤其是具有巨大社会影响力的获奖评论。特别在 20 世纪 90 年代时评写作步入繁荣期之后,新闻评论的创作理念渐趋成熟,主体日益多元,产生了一大批获"中国新闻奖"的优秀评论作品,其引导舆论的表现及效果获得了高度的专业肯定和广泛的社会认可,为开展新闻评论舆论引导力专题研究提供了丰富素材与可靠的样本支撑。这些获奖评论作品,映射出时代变迁和新闻事业发展的历史轨迹,也是本书第三、四章的重点研究对象。

二、研究思路

本书基本属于新闻评论史的研究范畴,旨在对新时期我国新闻评论在舆论引导力方面的流变及发展过程进行纵向的梳理,研究内容大体包括五个部分:新闻评论舆论引导力历史考察与理论探析;新闻评论舆论引导力的回归拓展(1978—1992);新闻评论舆论引导力的多元提升(1992—2012);新闻评论舆论引导力的强化整合(2012—2021);新时期中国新闻评论引导力变迁的历史逻辑与现实启示。本书整体在研究思路上属于历史与应用结合研究,旨在为当代新闻评论引导力建设提供指导和借鉴,基本研究路径是评价性研究——描述性研究——解释性研究。

评价性研究:第一章"新闻评论舆论引导力历史考察与理论探析",包括中国新闻评论舆论引导力的历史考察、舆论引导力的学理解读、思想流变与理论演进、新闻评论舆论引导力内涵解析等内容,主要介绍"舆论引导力"基础知识和基本理论,以及全文研究思路及框架的说明,是课题研究的基础。

描述性研究:第二、三、四章,即"新闻评论舆论引导力的回归拓展(1978—1992)""新闻评论舆论引导力的多元提升(1992—2012)""新闻评论舆论引导力的强化整合(2012—2021)"等三章内容,主要介绍三个历史时期的新闻评论在各阶段贯彻党的新闻舆论思想、进行舆论引导的典型表现和代表性作品,总结和揭示引导力的特征和效果。本部分内容从对各阶段时代背景、党的中心工作的介绍和分析出发,通过大量新闻评论作品及其舆论引导实践的全面梳理和考察,对当代新闻评论舆论引导力的历史变迁过程从构成要素、评价指标、作用机制及目标诉求等方面着手,进行全方位、有重点的剖析和论证,是课题研究的主体和核心。

解释性研究:第五章"新时期中国新闻评论舆论引导力变迁的历史逻辑与现实启示"及结语。本章内容在前述主体部分的基础上,指出当代新闻评论舆论引导力变迁的历史必然性,总结变迁之"不变"与"变"的逻辑的内在规律和作用机制,剖析影响引导力变迁的社会背景因素和动力机制,总结和提炼当下引导力建设的价值理念、话语建构及目标指向,是课题研究的目标和最终结论。

第五节　研究方法与创新点

一、研究方法

本书以定性研究方法为主,具体包括:

文献研究:对与当代新闻评论相关的媒体作品、研究专著、学术论文等资料进行全面搜集、整理和分析,特别注重对有关创作心得、舆情研究报告和官方统计数据的研究和利用,以全面反映新时期新闻评论舆论引导的整体情况,为论文奠定技术、理论及历史维度的写作基础。

比较研究:对新时期新闻评论在各个历史阶段引导舆论的表现及做法进行深入比较和对照,发掘其演变机制,总结其经验教训,在此基础上得出新时期中国新闻评论舆论引导力的变迁路径和规律。

历史研究:通过对新闻舆论引导力的理论演进和近现代新闻评论引导力的进化轨迹的梳理分析,得出引导力概念的理论框架和演进趋势,以及新闻评论引导力的历史源流和精神内涵;在对新时期新闻评论舆论引导力在三个不同阶段的表现进行全面考察、对其特征及效果进行深入剖析的基础上,提炼和总结新时期新闻评论舆论引导力变迁的历史逻辑和现实启示。

案例研究:收集当代新闻评论代表性作品及进行舆论引导实践的第一手资料,包括社会效果及外部评价,对典型个案进行重点深入分析,以精确反映时代主题和重要节点,提升论文的现实意义和指导性。

二、创新点

(一)研究视角创新

传统的"舆论引导"及"引导力"课题研究的出发点为做好宣传思想及意识形态

工作,相关成果主要侧重于舆论引导的方法与策略层面,类似于新闻评论业务经验的实践总结,研究视角比较微观和具体。本论文从纵向的历史维度出发,以党的中心工作的发展演进为主线,在 43 年的时间跨度中,分析新时期中国新闻评论舆论引导力在不同历史阶段的表现和特征,从而揭示引导力变迁的历史规律和内在逻辑,并在宏观的社会发展层面探讨新闻评论舆论引导力建设的理念和路径。论文研究视角开阔,史论色彩鲜明,历史研究与应用研究相结合,使得新闻评论舆论引导这一课题突破了传统的实务研究范畴,具有较强的创新意义。

（二）学术观点创新

1. 本书将传统的"舆论引导"课题,运用传播学、社会学、历史学、政治学、逻辑学等学科知识,加以系统性的回顾、分析和总结。把新闻评论舆论引导力研究放置于新闻传播史、话语理论、文本理论、场域理论等理论框架中,以多元的理论视野和工具,解析和呈现其变迁的内在机制及发展规律。

2. 本书在总结及结语部分将新闻评论舆论引导力建设的诉求及目标指向概括为"塑造公共理性,推动社会整合",指出理性精神与关系加强在新闻评论引导舆论过程中的重要意义,升华了对"引导力"这一概念的宏观理解和认知。这一结论揭示了新闻评论在认识论层面的指导思想与思维路径,是对局限于意识形态层面的传统"舆论导向"课题研究的理论创新与突破。

（三）研究范围创新

本书具有较强的历史研究和应用研究特色。全书主要运用定性研究方法,收集和整理了 1978—2021 年间的代表性新闻评论作品及相关资料,覆盖面广,数量丰富。研究过程中,对舆论引导实践进行宏观层面的理解和运用,从构成要素、评价指标、作用机制及目标诉求等多方面着手,全面探讨和分析舆论引导力的理论发展及实践做法,展现当代新闻评论进行舆论引导的过程全貌。本书基于丰富案例样本的多角度综合研究方法,符合研究的宏观视野,以及历史与应用相结合的研究取向的要求,在过去有关新闻评论的研究成果中并不多见,有助于本研究取得独创性成果。

第一章 新闻评论舆论引导力
历史考察与理论探析

作为新闻舆论工作的重要内容,新闻评论的舆论引导力有着悠久的历史源流、深厚的理论基础与丰富的话语实践。在对其开展专项研究之前,首先必须对新闻评论舆论引导力的历史演进过程作一详细回顾和梳理,对舆论引导力的思想流变与理论渊源进行全面考证和溯源,对新闻评论舆论引导力的内涵特征进行准确辨析,从而为深入研究中国当代新闻评论舆论引导力变迁课题提供历史观照和理论框架。

第一节 中国新闻评论舆论引导力的历史考察

我国是一个评论传统悠久、评论文体完备、评论作品丰富的国度。虽然我国古代并没有产生近现代意义上的报纸,也没有出现面向大众传播思想和意见的新闻评论,但从先秦时代就出现的论说文体,却是近代报刊评论的文体和精神源头。从春秋时期的"百家争鸣",到秦汉时期的"纵横之风";从唐代的"古文运动",到宋代的"诗文革新",再到元明清的艰难求存,历经两千多年的岁月磨砺,中国古代形成了内涵丰富的论说文体系,成为历代仁人志士抒发情怀、陈述政见、议论国是的有力手段。它们以一种明确、抽象、概括的方式,表达出特定时代各类主体的态度和看法,反映出不同历史时期的社会变动、制度变革和观念变迁,以自身独有的意见力量,引导和影响社会舆论,推动社会进步。

与今天的新闻评论相比,虽然古代论说文在作者身份、评论对象、传播载体、写作方法上存在着很大不同,但就其言论的内容、直抒胸臆的手法与意见性信息传播的目的而言,却是我国政论文体的源头,对报刊评论的孕育和勃兴产生了深刻影响。

一、中国新闻评论的发端与发展

根据近现代报刊评论在思想、文体、形式等方面的发展变化,以及在不同历史时期所发挥的社会功能,我们可以将新中国成立前的新闻评论发展历程大致划分为四个阶段,每个阶段的新闻评论呈现出不同的风貌和时代特征,折射出中国近现代新闻评论舆论引导力的肇始与历史演进过程。

(一)文人报刊论政先驱:王韬与《循环日报》

世界上第一份近代化中文报刊是 1815 年由英国传教士在马六甲创办的《察世俗每月统记传》,内容以宣传宗教教义、宣扬伦理道德为主。虽然文章大多是空泛的说教,但毕竟属于"议论文"范畴,中文报刊评论的历史由此开始。随后出版的《东西洋考每月统记传》《中外新报》《中国教会新报》(《万国公报》前身)《申报》等中文外报在结合中国社会现实上有所进步,具有了一定的时效性和针对性。但作为西方列强入侵中国的附属品,这些报刊上的言论以传播西方宗教及文化、鼓吹西方殖民政策为主,并没有形成太大的影响力,从办报主体来说也不能算是中国报刊评论的正式开端。

真正把"报首论说"当作政论经营,使政论成为报刊战斗体裁的,是试图通过办报推动社会变革的中国先进知识分子,王韬、梁启超、严复、宋教仁、章太炎、章士钊等人就是其中的杰出代表。

诞生于 19 世纪 70 年代的香港《循环日报》,是中国近代以来第一份以政论著称的报纸,在早期中国人自办报纸中其言论成就最为突出。创办者王韬是我国第一位报刊政论家,在其主持《循环日报》笔政的头 10 年间(1874—1884),该报以强中攘外、变法自强为宗旨,强调文章是"载道之器"[①],突破形式束缚,发表了数以千计的各类言论,其题材内容之广泛,思想内涵之丰富,表现形式之多样,在当时的中文报刊中首屈一指,影响深远,声名远播,成为报刊政论宣传改良主义思想的先声。

《循环日报》的言论论题主要集中在三个方面:一是分析国际形势、探讨中外关系的中外时势类言论;二是鼓吹社会变革,评说洋务新政的改良启蒙类言论;三是面向现实生活、议论具体事件的实际问题类言论。三类言论相辅相成,在干预社会生活、传播意见信息等方面大大超过同时期其他中文报刊,尤其是关于中外时势以

---

① 王韬:《上潘伟如中丞》,见《弢园尺牍》,北京:中华书局,1959 年,第 205 页。

及社会改良的政论,其蕴含的思想性和社会影响力,在国内首屈一指。

《循环日报》言论关注的第一大主题,是国际形势和中外关系,其文章数量占言论总数的将近一半。《论西国兵额日增》《论亚洲已半属欧人》《论日本之必可胜》《论黑旗拒法人》《论俄人立心叵测》《论华人难安居美国》等一大批评论文章以"强中以攘外、固边以御侮"①为基调,体现了报纸极强的政治素养和国际意识,反映了在面临民族危机的关键时刻,中国先进知识分子强烈的民族意识和爱国激情。

鼓吹社会变革、评说洋务新政是《循环日报》言论的另一个重要主题。19世纪70—80年代,正值洋务运动蓬勃发展,该报以学习西方、改革旧例、除弊兴利、变法自强为核心思想,发表了《论法在因时变通》《论中国不可自恃》《论强兵必先去积弊》《论宜变古以通今》《中国振兴说》等一系列思想激进的文章,抨击保守势力,反对因循守旧,倡导社会改良。评论对各类社会弊端进行了广泛揭露和批判,对洋务新政给予了肯定中有否定的"扬弃"式宣传,见解深刻,其中对西方各国民主政治的赞扬和评价,是中国资产阶级改良主义先驱在报刊上发出的最早声音,呼唤着社会变革运动的到来。

除了内政外交方面的重大问题外,《循环日报》对社会生活中的一些实际问题也给予了一定程度的重视,并发表了数量可观的言论。大至水灾、火灾、饥荒,小至赌博、偷盗、行乞,报纸都会迅速对其作出反应。由于论题来自现实生活,同民众切身利益密切相关,这些言论一般都会成为公众关心的焦点。

言论特别是政治性言论的突出成就,使《循环日报》成为我国早期报纸的杰出代表。在中国内忧外患的非常岁月里,以王韬政论为代表的《循环日报》言论高瞻远瞩,关注现实,讲求时效,文风清新,在开启民智、影响舆论、推动社会进步等方面发挥了积极作用,展现了高度的社会责任感和强烈的爱国精神,成为当时具有改良主义思想倾向的知识分子的一面旗帜,对当时和后来的报刊评论产生了积极而深远的影响;其始创的报刊政论文体,为当时许多报刊所效仿,对报刊政论的发展和文风的改观起到了开拓和奠基的作用。无论是在思想内容还是表现形式上,《循环日报》都代表着这一时期报刊评论的最高水平,在改良主义知识分子和一般民众心中有着突出的权威性和影响力。从某种意义上说,后来维新运动中风行一时的改良派报刊政论,就是对王韬所开创的报刊政论传统的继承和发扬。王韬的报刊政

---

① 曾建雄:《中国新闻评论发展史(近代部分)》,桂林:广西师范大学出版社,1996年,第84页。

论,是维新派政论家的启蒙范文①,是中国新闻评论展现舆论引导力的开端。

当然,由于难以避免的历史局限性,我们在充分肯定王韬成就的同时,也应当看到他的不足。在思想观念上,王韬并没有自觉地将报刊政论当作一种传播意见信息、影响社会舆论的有力工具,虽然他的大多数言论客观上起到了这种作用。他写作的主观动机主要是面向当权者上书进谏,而不是面向社会大众进行思想教育。这与后来维新派通过办报大造舆论,推动变法运动发展有着本质差别。这表明王韬对报刊政论的社会功能的认识,尚不够深入和全面,从而导致其文章的舆论引导力在受众群体和目标指向上存在着一定偏差。另外,在写作实践上,王韬也未能完全摆脱传统政论的部分消极影响,基本上属于"文人论政""书生清谈"②,保守的文风以及语言通俗化、口语化的不足,影响了文章在指导现实、贴近读者方面的引导效果。

但瑕不掩瑜,作为中国近代报刊评论的奠基人,同时也是站在时代前列的先进知识分子,王韬为中国报刊评论特别是政论的发展所作出的巨大努力和贡献,是同时代其他人难以望其项背的。王韬及《循环日报》的言论,代表着社会进步的潮流,为中国报刊评论带来了勃勃生机,报刊政论的舆论引导力开始显现。

(二)报刊政论时代到来:梁启超与"时务文体"

19世纪80年代中期至90年代初,中国人自办报刊走入低谷,报刊评论相对沉寂。这一时期,以《万国公报》为代表的中文外报政论占据了舆论场的主导地位,它们"以开放中国人的思想与干预中国实际政治为目的"③,发表了大量谈论中国社会问题和鼓吹变法维新的文章,对维新运动以及后来的维新派报刊政论起到了催化作用。但这些"外籍"中文报刊上的政论文章,客观上起到的作用与编者的主观愿望并不一致:其本意是变中国为其开化繁荣的殖民地,以获取更大的利益,而非维新派人士所期待的变法图强、抵御外侮、拯救中国。而且其文风由俗转雅,将传播对象从中下层人士转到了"这个帝国的真正的灵魂,并实际统治着中国"④的士大夫阶层,从内容到形式都极力迎合官僚文人的胃口,这也延缓了报刊言论通俗化的进程,对后来的维新派报刊言论产生了一定的影响。

---

① 曾建雄:《中国新闻评论发展史(近代部分)》,桂林:广西师范大学出版社,1996年,第95页。
② 范荣康:《新闻评论学》,北京:人民日报出版社,1988年,第8页。
③ 方汉奇:《中国新闻事业通史》第一卷,北京:中国人民大学出版社,1992年,第350页。
④ 韦廉臣:《同文书会发起书》,转引自《简明中国新闻史》,福州:福建人民出版社,1985年,第56页。

1894 年甲午战争后,中国陷入空前的民族危机,救亡图存成为全民共识。1895年的"公车上书"掀开了变法维新运动的序幕,一批爱国知识分子挺身而出,积极创办报纸,组织学会,"以报馆为倡始"①,掀起了一阵国人办报的热潮。以康有为、梁启超、严复、谭嗣同等先进知识分子为代表的资产阶级改良派,以及《中外纪闻》《强学报》《时务报》《知新报》《国闻报》《湘报》等一大批维新派报刊,以极具号召力的政论,宣传变法图存,极大地影响和左右着社会舆论的方向,开创了中国新闻史上著名的"政论报刊时代"。其中,梁启超主持的《时务报》,是这一时期最负盛名、影响最大、成就最高的维新派报纸。

作为中国近代维新派领袖人物和报刊活动家,梁启超在担任《时务报》总撰述期间(1896.8—1897.11),高举变法维新的大旗,以其饱含激情、富于魅力的文笔,撰写和编发了多篇思想新颖、议论锋利、气势磅礴、脍炙人口的政论文章。他把报刊言论同国情时势紧密结合起来,使报纸在吸引广大读者、影响社会舆论、推动社会进步等方面发挥了前所未有的重大作用。

在梁启超为《时务报》所撰的众多言论中,影响最大且最具代表性的是《变法通议》。这是由一组未完成的系列言论构成的长篇政治论文(计划发表 60 篇,实际发表 14 篇,其中 12 篇发表于《时务报》),强调和论证了变法维新的必然性与迫切性,并从多个方面深入细致地探讨了变法维新的具体措施,如变革教育、培养人才、发展商务等。在梁启超的出色主持下,《时务报》出版后即受到广泛欢迎,"一时风靡海内"②,成为维新时期资产阶级改良派最重要的宣传舆论阵地,是全国瞩目的一面旗帜。

创造"时务文体"(又称"新文体"或"报章文体"),开启一代文风,是梁启超对中国报刊评论乃至中国新闻事业的另一重大贡献。这种文体形式自由,富于表达力,"纵笔所至不检束""条理明晰,笔锋常带情感"。③ 大胆新颖的思想观点加上自由奔放的表现形式,使得梁启超的文章充满魅力,影响了一代青年,对辛亥革命时期乃至五四运动以后的文风都有深远的影响。如果说王韬和他的《循环日报》是"报章文体"(报刊政论文体)的开拓者,那么梁启超和他的《时务报》就是"报章文体"的发扬光大者。近代报刊上政论地位的确立,正是从以梁启超的《时务报》为代表的

---

① 梁启超:《创办〈时务报〉原委记》,刊《知新报》第 66 册,1898 年 8 月 11 日出版。

② 《本馆第一百册祝辞并论报馆之责任及本馆之经历》,见《饮冰室合集·文集之六》,北京:中华书局,1989 年。

③ 沈继成:《梁启超与〈时务报〉》,《华中师范大学学报(人文社会科学版)》1998 年第 5 期。

维新派报刊开始的,这也是人们常常把"报章文体"又称为"时务文体"的一个重要原因。可以说,"时务文体"是从一般政论文走向新闻评论的过渡文体,"就文体的改革的功绩论,经梁氏十六年来的洗涤与扫荡,新文体(或名报章体)的体制、风格,乃完全确立"。①

梁启超和他的"时务文体",以其新思想和鲜明文风,领导了报刊评论发展的新潮流,将报刊政论推向了高峰,在当时中国社会民族危机日益深重的形势下,满足了人们的精神需求,适应了传播者宣传救亡御侮、变法图强的目的要求,使得其舆论引导力拥有了正确的指导思想和权威性基础。和商业性报刊言论不同,以《时务报》为代表的维新派报刊,观点新颖,态度鲜明,有着明确的政治目标。以拯救国家和民族危亡为己任的维新志士,其言论内容大都与当时形势密切相关,阐述和回答的也都是社会关注的重大问题,具有强烈的现实针对性。他们从西学中(包括政治、思想、文化、科学等各个方面)吸取营养,糅合中国的经世致用之学,形成了自己的思想理论体系,通过报刊言论这种意见信息的载体,向社会广为传播,为维新运动鼓噪呐喊,在制造和影响舆论方面释放出巨大能量,收到了解放思想、开启民智的显著效果,推动了社会进步。对于长期处于封建专制桎梏下的中国民众来说,这些新鲜而冲击力的思想观点,具有振聋发聩、无法抗拒的感召力量。

此外,维新派报刊上还出现了言论专栏,专门刊载读者来稿和外报摘译;梁启超总结和提出了一系列丰富的新闻思想,他认为对于国家和国民来说,报刊是"耳目喉舌",是"去塞求通"、强国富民的重要工具,是"开民智""育人才"②的重要手段……种种开创性的做法和深刻认识,有力地提升了新闻评论的境界和层次。虽然其部分作品显得过于偏激、不合逻辑,有煽动和过分宣传的意味,一些文章风格高雅有余、通俗不足,一定程度上影响了言论质量和引导效果,但整体而言,梁启超的言论和他所开创的"时务文体",在当时具有强大的社会影响力和舆论引导力,极大地推动了报刊政论文体及近代新闻评论的进步。

(三)"政论本位"向"新闻本位"转换:大论战与"时评"兴起

19世纪末20世纪初的十多年间,是中国社会大动荡、大变迁的年代,也是中国报刊评论大发展、大变革的时期。报纸言论的内容,广泛涉及政治、外交、军事、经济等各方面,新闻评论正式成为报纸四大部件(新闻、言论、副刊、广告)之一,文字

---

① 吴其昌:《梁启超传》,北京:东方出版社,2009年,第28—29页。
② 沈继成:《梁启超与〈时务报〉》,《华中师范大学学报(人文社会科学版)》1998年第5期。

风格也从文言变为半文半白,无论是社论、专论、短评,到此均逐渐成型。因此,这一时期被称为"政论本位的新闻评论之黄金时代";"我国新闻评论之见重于时,则自中日战争至辛亥革命此一时期为最"①。新闻评论(即"时评")从报刊政论中分化出来,成为独立体裁,在辛亥革命前后成为报刊论说的主流,后因1914年袁世凯复辟陷入低潮。

1898年戊戌政变后,维新派重要人士被迫流亡海外,他们以办报为主要活动形式,继续宣传改良思想主张,影响最大的是梁启超在日本先后主办的两份报纸:《清议报》与《新民丛报》。在创办早期,两份报纸顺应时代需求,本着"主持清议,开发民智""维吾新民"②的宗旨,大量刊载评介西方资产阶级学说思想的文章,从社会科学到自然科学,涉及西方文明的方方面面。这些新知识、新学说、新理论,对于开阔人们的眼界,活跃人们的思想,冲破封建主义精神束缚,具有积极意义,在教育青年、激励民众方面发挥了突出的思想启蒙作用。梁启超还在报纸上设置了时事短评和杂文等言论专栏,使得评论题材更加广泛,文字更加生动,促进了报刊评论文体的多样化。

同一时期,中国资产阶级革命派也开始登上政治舞台,积极从事推翻封建帝制的革命活动。《中国日报》《开智录》《国民报》等早期革命派报刊言论立场鲜明、思想积极,在发动群众、传播革命道理方面起到了一定作用;之后《有所谓》《苏报》《国民日日报》《警钟日报》《中国白话报》等报纸的斗争态度更加坚决,直接号召民众关心国家大事,推翻清朝政权,在语言风格上它们力求浅显通俗,采用白话文办报写言论,进行有声有色的革命宣传,吸引了大批底层民众。而以1905年《民报》的创刊为标志,革命派报刊言论进入了一个新阶段。在孙中山的直接领导下,《民报》大力宣扬"三民主义",把报刊宣传同革命实践紧密结合起来,向民众灌输革命思想,进而转化为革命行动,这对报刊评论的发展演变具有至关重要的意义。革命派如火如荼的报刊宣传活动,使得革命思潮迅速蔓延和扩大,引起了改良派的恐慌,他们希望通过自己的报刊言论,挫败政敌,左右舆论,争取民众。于是,以梁启超、严复为代表的资产阶级改良派所主办的《新民丛报》,和以章太炎、胡汉民、汪精卫、宋教仁为代表的资产阶级革命派所主办的《民报》,就中国前途问题展开了一场空前激烈的大论战。

---

① 林大椿:《新闻评论学》,台北:阳明出版社,1957年,第3页。
② 曾建雄:《中国新闻评论发展史(近代部分)》,桂林:广西师范大学出版社,1996年,第176、182页。

论战从 1905 年底开始,一直持续到 1907 年下半年,其核心问题就是要不要用暴力革命推翻清王朝。围绕这一主题,双方在保皇还是革命、君主立宪还是民主共和、维护封建土地制还是废除它而实行平均地权等几个主要方面展开了激烈的辩论,发表了大量的政论文章。在这场大论战中,参与的报刊数十家,发表的评论百万言,其影响遍及海内外。因为改良派反对革命和共和,逆历史潮流而行,站在了真理的对立面,而革命派顺应潮流,合乎民心,加之得道多助,人才济济,许多文章观点新颖,论证雄辩,逻辑严密,很有说服力。论战的结果是革命派大获全胜,改良派一败涂地,《新民丛报》乞和不成后,最终停刊。

大论战是革命派与改良派在思想理论上的大决战,它确立了革命派报刊言论在中国报坛上的优势地位,成为舆论领袖;同时革命派的思想理论得到升华,变得成熟起来,这是其评论拥有巨大影响力和号召力的坚实基础。大论战又是一次伟大的思想解放运动,它使成千上万的民众放弃了改良思想,走上了革命道路,推动了革命形势的蓬勃发展,"从此革命风潮一日千丈,其进步之速,有出人意表者矣"①。大论战为辛亥革命做了思想和理论上的准备,为革命派报刊及其言论的大发展创造了条件,全国兴起了一个革命派办报的热潮,锋芒毕露鼓吹革命,报刊政论在其中发挥了极为重要的宣传鼓动作用。

大论战也有力推动了报刊政论文体的自身发展。在论战中,驳论文得到了广泛的运用。为了使文章雄辩有力,双方作者在政论写作中普遍重视论据的翔实和论证的技巧,西方形式逻辑的基本方法被引入,这对报刊评论文体的发展具有积极意义。随着革命形势的迅猛发展,革命派报刊言论的内容和形式也发生了转变:阐明政治纲领、论证革命道理的理论性文章少了,动员广大民众、鼓吹武装斗争的具体言论多了;"坐而论道"的鸿篇巨制少了,取而代之的是论题具体的短小言论。紧跟形势、注重时效、语言通俗化成为辛亥革命前后报刊评论的普遍做法,而"时评"文体的兴起成为这一时期报刊评论发展的最显著特征。

1904 年,《时报》在上海创刊,其"时事批评"栏目抓住当天报上的一则新闻,题目具体,一事一议,新闻与评论相配合,大致相当于现在报纸上的"短评"或"编后",为当时各报开辟类似的言论专栏起了示范作用。这一后来被称为"时评"的文体适应了人们了解多变时局的迫切需求,很快风行全国报界。胡适曾描述道:"这种明

---

① 广东省社会科学院历史研究室、中国社会科学院近代史研究所中华民国史研究室、中山大学历史系孙中山研究室合编:《孙中山全集》(第 6 卷),北京:中华书局,1985 年,第 237 页。

快冷刻的短评正合当时的需要""时报出这种制度之后,十几年之中,全中国的日报都跟着变了"。①

我国近代早期报纸上的议论性文章,基本上是古代论说文的形态,长篇大论,托古证今,没有针对新闻事件的明快判断。这些论说性文章,在中国近代变革思潮的背景中,起到了推动思想解放的作用,但这种形式本身,并不具有新闻评论的特点,也不能实现广泛的传播与大众阅读。"时评"文体是一种具有鲜明的现代新闻评论形式特征的时事短评文体,它的出现使得新闻评论终于找到了适合自身的表达方式。有学者认为,以《时报》的"时评"作为一个里程碑,"中国报纸的言论,由'论'进入'评'的阶段"②。

"时评"文体的兴盛,还使得报刊评论的功能定位发生了转换,由传播思想变为判断事实。处于"政论时代"早期的新闻评论议论的内容,往往是国家社会普遍的问题,因为在民智尚未开化之时,新闻评论的基本任务是新思想、新观念的宣传和浸润,用梁启超的话来说就是"从灌输常识入手"③。这种情况在"时评"产生之后得到了改观。最早的时评就是"事评",其标题往往就是新闻事件。"时评"议题的"事评"特征,实际上反映着新闻评论由"政论本位"向"新闻本位"的转变,标志其终于成为独立的新闻体裁。

纵观辛亥革命前后十多年的报刊评论发展过程,可以清晰地看出一条传统政论向现代新闻评论演变的轨迹。革命派在和改良派的论战中获胜,是因为其民主革命的思想符合历史发展潮流,其政论文章拥有进步理论的指导,而其面向普通民众的白话文写法也使其拥有了坚实的群众基础。正确的指导思想和读者定位,极大提升了革命派报刊言论的舆论引导力和影响力,充分启发和教育了民众,革命派利用报刊言论为斗争造势、推翻帝制建立共和的初衷也随着辛亥革命的胜利而得以实现。而"时评"文体的兴起,使得新闻评论的时效性、可读性和现实针对性大大增强,表达效率不断提高。读者对象的日益扩大、传播效果的显著改善,以及评论经验的科学总结,使得新闻评论在各方面得到了全面提升,为之后新民主主义革命时期新闻评论走向成熟做了充分的思想动员和理论准备。

---

① 胡适:《十七年的回顾》,《胡适文存》二集,合肥:黄山书社,1996年,第285页。
② 朱传誉:《报人·报史·报学》,台北:商务印书馆,1985年,第20页。
③ 梁启超:《初归国演说辞·鄙人对于言论界之过去及将来》,《饮冰室合集》第四册,北京:商务印书馆,1989年。

（四）新闻评论走向成熟：新文化运动与党报"指导性"

辛亥革命后，现代报纸进入新闻本位时期，时评等新闻评论文章成为越来越多报刊的重要内容，评论体裁趋于成熟与完善。1915 年，以陈独秀、李大钊、鲁迅为代表的革命民主主义者，高举"民主""科学"的大旗，创作了大量言论文章，宣传新思想，批判旧制度，拉开了新文化运动的序幕。新闻评论的思想性日益加强，报刊的舆论引导功能日益显著，评论时事政治一时成为潮流，其中影响比较大的有：陈独秀在其创办的《新青年》上发表的反对帝制和封建礼教的系列政论，"重在阐述学理"；李大钊在其创办的《每周评论》上发表的歌颂俄国十月革命、宣传马克思主义的评论文章，"重在批评事实"①；以及邵飘萍撰写的揭露时弊、批判军阀的时评文章。风起云涌的新闻评论，顺应了世界形势，引领着当时的社会思潮，使得民主、科学的理念从此在中国人心中扎下了根，为马克思主义在中国的传播和五四运动的爆发奠定了思想基础。

这一时期，杂文在报刊上被广泛采用，其中以鲁迅的杂文最有影响力，其代表作《论"费厄泼赖"应该缓行》《"友邦惊诧"论》《小品文的危机》《中国人的生命圈》等紧密结合现实，嬉笑怒骂皆成文章，具有强烈的战斗性。范荣康认为，鲁迅那些直接取材于报纸上电讯新闻的杂文"是十足的新闻评论"②，只是在写法上并不拘泥于新闻事实，往往比较发散，与时评有所不同。鲁迅的杂文为现代报刊杂文奠定了基础，并使杂文成为真正意义上的"社会论文"，为其在新闻评论的文体家族中争得了一席之地。

五四运动后，随着马克思主义的广泛传播，毛泽东、蔡和森、瞿秋白、周恩来等人开始自觉运用唯物主义和阶级分析的方法来从事言论写作，宣传革命思想，我国报刊评论的指导思想开始发生质的变化，进入新的发展时期。与此同时，白话文运动蓬勃开展，新闻评论走上语体化历程，为推动新闻评论的大众化、扩大社会影响起到了重要作用。20 世纪 20—30 年代，邹韬奋在《生活》周刊上开设的"小言论"专栏，以及张季鸾主笔的《大公报》社评，是这一时期新闻评论的杰出代表。它们分别以平民化风格和"不党、不卖、不私、不盲"的"四不"方针，获得了读者的喜爱和推崇，为报纸赢得了广泛声誉。

1921 年中国共产党成立后，无产阶级新闻事业开始起步，新闻评论拥有了马克

---

① 刘海贵：《中国现当代新闻业务史导论》，上海：复旦大学出版社，2002 年，第 330 页。
② 范荣康：《新闻评论学》，北京：人民日报出版社，1988 年，第 64 页。

思主义新闻观的正确指导,其舆论引导力内涵得到了升华。在整个新民主主义革命时期,党的新闻事业的主要任务就是宣传党的方针政策,教育和鼓动群众进行革命斗争和生产工作,其突出特征就是"指导性",这也是毛泽东党报思想的要点及核心。早在建党之初,党就对其第一份机关报《向导》提出明确要求:"应当更加增加鼓动的性质,使能反映中国革命民众的日常斗争而予以指导""应当给工农群众读者以关心政治的指导"。① 经过持之以恒的努力宣传,《向导》使"打倒帝国主义"、"打倒军阀"的口号深入人心,评论引导社会舆论的功能得到了充分发挥,被读者称赞为"是黑暗的中国社会一盏明灯"②。1942 年延安《解放日报》社论《致读者》提出:党报要"响应党和政府的号召,或者根据党的方针倡导各种群众运动,经常注视和指导运动的展开,具体的帮助各种群众运动和工农大众的斗争",成为"各种运动积极的倡导者、组织者"。③ 同样,"指导性"这一党的新闻事业的基本原则和优良传统,也体现在新闻评论尤其是党报评论引导力的塑造和运用之中。

作为中国共产党党报思想和理论的创立者,毛泽东从青年时代起就开始了评论写作,在其创办《湘江评论》、担任《大公报》馆外撰述员以及主编《政治周报》期间,先后发表了很多政论、时事短评和述评。在担任中央领导人后,他仍经常为《解放日报》和新华社撰写评论,既有以阐释党的方针政策为主的社论,也有针对国内外重要事件或政治、军事形势重大变化的时事评论。其中,集中体现毛泽东评论风格的是其在新中国成立前夕为新华社写的五篇系列评论——《丢掉幻想,准备斗争》(1949 年 8 月 14 日)、《别了,司徒雷登》(1949 年 8 月 18 日)、《为什么要讨论白皮书》(1949 年 8 月 28 日)、《"友谊",还是侵略?》(1949 年 8 月 30 日)和《唯心历史观的破产》(1949 年 9 月 16 日),④论证全面,说理雄辩,讽刺辛辣,语言生动,引发了强烈的社会反响。在马克思主义新闻观的指导下,以毛泽东为代表的党报新闻评论拥有强大的引导力,在阐释党的方针政策、团结人民群众、指导政治军事斗争等方面发挥了巨大作用。

---

① 胡正强:《中国共产党早期媒介批评实践与思想论略》,《武汉理工大学学报(社会科学版)》2011 年第 2 期。
② 刘海贵:《中国现当代新闻业务史导论》,上海:复旦大学出版社,2002 年,第 339 页。
③ 李良荣:《艰难的转身:从宣传本位到新闻本位——共和国 60 年新闻媒体》,《国际新闻界》2009 年第 9 期。
④ 涂光晋:《时代之"声"——新时期中国新闻评论研究》,北京:中国人民大学出版社,2011 年,第 28 页。

此外,在抗日战争及解放战争时期,代表当时中国政坛三种势力的《新华日报》《中央日报》《大公报》三足鼎立,长期论战。延安《解放日报》和位于国统区重庆的《新华日报》是新民主主义革命时期中国共产党创办的连续出版时间最长、影响最大的两份大型中央机关报。它们在极其困难的条件下,始终高度重视评论工作。《解放日报》充分贯彻"全党办报"的指导方针,刊发了朱德、刘少奇、周恩来、任弼时等领导人的多篇评论文章;根据形势发展变化,承担起"党的喉舌"的责任,发挥了全局性的指导作用;发表了一系列关于新闻工作的理论文章,如坚持唯物主义新闻观、坚持走群众路线、树立民族的科学的大众的新文风等;推出多种专刊和创新评论形式……《新华日报》评论紧扣时局,充分宣传党的方针政策;风格新颖泼辣,斗争方式灵活多样;开设杂文、随笔专栏和副刊,以丰富的内容和活泼的文风为评论工作服务……在严酷多变的环境下,卓有成效地传播了党的方针战略,帮助国内外人们更好地了解了党的主张。①《解放日报》和《新华日报》的评论实践,不但对党的新闻工作产生了深刻影响,还推动了我国新闻评论走向成熟,为完善新闻评论文体做出了突出贡献。

从新文化运动开始到新中国成立,是中国新闻评论体裁的成熟和完善时期。这一阶段,因为有了科学理论尤其是马克思主义的正确指导,加上众多革命者和报人的不懈探索和实践,新闻评论的指导思想和方法经验发生了质的变化,引导力内涵和基础也因此而得到升华,进入了一个新阶段。新闻评论的舆论引导,尤其是党报新闻评论的引导效果更加显著,为团结和教育群众、夺取新民主主义革命胜利起到了突出的指导、宣传和鼓动作用,也为新中国成立后新闻评论的当代发展奠定了坚实的理论和实践基础。

二、中国近现代新闻评论舆论引导力的肇始与演进轨迹

纵观中国近现代新闻评论的发端和发展历程,可以清晰地看出其内涵在不断丰富和完善,影响持续扩大和增强。从新闻评论的三个基本特征——政治性、新闻性、群众性——的角度进行剖析,其舆论引导力呈现出从无到有、由弱变强,政治性、新闻性和群众性不断提升的演进轨迹。

(一)政治性持续突出

作为以深刻思想和独到言论强烈影响大众、深入干预现实的新闻文体,新闻评

---

① 胡文龙:《中国新闻评论发展研究》,北京:中国人民大学出版社,2002年,第153页。

论和它的载体——新闻媒体一样,都具有或浓或淡的政治色彩,服务于所属的阶级、政党和集团,中外皆然。而对于承袭了古代"文人论政"传统的中国新闻评论及其创作者来说,突出的政治性更是其最显著的特征:从"经世致用"的人生理想,到"持论公正"的为文主张,这些开阔的入世胸怀和崇高的人格追求,既是中国文化的宝贵遗产,也是当代新闻评论展现高度、影响和推动社会进步的历史源流。

中国新闻评论着重政治性的传统,从王韬和他的《循环日报》时期就开始了。当时中国新兴的民族资产阶级希望通过政论文开启民智,实现其变法图强的政治愿望,社会反响强烈,具有突出的历史进步意义,也是中国新闻评论展现其舆论引导力的肇始。从改良主义先驱到维新运动领袖,从资产阶级革命者到马克思主义思想家,这些以评论作为武器、意图改造社会的时代精英,其理想信念和认识水平在时刻发展和进化,推动着新闻评论顺应潮流,引领民意,不断完善进步,从而为新闻评论舆论引导力的提升奠定思想基础。尤其在进入现代之后,以马克思主义为指导的党报新闻评论,以其鲜明的党性、阶级性,以及历史唯物主义的立论一贯性,展现出了强大而科学的政治引领力和思想论证力,为实现教育和指导民众正确认识和改造世界的根本目的发挥了巨大的舆论引导作用。

虽然由于所处时代不同,几代报人及评论者们的政治立场和抱负也各不相同,但贯穿其中的精神主线是一致的,即对救国救民真理的执着追求,以及近现代中国知识分子强烈的忧患意识和爱国热忱。这对今天的中国新闻事业和评论者来说是一笔宝贵的精神财富,更是新闻评论舆论引导力的精神源泉。

(二)新闻性日益显著

新闻评论以新闻作为评论的根据,新闻性是其区别于其他议论文体的根本特征。戈公振认为"报纸之原质,直可谓新闻"①,与时事紧密结合,是新闻评论有效吸引受众、具有现实引导能力的前提。离开了新闻泛泛而谈,新闻评论就成了无的放矢,也不再成其为新闻评论。

近代以来,中国新闻评论的发展清晰地呈现出一条表达效率不断提高的轨迹,具体表现为从"论说"到"时评"、评论向新闻靠拢的文体演变。王韬、梁启超等早期的改良主义政论家,虽然其为文追求经世致用、言之有物,并积极利用报刊传播其变法维新、革除弊政的思想,在政论文体的表现形式上也作了若干革新尝试,但毕

---

① 戈公振:《中国报学史》,长沙:岳麓书社,2011年,第16页。

竟"没有完全突破'托古证今'的老路"①，对社会大众的吸引力和影响力受到种种局限。在 20 世纪初以《时报》"时评"文体为标志的革新派报纸的影响下，论说开始向新闻靠拢，议题也由传播思想转向评论具体的新闻事件。历经资产阶级革命派和改良派的大论战、新文化运动和无产阶级党报等评论实践，新闻评论的时效性和可读性大大增强，反映现实变化、指导革命运动的功能持续强化。在读者对象日益扩大、传播效果不断完善、评论经验逐渐丰富的过程中，新闻评论的舆论引导力得到了全面提升，为反映民众需求、推动思想解放和社会变革起到了突出的引领和促进作用。

"时评"的风行以及评论"新闻性"的增强，明白无误地表明读者关心时事甚于关心说教。作为评论者，不管有多少深刻思想和独特高见，如果不能用之于剖析"每日所出事实"，对于读者来说，不过是老生常谈，甚至是"保守那遗传下来的老格式与老办法"。② 对时事现实的强烈关注和及时表达，是新闻评论精准设置议题、充分满足大众，进而有效引导舆论的有力保障。

（三）群众性逐渐增强

新闻评论的群众性，是新闻媒体作为大众传播工具这一特性所决定的。受众是新闻传播的出发点和归宿，读者是新闻评论的第一因素，这是新闻评论不可违反的规律。前文所言的不论是强调思想高度的政治性，还是注重议题时效的新闻性，都必须建立在广泛的群众性基础之上，唯如此，方能实现新闻评论指导教育大众、引领社会舆论的根本目标。

在早期中文报刊的"文人论政"年代，虽然资产阶级改良派也很重视言论的传播方式和效果，梁启超的"时务文体"更是以"平易畅达"、"条理明晰"甚至"杂以俚语"③为特色，来争取更多的读者。但阶级局限性决定了他们的报刊始终以达官贵人、上层知识分子为主要对象，就算再"扩大读者面"，也只限于争取一般知识分子读者，在新闻评论群众性方面所作的努力是有限的。即使是高度重视底层民众、在白话文创作上作出巨大突破的资产阶级革命派报人，其言论也没有摆脱半文半白的旧式评论模式。新闻评论完全用白话文写作，真正做到面向广大群众说话，是在五四新文化运动前后。经过《新青年》等报刊和李大钊等学者的倡导，白话文终于

①　李良荣：《中国报纸文体发展概要》，福州：福建人民出版社，2002 年，第 26 页。

②　范荣康：《新闻评论学》，北京：人民日报出版社，1988 年，第 11 页。

③　梁启超：《清代学术概论》，《梁启超文选》，北京：中国广播电视出版社，1992 年，第 252 页。

成为报刊的通用文字,新闻评论也终于不再是书生论政、文人清议,而成为面向广大群众的时事政治评论。

纵观中国近现代新闻评论的发展历程,贯穿其中的一条鲜明主线就是不断顺应读者需求、群众性日益增强。如早期《循环日报》《时务报》等改良派报刊言论的传播对象以士绅阶层为主,内容偏重学理,文风尚雅厌俗,而之后《苏报》《时报》《民报》《神州日报》等革命派报刊言论面向底层民众,内容联系实际,文风弃雅求俗;改良派报刊以期刊为主,言论篇幅较长,时效性较弱,革命派报刊以日报为主,言论篇幅较短,时效性强;辛亥革命前报刊评论以政论为主,文体形式较为单一,以启蒙思想、抒发政见为首要任务,新文化运动后评论题材扩大到社会各个方面,时评、杂文、专栏等多种评论形式丰富了新闻评论的体裁品种。尤其在经过中国共产党党报评论"从群众中来,到群众中去"的群众路线的洗礼后,新闻评论深深扎根民众,更注重对革命斗争和生产工作的指导,真正贯彻和落实了群众性的要求……凡此种种,从内容到形式,从指导思想到文体文风,新闻评论发展的总趋势是朝着贴近现实生活、讲求评论时效、便于大众阅读的方向衍变进化。① 这符合新闻评论的特点和传播规律,极大增强了新闻评论的影响力,提升了对广大民众及社会舆论的引导效果。

从中国近现代新闻评论的演进轨迹可以看出,凡是影响力和生命力强大的文章,其内容总是顺应了社会发展的进步潮流,代表着先进阶级的思想意识,体现了广大读者的愿望要求,充满着积极进取的精神力量。从洋务时期的初步显现,到维新时期的崭露锋芒;从辛亥革命前后的全面提升,到新民主主义革命时期的内涵升华,新闻评论的每一次重大发展和进步,其原始动力都是时代和社会的需要,以及报刊读者的需求。中国近现代新闻评论所展现的政治性、新闻性和群众性等内涵特质,从议题设置、导向把控、思想引领、受众服务等方面构建了其舆论引导力的框架体系,体现了舆论引导力的方向、大小、作用点等核心要素的根本要求。"以史为镜,可以知兴替。"前人的探索和尝试,以及中国近现代新闻评论舆论引导力的肇始与历史演进规律,是当代中国新闻评论开创新局、继续进步的源流和基础,也为提升其舆论引导力提供了有益参考和借鉴。

援古证今,继往开来。从 1978 年至 2021 年的四十多年时间里,在这中国历史上变化最大、成就最多、任务最重的新时期阶段,在前人基础上汲取了丰富养分与

---

① 曾建雄:《中国新闻评论发展史(近代部分)》,桂林:广西师范大学出版社,1996年,第233页。

能量的当代新闻评论和评论者们,拥有着同样突出的表现和成就,当然其中也不乏波折与起伏。对其进行分阶段的"引导力变迁"专题研究,有助于当代新闻评论舆论引导力的提升和完善,有助于我国媒体在新的历史时期进行有效的舆论引导,也有助于丰富中国新闻评论当代史的研究成果。

第二节　新闻评论舆论引导力理论溯源与内涵解析

舆论引导及引导力,是中国共产党新闻宣传理论中的重要概念,是宣传思想工作的重要内容。对"舆论引导力"进行学理解读和概念辨析,梳理舆论引导力的思想流变与理论演进过程,是对"新闻评论舆论引导力"这一命题的理论溯源,也是对其进行内涵解析的基础。

一、舆论引导力的学理解读与概念辨析

在深入研究和探讨新闻评论舆论引导力的理论内涵之前,首先必须对"舆论引导力"这一概念及其基本特征进行详细的学理解读。

(一)舆论引导力与新闻舆论引导力

本书中的"舆论引导力",简单说来就是"引导舆论的能力",如绪论所述,即舆论引导者按照预期的引导方向,传播一定的观点与信息,并对舆论运行过程进行协调和平衡,影响被引导者意见、态度、倾向的能力。[1] 由于我国舆论引导的主体主要是新闻媒体,以及其掌控者或所有者即党和政府,因此舆论引导主要是指党和政府主导下的新闻舆论引导,"引导力"也特指党的新闻舆论引导力。本书将着重从"新闻舆论引导力"的角度对"舆论引导力"进行深入解读,并详细说明两者之间的内涵关联和表述区别。

所谓新闻舆论,是指新闻媒体表达的思想、刊载的言论。自 2016 年 2 月 19 日习近平在党的新闻舆论工作座谈会上讲话通篇使用"新闻舆论"一词指代党的新闻宣传工作后,其使用频率骤然上升。新闻舆论引导就是党和政府通过新闻媒体设置议程,构建框架,提供主流意见,以引导人们趋向其倡导的意识形态,使社会舆论按照预期的方向流动。[2] 与此同时,习近平在讲话中提出的新闻舆论"四力"论,使

---

① 刘肖、董子铭:《舆论引导力的学理解读》,《当代传播》2012 年第 3 期。
② 中国记协网:《什么是新闻舆论和舆论导向?》,http://www.zgjx.cn/2020-04/08/c_138957190.htm。

得"新闻舆论引导力"也成为学界和业界的热门研究课题。对于新闻媒体来说,新闻舆论引导是通过自己所刊播的新闻作品形成的新闻舆论的传播实现的,相应的新闻舆论引导力就是在党和政府的政策方针指引下,新闻媒体通过刊登新闻作品和进行传播活动,形成新闻舆论,并作用于公众舆论,对公众舆论的性质、发展趋势和方向进行引导的能力。①

虽然"舆论引导力"和"新闻舆论引导力"在本质上表达的是同一个意思,但严格说来,两个概念中的"舆论"含义是不一样的。前者的"舆论"是指公众舆论,代表的是公众的意见,是"引导力"作用指向的客体;后者的"舆论"是和"新闻"连用的专门术语,意指新闻媒体表达的思想、刊载的言论,是拥有"引导力"、进行引导活动的主体。新闻舆论对公众舆论的引导,实质上就是用新闻舆论去改造和同化公众舆论,以媒体的立场和观点去改造公众的立场和观点,从而导致公众"态度的改变"。② 虽然两种表述中"舆论"的含义有所不同,但对于"引导力"这一概念来说,不管用"舆论引导力"还是"新闻舆论引导力",其本质都是一致的,都是指"新闻舆论"对"公众舆论"进行引导的能力。

根据习近平"提高党的新闻舆论传播力、引导力、影响力、公信力"的论述,新闻舆论引导力的主体包括"媒体"和"党"两个层面:党的新闻舆论引导力是媒体舆论引导力的基础和依托,而媒体则是党发挥其新闻舆论引导力的主要渠道。因此,本书中"舆论引导力"的含义主要体现为党和政府主导下的新闻舆论对公众舆论进行引导的能力。

新闻评论是新闻媒体实施舆论引导的重要方式和手段。新闻评论以观点和思想塑造和形成新闻舆论,从情感、意见、信念等层面对公众心理施加影响和引导,从而在评论者和公众之间达成一致和认同。本书的研究对象为"新闻评论舆论引导力",其句法结构为一个名词短语——新闻评论的舆论引导力(注:此处的"舆论"指公众舆论),意指新闻评论所形成的新闻舆论对公众舆论进行引导的能力。

因此,本书中的"新闻评论舆论引导力"是从属于"新闻舆论引导力"课题之下的一个研究分支,党的新闻舆论思想及各时期领导人的新闻舆论观既是新闻舆论工作及新闻舆论引导力建设的指导思想,同时也是新闻评论进行舆论引导、提高引

---

① 计永超、刘莲莲:《新闻舆论引导力:理论渊源、现实依据与提升路径》,《新闻与传播研究》2016年第9期。

② 王雄:《新闻舆论研究》,北京:新华出版社,2002年,第115页。

导能力的指导思想。与之相适应,"新闻评论舆论引导力"的含义可详细表述为:新闻媒体通过新闻评论作品和相关传播活动所形成的新闻舆论,在贯彻党和政府方针政策、引导公众舆论方面所具有的能力。

(二)舆论引导力的基本特征:纯效果与正向引导

效果是传播的最终指向和追求。引导力是舆论引导的基础,舆论引导的效果与引导力密切相关。需要指出的是,引导力不等于影响力。在传播学研究领域,传播效果包括双重含义:一是带有说服动机的传播行为在受传者身上引起的心理、态度和行为的变化,即传播活动在多大程度上实现了传播者的意图或目的;二是传播活动对受传者和社会所产生的一切影响和结果的总和,不管这些影响是有意的还是无意的、直接的还是间接的、显在的还是潜在的。[1] 前者偏重效果产生的微观过程分析,后者则偏重宏观考察。作为一种蕴含宣传性、指导性的传播活动,舆论引导是行为主体因势利导、因事而为、因时而化的主动介入和干预社会舆情发展态势和走向的一种积极行动策略[2],新闻媒体进行舆论引导的目的是引导人们趋向其(包括党和政府)所倡导的意识形态,使舆论按照预期方向流动。因此,舆论引导力带有明确的目的性和指向性,主要考察受传者的态度和行为沿传播者主观意图的方向所发生的变化,即一种"纯效果"[3],在此基础上得出对引导力信度、强度、准度等特征的基本判断,以及在实现传播者主观意图方面的效果评价。

当然,新闻舆论引导力所产生的这种"纯效果"的涵盖范围很广,并不限于短期的、外在的即时性效果,它既包括具体事件的微观解读,也包括价值观念的宏观塑造。只要和传播者的主观理念或引导目标有关,都属于"纯效果"范畴。其他因传播活动所产生的客观效果,即使作用很明显、影响很大,但由于不在传播者原本意图当中,只能算是新闻舆论的"影响力",而不是引导效果的直接体现,也不属于本书"引导力"考察的范畴。

另外,舆论引导力一般是指一种"正向"引导能力,"新闻媒体发挥新闻舆论引导力的前提是导向正确"[4]。新闻舆论引导力是指新闻媒介及其作品投放到社会

---

① 郭庆光:《传播学教程(第二版)》,北京:中国人民大学出版社,2011 年,第 172 页。
② 沈正赋、刘传红:《从宣传到引导:中国共产党新闻舆论思想的历时性考察与思辨》,《中国地质大学学报(社会科学版)》2017 年第 6 期。
③ 郭庆光:《传播学教程(第二版)》,北京:中国人民大学出版社,2011 年,第 181 页。
④ 丁柏铨:《论新闻舆论传播力、引导力、影响力、公信力》,《新闻爱好者》2018 年第 1 期。

后,所形成的新闻舆论按照预期的方向,对人们思想和行为的正向驱动能力。① 舆论引导的效果是否为正,取决于引导力的方向即"舆论导向"是否正确。在中国共产党的宣传思想和新闻舆论工作中,一贯强调以马克思主义为指导思想,坚守党性原则,坚持群众路线,根据时代和社会发展需要制定新闻政策和宣传任务,从而确保新闻舆论的正确引导方向。除了极个别历史时期(如"文化大革命"时期)由于党的正确舆论观被破坏,新闻舆论在特殊环境下会与社会前进方向及人民心声背道而驰外,绝大多数情况下,其引导力都保持着正确的方向,服务于党的中心工作和国家建设发展大局,对人们思想和社会舆论起着正面的引领和指导作用。这是党的新闻事业和新闻舆论工作的显著特征和优良传统。

正确的引导方向决定了正面的引导效果。新闻舆论在引导社会舆论的过程中,即使在某些历史阶段由于所处时代和技术条件的局限性,引导力没有得到充分发挥,也只是引导效果和传播者目标达成度上存在不足,引导力的大小和作用点要素有待提升和完善;而在"舆论导向"这个关键问题上,新闻舆论还是坚持了正确的政治方向和价值立场,保持着对社会舆论的正向引导。舆论引导的无效果和负效果,都"不符合新闻媒体和新闻舆论工作者的预期"②,也不是引导力作用机制的正常体现。

新闻评论作为一种观点表达文体,在很大程度上属于"说服性传播",对其进行"舆论引导力"研究,主要考察的是其在贯彻党和政府的宣传路线和方针政策上的做法和表现,以及由此形成的新闻舆论在引导公众舆论方面的正面效果。和新闻报道相比,新闻评论所形成的新闻舆论具有更明显的倾向性和主观色彩,引导力更加直接而鲜明。从某种意义上说,体制内的媒体尤其是党报党刊党台党网,及其评论员更具有引导舆论的使命和意愿,其作品具有更多的意识形态属性,这也是本书研究和分析的重点。体制外作者如时评写手、专栏作家、意见领袖等创作群体,虽然分布广泛、作品众多,但因其并不肩负引导任务,主观上也没有贯彻党和政府方针政策的动机,即使其某些作品影响巨大,客观上产生了不错的舆论引导效果,也不能算是引导力的自然表达和必然结果。

当然,虽然新闻评论的舆论引导力主要来自于体制内媒体,但其所产生的实际

---

① 沈正赋:《中国共产党百年舆论观的历时变迁与发展图景》,《传媒观察》2022年第2期。
② 丁柏铨:《习近平对中国共产党新闻舆论观的继承与发展》,《福建师范大学学报(哲学社会科学版)》2019年第6期。

效果必然会受到外部传播环境的影响。在当前意见主体多元化的舆论场形势下，考察体制内媒体的舆论引导效果，必须把新兴网络媒体及其中的无序化、非理性等因素考虑在内。而且，如果体制外作者的文章被体制内媒体刊登或转载，甚至以"特约评论员"的名义予以重点推荐，代表了媒体的立场和态度，此时此评论被赋予了"舆论引导"功能，在流程设计上便拥有了主动的"舆论引导力"。

二、舆论引导力的思想流变与理论演进

作为传播者意图及媒体力量的体现，自近代报刊产生之后，舆论引导力便成为一种客观存在，在中国新闻史及国际无产阶级新闻事业发展史中都可探寻到其早期样貌和历史演变，具有深刻的思想和理论内涵。

（一）舆论引导思想的形成与发展

研究舆论引导，牵涉到三个层面的具体问题：什么是舆论？ 舆论为什么需要引导？ 什么是舆论引导？ 在此基础上，方能对舆论引导思想的形成与发展进行细致了解和整体把握。

1. 关于舆论

中国有关"舆论"一词最早的文献记载出现在《三国志·魏书》中，指的是百姓的议论与意见。[①] 在《宣传舆论学大辞典》里，关于"舆论"的词条释义是"通常指公众意见或多数人的共同意见，是社会集合意识和社会知觉的外化"[②]。在《现代汉语词典》中，对舆论的解释为"群众的言论"[③]。

当前，人们虽然已经广泛地使用"舆论"一词，但至今尚没有一个统一的定义。之所以如此，是因为舆论是一种复杂的社会现象，是多因素的复合体，各人所强调的因素各异，定义也就各不相同。陈力丹综合了众多较有代表性的意见，将"舆论"概括为：舆论是公众关于现实社会以及社会中的各种现象、问题所表达的信念、态度、意见和情绪表现的总和，具有相对一致性、强烈程度和持续性，对社会发展及有关事态的进程产生影响，其中混杂着理智和非理智的成分。[④]

在英文中，舆论一词的写法是"Public Opinion"，即公众的意见。 1762 年，卢梭

---

① 许新芝、罗朋、李清霞：《舆论监督研究》，北京：知识产权出版社，2009 年，第 2 页。

② 刘建明主编：《宣传舆论学大辞典》，北京：经济日报出版社，1992 年，第 343 页。

③ 中国社会科学院语言研究所词典编辑室编：《现代汉语词典》，北京：商务印书馆，2001 年，第 1536 页。

④ 陈力丹：《舆论学——舆论导向研究》，上海：上海交通大学出版社，2012 年，第 33 页。

在《社会契约论》中首次将拉丁文的"公众"和"意见"组合起来,提出了"舆论"(法文原词 Opinino Publique)这一概念,指代人们对社会或公共事务所表达的意见。① 这与中国古代的"舆人之论"概念,以及近代的"民意"概念基本一致。虽然西方学者对什么是舆论,或者如何界定舆论尚存在较大分歧,但在舆论的基本内涵方面还是达成了一致,如英国《大不列颠百科全书》指出:"几乎所有的学者和宣传者都同意舆论的含义至少包括四个要素:一是必须有一个问题;二是必须有多数人对这个问题发表意见;三是在这些意见中至少有某种一致性;四是这种大体一致的意见会直接或间接地产生影响。"②

作为公众意见的反映,舆论包括主体、客体和内容三个部分:主体是公众,客体是现实社会以及各种社会现象、问题,内容是公众对社会现象及问题的信念、态度、意见和情绪表现的总和。公众和意见(言论)是舆论的两个核心要素。③ 因此,舆论、公众舆论、公共舆论和社会舆论等词汇在本质上意义一致,只是说法不同,属于同义反复。④

正确认识舆论的概念及内涵,是讨论和开展舆论引导的前提。本书在绪论部分对"舆论"概念进行界定时,指出本书语境中的"舆论"主要是指"公众舆论",但学术界还存在着对"舆论"概念的广义理解,如将官方舆论、国际舆论、新闻舆论、公众舆论等统称为"社会舆论"。在此我们有必要对"新闻舆论"概念及其与"公众舆论"的关系作一详细说明。

20 世纪 80 年代后期,"新闻舆论"概念在媒体和学术文章中逐渐增多,这与当时社会思想活跃、舆论开始受到重视及舆论学研究逐渐兴起有关。1996 年江泽民在视察人民日报社时,提出了著名的舆论导向"福祸论",强调要牢牢掌握新闻舆论的领导权,坚持正确的舆论导向。⑤ 这里的"新闻舆论"不是指新闻传播和舆论,而是指新闻媒体表达的思想、刊载的言论。江泽民把新闻看作一种舆论形式,"新闻……作为宣传、教育、动员人民群众的一种舆论形式"⑥。此后,历任领导人在论述其舆论观时,经常将新闻与舆论两词并用,即"新闻舆论",但这与舆论学意义上

① [法]卢梭:《社会契约论》,何兆武译,北京:商务印书馆,1980 年,第 73 页。
② 程世寿:《公共舆论学》,武汉:华中科技大学出版社,2003 年,第 10 页。
③ 丁柏铨:《中国新闻理论体系研究》,北京:新华出版社,2002 年,第 189 页。
④ 陈力丹:《舆论学——舆论导向研究》,上海:上海交通大学出版社,2012 年,第 1 页。
⑤ 《中国新闻年鉴(1997)》,北京:中国新闻年鉴杂志社,1997 年,第 3—5 页。
⑥ 《中国新闻年鉴(1997)》,北京:中国新闻年鉴杂志社,1997 年,卷前 1 页。

的作为"公众的意见"反映的舆论内涵有着明显差别。虽然本质上舆论的主体是公众,但现实中舆论的来源包括政府和公众两方面:政府建构舆论,公众生成舆论。[①]作为一个专门术语,"新闻舆论"特指"媒体表达的意见"(表达主体是新闻媒体或新闻从业者),以及"通过或经由媒体表达的社会意见"(表达主体是社会公众及意见领袖)。[②]

对于媒体来说,新闻舆论的形成是通过自己所刊播的新闻作品(包括新闻报道和新闻评论)而实现的。[③]"舆论"一词如单独出现,或者以"舆论引导""舆论导向""舆论引导力"的词组形式出现,其含义是"公众的意见"即"公众舆论","舆论引导"就是"引导公众舆论",在语法上属于宾语前置;而和"新闻"一词连用的"新闻舆论"概念,则特指通过新闻媒体所表达的媒体意见或社会舆论,是一种高度自觉的、理性的、趋于平衡的自为意见表达体系,与之相对应,"新闻舆论引导"是一个主谓短语,意即"新闻舆论进行引导(对公众舆论)","新闻舆论引导力"就是"新闻舆论对公众舆论进行引导的能力"。

新闻舆论与公众舆论有着密切联系。公众舆论是新闻舆论的出发点和归宿,它既是新闻舆论作用和引导的对象,也是新闻舆论得以形成的基础和前提;而和自发性、粗糙性、情绪化的公众舆论相比,新闻舆论经过了新闻媒体的机制化、理论化的处理和加工,形成了一种高度自觉的、有序的、条理化的意见话语系统和评价系统,在认识和表达上达到了一种更高的层次,可以说是舆论的高级存在形态。[④] 正是由于新闻舆论和公众舆论之间存在着这样的"落差",才使新闻舆论的"引导"成为可能和必要。

2. 关于舆论引导

根据前文考证,引导意即带领、指导、启发、使跟随。所谓舆论引导,是组织、个人和媒体通过特定手段对舆论的发展趋势进行调控和影响,从而使公众的行为和观念发生变化。[⑤]

作为一种群体意见的自然形态,舆论带有较强的自发性和盲目性,"不稳定和

---

① 张志安、晏齐宏:《当代中共领导人舆论观及其变迁逻辑》,《当代传播》2018 年第 2 期。

② 王雄:《新闻舆论研究》,北京:新华出版社,2002 年,第 14 页。

③ 丁柏铨:《论新闻舆论传播力、引导力、影响力、公信力》,《新闻爱好者》2018 年第 1 期。

④ 王雄:《新闻舆论研究》,北京:新华出版社,2002 年,第 3 页。

⑤ 计永超、刘莲莲:《新闻舆论引导力:理论渊源、现实依据与提升路径》,《新闻与传播研究》2016 年第 9 期。

多变是现代舆论的表面特征"①。即使是精英阶层的舆论,也会受到各种现实和历史的政治制度、经济制度、文化环境和自身利益的影响,并非总是社会理智的代表。而从哲学角度来说,理性是人类获取真理的主要途径,其蕴涵的逻辑思维和实践能力是推动社会进步、建构人类文明大厦的基础。因此,有必要对非理性的公众舆论进行理性引导,这对于肩负舆论导向重任的中国新闻媒体来说,更是其职责和使命。而新闻媒体对于公众舆论的引导,主要是通过自身传播活动所形成的新闻舆论来实现的。

在我国日常学术语境及传播实践中常见的"舆论引导"表述,其主体主要是新闻媒体,即新闻媒体通过刊播新闻作品所形成的新闻舆论对公众舆论进行引导。由于中国"党管媒体"的新闻体制,党和政府亦是舆论引导的主体。从根本上说,舆论引导的主体是社会主导者,即政党、政府和各种社会组织,新闻媒体只是社会主导者引导社会舆论的工具与手段。媒体塑造的新闻舆论其实是社会舆论的一部分,本身也需要引导,主要靠社会主导者(特别是执政党和政府)来进行。本书在论述新闻舆论及新闻评论的舆论引导力时,其主体取广义概念,既包括新闻媒体,也包括其掌控者或所有者即党和政府,具有鲜明的意识形态属性和思想宣传色彩。

事实上,"舆论"概念本身就有广义和狭义之分:广义的舆论概念,泛指整个意识形态和思想宣传;而舆论学中的舆论,是狭义的概念,专指人们对事件和问题的看法和评价。《中共中央关于加强党的执政能力建设的决定》指出,要"牢牢把握舆论导向,正确引导社会舆论"②。这一论述中有关"舆论"的表达,既包括广义的舆论概念,也包括狭义的舆论概念。舆论引导所涉及的"用什么来引导舆论"的问题,其本质是党和政府依据社会主导意识形态来设置议题,提供意见,引导社会舆论。

舆论是社会的晴雨表,是民心的反射镜,是公共行为的报警器。舆论引导的过程,其实就是关注民心民意并对其进行引导的过程。人民的精神、愿望和意志,是社会发展的最大动力。一个政党在执政过程中需要对社会舆论进行引导,使之朝着政党执政的目标发展和前进。毛泽东曾经说过:"凡是要推翻一个政权,总要先造舆论,总要先做意识形态方面的工作,革命的阶级是这样,反革命阶级也是这样。"③这里的"先造舆论",就是通过形成某种舆论对原有的社会意识进行整合,使

---

① 陈力丹:《舆论学——舆论导向研究》,上海:上海交通大学出版社,2012年,第40—41页。
② 《中共中央关于加强党的执政能力建设的决定》,北京:人民出版社,2004年,第21页。
③ 《建国以来毛泽东文稿》第10册,北京:中央文献出版社,1996年,第194页。

之形成有利于自己的社会意识。不仅革命斗争如此,任何社会变革,总是舆论在先,行动在后,其原因在于舆论活动具有引导作用。对于中国共产党来说,重视和加强舆论引导,这对加强党的执政能力建设,永葆党的先进性和凝聚力,为中国特色社会主义事业指引方向、保驾护航具有至关重要的意义。

3. 从宣传到引导:舆论引导思想的演变主线

作为一种社会现象,舆论引导广泛存在于各阶级和国家之中;但作为一种思想和专门概念,"舆论引导"却是马克思主义者,特别是中国共产党人在社会主义建设及舆论实践工作中逐步确立起来的。舆论引导是马克思主义者以及中共新闻舆论思想的重要内容,其形成和发展经历了一个长期的、渐进的过程,是宣传思想工作的高级阶段,从宣传灌输到舆论引导就是其中的一条主线。

宣传(propaganda),本义指植物的嫁接,有播种、繁殖之意,后沿用到宗教传播领域,意指扩散、传达、说教。马克思和恩格斯在创立新世界观的初期,将"宣传"概念进行了广泛延伸,使其涵盖了"传播观念""宣传鼓动"之意。在马、恩的论述中,宣传就是"通过传播观念或通过实际行动影响人们的思想和行为的一种精神交往形态"①,是运用各种符号传播一定的观念以影响人们的思想和行动的社会行为。从行动方式和实际效果来说,宣传可以影响民意,推动公众舆论的形成和传播,是舆论工作的核心理念和重要手段之一。

马克思和恩格斯将"宣传"概念广泛运用于舆论思想领域。随着宣传在舆论传播的过程中效果不断显现,列宁对其作用进行了改造和强化,两次世界大战期间的舆论战更是将宣传内涵来了个颠覆性甚至妖魔化的改变,"宣传"一词的意义也因此发生了多次蜕变,经历了一个从初始的中性发展到褒义再到沦为贬义的词性转化过程,其对舆论的影响也为世人所瞩目。

对于中国共产党来说,宣传历来是中心工作之一。无论是革命战争年代还是新中国成立之后,利用党报开展宣传都是实现党的领导和推动国家建设的重要手段和力量。改革开放后,我国进入新的历史发展阶段,宣传仍然是这个时期重要的思想武器,在统一思想认识、维护安定团结方面发挥了巨大作用。虽然新涌现的各种社会思潮时有碰撞,给宣传工作带来了一定困难,但人们的思想共识始终处于主流地位。这一时期的舆论工作主要表现为"舆论宣传",内容主要限定在宣传党的主张层面,新闻媒体的"舆论引导"功能尚未得到充分显现,更未形成理论总结。

---

① 陈力丹:《精神交往论:马克思恩格斯的传播观》,北京:开明出版社,1993年,第206页。

进入 20 世纪 90 年代后,随着邓小平南方谈话和社会主义市场经济大幕的拉开,新闻事业也步入了市场化的快车道。新闻媒体的信息传播功能受到关注和重视,党对舆论的认识明显深化,"新闻宣传"与"新闻舆论"的概念屡被提及。随着市场经济环境下社会利益群体及诉求的多元化,以及互联网时代所带来的舆论场新格局,"舆论导向"和"舆论引导"思想相继出现,坚持正确舆论导向,尊重新闻传播规律,加强舆论引导能力建设,增强新闻传播的艺术和效果等观点成为新闻宣传工作的主要方针。这一时期的舆论工作超越了传统的宣传教育层面,主要表现为坚持正确舆论导向前提下的"舆论引导",由新闻媒体传播信息所形成的新闻舆论和社会公众自发形成的社会舆论之间的关系被明确,有关舆论引导的目标、任务、原则、方法等内容得到了全面充分的论述,舆论引导思想趋于成熟,实现了党的新闻舆论思想"从宣传到引导"的巨大飞跃。

2012 年党的十八大以来,中国特色社会主义迈入新时代。在新的历史起点上,习近平强调新闻舆论工作是治国理政、定国安邦的大事,在党的重要会议上第一次把包含"引导力"在内的新闻舆论"四力"作为重要概念和理论正式提出。这一论断适应了媒体融合时代舆论场复杂多变的态势,突出了党对于舆论发展趋势的引导和调控能力,强调了传播效果,一定程度上淡化了"宣传"概念,把舆论引导思想推向了新阶段、新高度。

通过上述对党的新闻舆论思想历史演进过程的梳理,可以发现,从宣传灌输到舆论引导是贯穿其中的一条主线。① 从普通宣传到党报党刊宣传,从新闻宣传到新闻舆论引导,再到正式提出"新闻舆论引导力"概念,舆论引导思想经历了一个逐步发展、完善的过程,在内涵上发生了质的变化:"宣传"强调的是信息传递主体的单一性和传播方式的强制性,而"引导"更注重信息传播过程中的双主体性、互动性、协商性,以及传播效果的实现。这是党的新闻舆论工作在不断变化的社会实践中,通过自我发展、完善和创新,从而找寻到自身合理定位的结果,体现了以人为本、与时俱进的发展品质与价值追求。

需要说明的是,虽然宣传和引导在工作理念、传播主体、传播方式、路径选择等方面存在着很大差异,但二者的根本目标是一致的,统一于中共新闻舆论思想对新闻事业的功能定位及喉舌属性之下。事实上,宣传和引导本身就是一脉相承的,两者都希望实现传播者的意图,都服务于党的中心任务,都以正面报道为主要手段,

---

① 孙健:《试析中国共产党新闻舆论观的确立及特色》,《毛泽东邓小平理论研究》2019 年第 5 期。

都坚持新闻事业的"指导性"原则,以及贴近实际的群众路线。宣传思想工作至今仍是关系到党和国家事业全局的一项极端重要的工作。引导既是对宣传的革新和超越,也是对宣传的继承和深化。可以说,引导就是"高阶"的宣传,宣传就是"初阶"的引导。因此,对于舆论引导的理解不能和宣传割裂开来,新闻舆论工作是党的宣传思想工作不可分割的重要领域。①

2019年颁布的《中国共产党宣传工作条例》指出:"宣传工作是党的一项极端重要的工作……是为实现党的主张和奋斗目标动员组织党员、干部和群众所进行的理论武装、舆论引导、思想教育、文化建设、文明培育等工作和活动。"②文件指出舆论引导是宣传思想工作的一个重要方面。作为舆论引导的重要内容,新闻评论的舆论引导力建设也必然要遵循宣传思想工作的基本原则和要求。

(二)新闻舆论引导力的理论演进

"新闻舆论引导力"论断是中共新闻舆论思想发展的新阶段、新内容,是舆论引导课题在新时代的新理念、新阐释。它虽然是习近平于2016年"2.19"讲话中正式提出的概念,但其理论起源可追溯到马克思主义新闻观创立之初。

1. 新闻舆论引导力的理论渊源与发展

马克思认为,舆论是"公众心理的一般状态"③,报刊是"人民日常思想感情的表达者"④,是舆论的产物。在《摩塞尔记者的辩护》一文中,马克思提出根据现实斗争需要"制造舆论"的必要性,即组织对革命有利的舆论,"'自由报刊'是社会舆论的产物,同样,它也制造社会舆论,唯有它才能使一种特殊利益成为普遍利益"。⑤ 这表明,马克思已经认识到并高度重视报刊对舆论的塑造力和影响力,他认为"当报刊是匿名的时候,它是广泛的社会舆论的工具,是国家中的第三种权力";"报纸是作为社会舆论的纸币流通的"。⑥

在中国共产党早期的新闻思想中,关于"舆论"的观点表现在两个方面:一是报

---

① 余双好、汤桢子:《建党百年来中国共产党宣传思想工作概念的生成及其特点》,《西北工业大学学报(社会科学版)》2021年第4期。

② 《全面提升新时代宣传工作的科学化规范化制度化水平——中央宣传部负责人就〈中国共产党宣传工作条例〉答记者问》,《人民日报》2019年9月1日,第2版。

③ 《马克思恩格斯全集》第12卷,北京:人民出版社,1962年,第658页。

④ 《马克思恩格斯全集》第1卷,北京:人民出版社,1995年,第187页。

⑤ 《马克思恩格斯全集》第1卷,北京:人民出版社,1995年,第378页。

⑥ 《马克思恩格斯全集》第1卷,北京:人民出版社,1995年,第473页。

纸"代表"舆论，如《向导》周报在发刊词中提出了代表"最大多数人的真正民意"①；《劳动周刊》则是"为劳动者说话"的"唯一的言论机关"②。二是通过报纸"反抗舆论"，如陈独秀在《新青年》中指出"本志宗旨，重在反抗舆论"③，其所反抗的舆论或是代表一党私利的党见，或是一种不正确的观点。这一时期毛泽东还提出，报纸要"立在社会之前，创造正当之舆论，而纳人事于轨物"④，强调了报纸在"创造"舆论中的先导作用及如何创造"正当"的舆论。

新中国成立以后，随着不同历史时期国家所面临的形势任务的转换，以及历届领导人新闻舆论观的发展变化，"新闻舆论引导力"的理论演进经历了毛泽东的"舆论既一律又不一律"、邓小平的报刊"思想中心"论与对舆论力量的认识、江泽民的"舆论导向"论、胡锦涛的"舆论引导"论、习近平的新闻舆论"四力"论与"建设具有强大凝聚力和引领力的社会主义意识形态"论断的发展轨迹。总而言之，各历史时期革命导师及领导人的新闻舆论观中有关对舆论引导重要性及理念、方法的强调，是包括新闻评论在内的新闻舆论工作及舆论引导力建设的指导思想，其理论经历了一个逐步发展完善、不断中国化的演进过程。

2. "新闻舆论引导力"论断的表达与形成

如前所述，舆论引导思想的形成和发展经历了一个长期的、渐进的过程。在这个过程中，与"舆论引导"相关的概念主要有"制造舆论"、"舆论宣传"和"舆论导向"等。同样，"新闻舆论引导力"这一概念及相关论断的表达与形成也经历了相当长时期的探索和调整，几代领导人先后就"舆论引导"及"引导能力"话题作了重要讲话，最终才形成了关于"新闻舆论引导力"概念的完整表达。

最早将"舆论"与"引导"两个词连用，是 1994 年江泽民在全国宣传思想工作会议上提出的"四以"方针，即宣传思想工作要"以科学的理论武装人，以正确的舆论引导人，以高尚的精神塑造人，以优秀的作品鼓舞人"⑤，在建设有中国特色社会主义的伟大事业中发挥有力的思想保证和舆论支持作用。1996 年，江泽民在视察人民日报社时指出："宣传思想工作的部门和单位，要把最好的东西奉献给人民，用最

---

① 《本报宣言》，《向导》周报，1922 年 9 月 13 日。

② 《共产党》月刊，1921 年第 6 号，第 62 页。

③ 《陈独秀文章选编》（上），郑州：河南人民出版社，1982 年，第 127 页。

④ 《新闻文存》，北京：中国新闻出版社，1987 年，第 286 页。

⑤ 江泽民：《在全国宣传思想工作会议上的讲话（1994 年 1 月 24 日）》，《十四大以来重要文献选编（上）》，北京：人民出版社，1996 年，第 646—647 页。

好的东西去'武装人''引导人''塑造人''鼓舞人'。新闻单位……在以正确的舆论引导人方面负有重大而光荣的使命。"①这两次讲话重点提及宣传思想工作必须"引导人",可以说是"引导力"概念的雏形。

虽然"舆论引导"四字在 20 世纪 90 年代已经出现,但其当时尚未成为党的新闻舆论思想的核心理念;表述中"舆论"与"引导"两词虽前后相连,但并未成为独立概念,而是分属两个词语。真正将"舆论引导"作为独立概念来强调,并使之成为中共新闻舆论思想之核心关键词的,是进入 21 世纪后以胡锦涛为代表的中央领导集体。2002 年,胡锦涛在全国宣传部长会议上提出:"要尊重舆论宣传的规律,讲究舆论宣传的艺术,不断提高舆论引导的水平和效果。"②2008 年,胡锦涛视察人民日报社时指出:"要把提高舆论引导能力放在突出位置,进行深入研究,拿出切实措施,取得新的成效。""要按照新闻传播规律办事,……不断提高舆论引导的权威性、公信力、影响力。""舆论引导正确,利党利国利民;舆论引导错误,误党误国误民。"③这些论述对"舆论引导"思想做了充分、系统的阐述和说明,相关理论及实践为中共十八大后"新闻舆论引导力"概念的正式提出奠定了基础,是"新闻舆论引导力"论断形成过程中的重要阶段。

虽然"引导力"一词早在 1997 年就有学者首次提出,其后也涌现出一批成果。但正式提出"新闻舆论引导力"这一概念,并将其作为评判党的新闻舆论工作的重要标准和指导性理念,是 2016 年 2 月 19 日习近平在党的新闻舆论工作座谈会上的讲话:"尊重新闻传播规律,创新方法手段,切实提高党的新闻舆论传播力、引导力、影响力、公信力。"④"引导力"和"传播力""影响力""公信力"等概念集合在一起,形成了著名的新闻舆论"四力"论。这一论断将新闻媒体与舆论的关系提升到政党与舆论的关系的高度,突出了执政党对于舆论发展趋势的引导和调控能力,标志着"新闻舆论引导力"论断的正式形成。随后,习近平在 2017 年党的十九大报告中,以及 2018 年全国宣传思想工作会议上等一系列讲话中多次提到"引导力"概念,对加强新闻舆论引导、提升引导效果做了充分论述,将新闻舆论引导力理论进一步推

---

① 《江泽民总书记视察人民日报社》,《人民日报》1996 年 9 月 27 日,第 1 版。
② 《胡锦涛在全国宣传部长会议上发表重要讲话 围绕中心服务大局高度重视并切实做好统一思想工作》,《人民日报》2002 年 1 月 12 日,第 1 版。
③ 胡锦涛:《在人民日报社考察工作时的讲话》,《人民日报》2008 年 6 月 21 日,第 4 版。
④ 《习近平在党的新闻舆论工作座谈会上强调:坚持正确方向创新方法手段 提高新闻舆论传播力引导力》,《人民日报》2016 年 2 月 20 日,第 1 版。

向成熟和完善。这些关于"引导力"的重要论断,已经成为习近平新闻思想的重要内容。

通过对舆论引导力思想流变和理论演进过程的梳理和分析,可以发现,新闻媒体对舆论及社会心理都具有由来已久的影响力和引导力,并在科学理论的指导下不断发展、完善。这种引导力,通过新闻媒体刊播的新闻作品所形成的新闻舆论的传播来实现,而新闻作品既包括新闻报道,也包括新闻评论。

三、新闻评论舆论引导力内涵解析

作为一种重要新闻体裁,从发展历程和自身特征来说,新闻评论和舆论引导有着天生的密切联系。"在碎片阅读的时代,要给出完整的信息;在浅阅读的时代,要给出深刻的思想。"[①]评论是承载深刻思想的最佳载体,新闻评论是引导舆论的有力武器,其"引导力"命题具有丰富的内涵。

新闻评论作为影响社会舆论最权威、最有力的新闻手段,对当代中国新闻媒体尤其是主流媒体来说,充分发挥新闻评论在意见表达上的优势,摆事实、讲道理、澄谬误、辨是非,提升舆论引导力,营造健康、向上、公正的舆论环境,推动构建和谐社会,是自身应该承担且不可推卸的职责使命。对中国新闻评论舆论引导力的构成要素、评价指标、作用机制和目标诉求作详尽解析,有助于全面了解其内涵特征,从而为认识和总结当代新闻评论舆论引导力的表现及效果提供分析维度和理论框架。

需要说明的是,在新闻评论舆论引导力的内涵组成中,其评价指标所含内容覆盖了舆论引导全过程,和舆论引导力构成要素一起反映了引导力的特征;其作用机制、目标诉求和舆论引导的受众密切相关,体现了引导力的主客体互动方式和作用效果。本书第二至四章的各历史阶段"新闻评论舆论引导力的特征与效果"部分,主要从其构成要素和评价指标方面分析引导力的特征,从其作用机制和目标诉求方面总结引导力的效果。

(一)构成要素

新闻评论是新闻媒体营造和形成新闻舆论的重要方式和手段,是新闻舆论引导力框架体系的重要组成部分。作为一种意见表达文体和人们进行思想交流的工

---

① 杨忠厚:《于发声处显担当——关于主流媒体增强评论引导力的几点思考》,《新闻战线》2016年第11期。

具,不同于新闻报道,新闻评论舆论引导力除具有新闻舆论引导力的一般性特征外,还具有自身丰富的个性特征。

在物理学中,力的方向、大小与作用点构成了力的三要素,决定了力对物体的作用效果。这一基础物理知识,同样可以用于新闻评论舆论引导力的研究和分析。新闻舆论引导力也包括力的方向、大小与作用点三个构成要素。其中,力的方向决定新闻舆论引导力的信度,力的大小决定新闻舆论引导力的强度,力的作用点决定新闻舆论引导力的准度。对于新闻评论来说,其舆论引导力的特征及作用效果也是由这三个方面共同决定的。

1. 引导力方向

坚持正确的舆论导向,是提升党的新闻舆论引导力的前提和基础。虽然"舆论导向"是江泽民在 20 世纪 90 年代所提出的专门概念,但作为党的新闻宣传工作中的实际存在,对舆论引导方向的重视和把握历来是党在各个历史时期高度关注的重要问题。新闻舆论引导力是否科学、可靠、可信,能否经受住实践的考验,首先取决于其引导方向是否正确、坚定,以及引导者的公信力。

新闻评论舆论引导力的生命力和高信度,主要取决于两方面:一是指导思想正确。舆论引导者的价值取向与态度立场,决定着引导力的价值属性。以马克思主义理论及党的路线方针政策为指导,以维护人民根本利益为宗旨,是保证新闻评论正确引导方向的基本前提。二是舆论引导者具有权威性。引导者在民众中享有的影响力和号召力,决定着引导力的公信力。只有具备坚定信念、崇高理想和专业能力的新闻媒体及其评论者,才能形成旗帜的聚集效应,引领社会思潮,凝聚思想共识。

2. 引导力大小

舆论引导是一项工作,也是一门艺术,掌握好引导的力度和节奏,科学安排传播手段和方式,尊重传播规律,合理统筹规划,才能取得适当的引导强度,达到良好的引导效果。

新闻舆论引导力的强度,取决于两个因素:一是引导方法。对于新闻评论来说,作为意见表达文体,新闻评论应及时回应社会热点,论证符合逻辑,主动引导舆论;注意信息与观点的全面、平衡,处理好舆论引导与批评报道的关系,把握好正面宣传的力度,避免因主旋律"过度"而带来负面效果;另外,新闻评论应牢记"以人为本",充分考虑和满足受众的心理特点和实际需求,通过理性沟通、平等交流去影响和说服受众。二是传播手段。新闻评论要提升舆论引导力强度,需要整合多种传播资源,构建覆盖广泛、功能互补的多渠道传播体系,在互联网时代特别要着力构建以党报党刊党台(含新媒体)为主体的主流舆论引导平台,形成强大的"意见气候",有效影响社会舆论的发展和走向。

3. 引导力作用点

公众关注的社会现象、问题、事件等,往往是社会舆论的起点,也是新闻媒体关注和报道的重要选题来源。找准引导力作用点的位置,即直面焦点,抓住典型,有的放矢,科学引导,占领舆论阵地,满足受众期待,是提升新闻舆论引导力准度和有效度的关键。

新闻舆论引导力的准度和有效度,取决于两方面因素:一是选题与现实的契合度。对新闻评论来说,选题应有现实针对性,与受众需求相契合,选择那些具有舆情热度的事件或普遍意义的问题进行评论,以抓住时代主题,引领舆论走向,必要时甚至可策划和主动设置议题。二是建立一种具有包容性的力的作用场。作为一个内涵丰富的传播系统,新闻评论兼具观点表达和平台交流功能。从广义上说,新闻评论的舆论引导除了以作品观点引导舆论外,还包括以载体平台促进交流以凝聚共识。舆论引导要"在同群众交流互动中形成社会共识"①。这是新闻工作贯彻群众路线的反映,也是在多元化社会有效引导舆论的必然要求。新闻评论应创造一个包容性的公共领域,让公众直接就所关心的问题发表观点,以贴近生活实际,这有利于提高媒体选题的受众关注度;同时,让各种意见在其中充分交流互动,相互启发借鉴,锻炼和提高民众思维能力,并以此凝聚社会共识,推动社会整合,而不是用强迫的灌输说教去寻求表面上的"舆论一律"。

(二)评价指标

作为一种高标准的综合能力,新闻评论舆论引导力涵盖多个方面。根据其各构成要素的功能特征,以及新闻评论进行舆论引导的过程,新闻评论舆论引导力主要包括议题设置力、导向把控力、思想穿透力和传播表现力。这四种能力共同构成了新闻评论舆论引导力的评价指标体系。

1. 议题设置力

选题是新闻评论写作的起点。对社会问题、热点事件、重大宣传主题进行先期

---

① 胡锦涛:《在人民日报社考察工作时的讲话(2008 年 6 月 20 日)》,《中国新闻年鉴》,北京:中国新闻年鉴出版社,2009 年,第 2 页。

发现和观察,选择具有引导价值的题材开展评论,使之成为公众关注和讨论的议题,是新闻评论进行舆论引导的第一步,这种议题设置力也是评价新闻评论舆论引导力的重要指标。

和新闻报道不同,新闻评论由于其文体性质和功能定位的特殊性,其选题的价值判断尺度和标准要更加严格,对评论对象的选择需要更多地考虑现实需求和传播效果。不同的媒体和评论者因其所处时代、社会背景和自身情况的差异,在确定选题的具体过程中会有一些差别,但能起到良好舆论引导效果的选题有一些共同要求,如号准社会脉搏,充分反映现实,及时提出攸关社会健康发展、人们共同关心的问题,具有普遍的现实意义等。对于中国新闻事业来说,好的新闻评论选题可从两方面着手:一是掌握"上面的精神",如反映国内外宏观形势、党和政府的中心工作以及媒体的宣传任务,这是保持引导力正确政治方向的基础;二是吃透"下面的情况",如实际生活中的新事物、新情况,以及群众的想法、愿望和各种看法等,这是引导力取得切实效果、赢得公众信赖的前提。①

和新闻报道选题的"议程设置"功能相似,新闻评论的议题设置力是连接传播主体与客体、影响公众认知、引导社会舆论的重要素质和能力,与引导力的作用点要素密切相关,主要取决于选题的针对性和时效性。新闻评论应及时回应社会热点,重视发声时机,因时应势设置议题,把握舆论引导的主动权;直接针对社会关注焦点及公众疑难问题,确定分析、论述的重点,力求切中要害,触动公众敏感神经;立足并关注社会现实,精心选择具有舆情热度的事件或普遍意义的问题进行评论,指导、促进和推动社会进步。正如恩格斯所说:"我写作不是专门为了永世长存,相反,我所关心的是直接的当前现实。"②

2. 导向把控力

正确的方向是舆论引导取得良好效果的基本前提。新闻评论要想"以正确的舆论引导人",实现对社会舆论的正向引导,必须坚持以科学理论和正确思想为指导,具有权威而坚定的导向把控力。

新闻评论是一种意见表达文体,"意见"的主观性决定了它一旦与具体内容结合起来,就不可避免地具有意识形态性质,表现出明确的立场和倾向。这是新闻评论的本质属性,是阶级、政党或社会集团的价值观、时代观和社会观的集中表现,古

---

① 李舒:《新闻评论》,北京:中国人民大学出版社,2013 年,第 156—159 页。
② 《马克思恩格斯全集》第 28 卷,北京:人民出版社,1973 年,第 532 页。

今中外皆然,只是不同制度、不同时期、不同媒体的表现方式和程度有所差异而已。中国共产党在成立之初,就公开申明并自觉坚持报刊评论的无产阶级性质。新中国成立后,媒体的社会主义性质要求新闻评论坚持和体现马克思主义指导地位,坚持党性原则,服务国家发展大局,有力教育和引导民众,追求观点鲜明性与科学性的统一,战斗性与策略性的统一,思想性与艺术性的统一。这些关于引导力方向的论述,是我国新闻评论长期遵循的指导思想和基本准则。

从生成和发展过程来看,社会舆论是动态的、不断演化的,引导者必须根据舆论演变的趋势和特征,制定合理方案,适时介入和引导,把控舆论发展方向。从新闻评论引导力的角度来说,一方面评论者要具备并不断衍生舆论引导基调,强化理性的、合目的性的正向意见演化传播的能力,形成主导意见流,发挥新闻评论的正面价值导向;另一方面评论者要具备消除片面与非理性舆论的能力,抑制不合理的、违背引导目标的观点和态度。

新闻评论反映和引导社会舆论的巨大作用是建立在马克思主义唯物论的反映论基础上的。它将存在于社会之中的分散的、零乱的,有时甚至互相矛盾的舆论加以集中和概括,通过去粗取精、去伪存真,形成一种正确的、系统的观点,这就形成了对舆论的导向。离开唯物论的反映论,以为舆论可以人为制造、随意引导的想法是错误的,违背了时代、社会的发展潮流。对肩负舆论导向使命的中国新闻事业来说,新闻评论在马克思主义认识论和党的新闻舆论思想的指导下,可以给予社会舆论不同程度的影响和引导,形成某种主导性舆论。

3. 思想穿透力

新闻评论属于论说文,以说理为主要手段明确阐述对于事物的看法。深刻的思想、理性的精神和严密的逻辑论证,是新闻评论的核心竞争力。新闻评论引导力的大小,在内容方面主要取决于其思想性和论证力,取决于评论者能否透过纷繁复杂的问题表象,揭示事物的本质和内在规律,即思想穿透力。

新闻评论具有强大的认识和教育功能。与一般的知识传授、文化传承不同,新闻评论通过对思想观念、政治主张、伦理准则等的把握,作用于人的思想,进而又作用于社会实践活动。拥有强大思想穿透力的新闻评论,可以产生巨大的舆论引导效果,对社会价值观、社会思想和社会心理的塑造产生积极影响,有利于国家稳定和社会进步。

新闻评论的思想穿透力,来自两个方面:一是立场客观、公正。社会舆论的主体是多元的，各阶层、群体有着不同的利益诉求，舆论场也正是因为多种声音的存在才显得信息畅通，生机勃勃。但如果某个强势的舆论主体，利用自身地位及资源优势，有意制造和操纵社会舆论，发布一些表面合理、实际谋取私利的观点，会严重影响和误导受众，也是对受众知情权的愚弄和践踏。对于以"全心全意为人民服务"为根本宗旨的中国新闻事业来说，评论者应以公众利益为导向，站在客观、公正的立场，提供全面、科学、合理的意见，这是评论者应具备的基本职业操守，也是新闻评论塑造公信力，有效引导舆论的前提。二是观点深刻、专业。新闻评论者必须具有丰富的知识和良好的逻辑思维素养，善于对新闻事实进行深入思考。而在快餐文化泛滥、浅阅读盛行的今天，各种追求快写快发的套路之作，包括部分来自党报的官样文章，在很大程度上消磨了新闻评论的思想光芒，极大伤害了新闻评论的公信力。深刻的思想需要专业的支撑，专业的知识和表达方能呈现出思想的魅力。当前，众多专家、学者等各个领域的专业人才被媒体纳入评论员队伍当中，这是新闻评论具有思想穿透力的重要保障。

4. 传播表现力

内容与形式是辩证法的一对基本范畴，两者相互依存，共同服务于统一的系统目标。新闻评论的思想及观点内容同样需要借助一定的形式表现出来，从而实现启发受众思考、引导社会舆论的目标。前文所述的新闻评论的选题设置力、导向把控力和思想穿透力，最终都要通过合适的语言文本和传播渠道，即良好的传播表现力，方能得到有效展示和充分体现，从而转化为切实的舆论引导力。

新闻评论是思维的、议论的艺术，同时也是形式的、语言的艺术。作为面向公众的新闻文体，新闻评论必须适合于大众阅读，这是写作方式的要求，也是社会效果的要求。评论者要认真研究受众的认知心理、情感心理、审美心理等，着力创设舆论引导的"亲近性文本"[①]，即在符号表达和思维方式上使受众比较容易接受，从而减少乃至消除受众对信息的对抗性解码，进而产生积极解码，有效引导舆论发展走向。如果新闻评论造句行文艰深晦涩，即使立场端正、思想深刻，也很难对社会舆论产生普遍的影响力，更无法有效引导舆论。过去党报评论中的说教、训诫式口吻，当前部分时评文章中艰深的专业词汇，都是脱离受众、拒绝阅读的表现。因此，新闻评论必须避免政令式、学究式的表达，用平等的语言、通俗的行文，表现出新闻文体的亲和力。受众期待严谨、深刻的评论，也同样希望能够读到平和、易懂的评论。

---

① 杨保军：《创制亲近性文本：跨文化有效传播的重要基础》，《国际新闻界》2001年第6期。

除了语言文本贴近受众,新闻评论的传播表现力还体现在传播渠道和手段的运用上。不同的载体平台会产生不同的传播效果,影响舆论引导目标的实现。媒体和评论者应根据传播内容的特点和不同受众的接受习惯,选择适当的传播渠道,全面而有重点的扩大新闻评论的覆盖面和到达率。在全媒时代,建构于媒体融合基础上的融文、图、影、音于一体的"互联网+"评论体系的形成,极大地丰富了新闻评论的生产和传播方式,使得新闻评论的传播表现力空前增强,有力提升了新闻评论引导力的强度。

(三)作用机制

作为一种具有广泛意义的社会活动,新闻舆论引导是一个完整的行为系统,是由主体与客体相互作用而形成的矛盾关系系统一体。新闻舆论引导的主体一般是社会意识形态的管理者和操纵者,往往具体化为党和政府及其掌控的宣传部门、新闻媒体;新闻舆论引导的客体是社会舆论及作为社会舆论主体的公众。新闻舆论引导就是引导主体通过新闻舆论,作用于引导客体,影响和改变其信念、态度或情绪,以实现引导目标,进而控制社会意识形态的行为。

从认识论的角度来看,新闻评论是人们对客观世界理性认识的一种反映,它的作用是在感性认识的基础上以理性的深刻把握世界,处理好主体人与客观世界(包括人、自然、社会)的关系。[①] 从心理学和社会学的角度看,新闻评论进行舆论引导的过程,就是评论者以说服的方式引导和影响公众社会心理的过程,是对公众态度的塑造过程。[②] 在主客体之间的舆论互动中,按照引导力作用机制的进程,新闻评论对公众心理的引导可以从情感、意见和信念三个层面进行分析。

1. 情感打动

新闻舆论引导作用于公众心理的多重层面,既包括初级的知觉层面,也包括深刻的理性层面,甚至引导者无法察觉的无意识层面。这个多重层面的中心纽结,就是公众的态度。作为一个心理学范畴,"态度"(attitude)是人们对外部事物的基本评价方式、思维模式和情感倾向的总称,包含认知、情感、意向等因素。作为一种"既定的心智状态"[③],态度包括理智和情感两大方面。对引导者来说,只有在情感

---

① 赵振宇:《新闻评论通论》,北京:清华大学出版社,2014年,第117页。
② 王雄:《新闻舆论研究》,北京:新华出版社,2002年,第155页。
③ [美]沃纳·赛佛林、小詹姆斯·坦卡德:《传播理论:起源、方法与应用》,北京:华夏出版社,2000年,第176页。

上获得群众的信赖,在理智上赢得公众的认同,情理交融,刚柔并济,新闻舆论引导工作才能取得最佳效果。

虽然新闻评论以理性精神和逻辑思维为基本特征,但作为一种意见表达文体,它与感性认识相伴而行。首先,新闻评论源于感性认识。先有事实,后有评论,而对事件、人物的描述和介绍需要运用感性思维和形象思维,之后在感性认识的基础上形成理性认识。其次,新闻评论是作者观点的表达,也为受众提供了言说的公共空间——一个自由交换意见的平台,自然带有一定的主观性和情感倾向。和新闻报道一样,新闻评论同样需要人文关怀,在理性论证中包含真情和温度,从而打动读者,引导舆论发生改变。

社会舆论的内在驱动力是社会情绪,想要引导社会舆论,就必须先引导社会情绪的正向表达和传播。[①] 新中国成立以来,以重大主题活动、节日庆典、宣传社会主义建设成就和先进典型为题材的,带有政治鼓动性的新闻评论尤其是党报社论始终是各大新闻媒体的"重量级"内容,在国家发展的各个阶段发挥了巨大的精神引领和舆论引导作用。在当前受众多元分化、主体性日益突出的自媒体环境下,新闻评论更需要从公众的心理特点和情感需求出发,贴近受众,以富有感染力、号召力的思想观点疏解社会情绪,激发群众共鸣,鼓舞凝聚人心,从而为实现社会和谐稳定、促进国家发展建设提供精神动力,这和中央要求新闻舆论"弘扬主旋律,传播正能量""团结稳定鼓劲、正面宣传为主""有思想、有温度、有品质"[②]的引导原则是一致的。

2. 意见说服

态度的表现形式是多样的:以言语形式表达的,构成显舆论;以情绪形式表达的,构成潜舆论;以规模行为表达的,构成行为舆论。[③] 人们一般把公众公开表达的言语意见视为舆论。新闻舆论引导的主要方式,就是引导者用自身的观点和意见去促进受众思考,改变、强化受众头脑中原有的意见和认识,从而获得新知,优化头脑中原有的观念。从引导力的作用机制来说,对公众意见的引导直接作用于人的理性世界,以阐释道理为主,是一种理性引导。

新闻评论是对新近发生或发现的新闻事实、问题、现象直接表达自己意见的一

---

① 朱竹青:《社会情绪特征对社会舆论的影响方式和途径——以"新冠"肺炎中的舆论实践为例》,《今传媒》2020年第4期。
② 丁柏铨:《十八大以来中国共产党新闻舆论观研究论纲》,《中国出版》2016年第8期。
③ 陈力丹:《舆论学——舆论导向研究》,上海:上海交通大学出版社,2012年,第36页。

种有理性、有思想、有知识的论说形式。① 说理和论证是新闻评论的本质特征,提高公民逻辑思维能力、培育社会理性精神是新闻评论的价值诉求。只有具备理性精神和逻辑思维能力,人们才能够正确、深入地认识事物本质和发展规律,得出科学的结论。在此过程中,评论与新闻融合,引导力深刻作用于受众的理性世界,对于事物的认知也从感性认识上升到了理性认识。

新闻评论引导力之所以突出,根本原因在于其深刻的思想性和洞察力。对于中国媒体来说,通过说理深刻、透彻的新闻评论,阐述党的方针政策,可以帮助人们把分散的、个别的议论化为系统的、集中的、科学的意见,把中国特色社会主义实践上升到理性的高度去认识、执行和推广,从而形成一种能联系和调动全体人民奋发向上的社会舆论,为推进国家发展、社会进步提供科学的理论指导,创造良好的舆论环境。

新闻评论的舆论引导作为一种社会说服活动,以什么样的方式"打动"传播对象非常重要。针对不同的受众群体,情感和理性可以各有侧重,同理心强的人从情感出发更具有感染力,逻辑强的人从理性出发更有说服力。但新闻评论在引导公众态度形成和改变的过程中,要警惕情绪过度激烈和逻辑过度刻板:既要防止以情代理,盲目激进,也要防止过于深奥,曲高和寡。对评论者来说,以理性分析为主,加上适当的情感流露,做到情理兼备,既以理服人,又以情动人,是提升新闻评论引导力的有效途径。

3. 信念塑造

如前所述,新闻舆论引导的直接目的是以新闻舆论影响公众舆论,使后者沿着新闻媒体所希望的方向运动,同时避免出现与理性、良知和社会意识形态相违背的负向舆论。塑造和改变公众态度,从情绪和意见、感性和理性两个层面对公众进行直接的有效引导,追求入心入脑、情理交融的引导效果,是新闻评论舆论引导力作用机制的鲜明体现。而从宏观层面和长远角度来看,新闻媒体在和公众进行良好互动的基础上,还担负着影响或改变公众看待世界的方式、维护社会主流价值观、保障社会稳定的重要职责。因此,新闻舆论引导的目标还包括影响和改变公众信念,引导力的作用机制也由此深入到了价值观塑造层面。

信念是指人们头脑里存在的关于现实世界的图像、信条、价值观,即较为牢固

---

① 赵振宇:《新闻评论通论》,北京:清华大学出版社,2014年,第123页。

的判断事物的标准。① 根据《宣传舆论学大辞典》的解释,信念是"舆论行为的核心,构成舆论的第三种要素";"信念表现为人在社会生活中对某一客观事物持坚定的信任感,确认它是正确的,并积极为该事物的完美而进行斗争";"信念是舆论目标的集中体现"。② 信念在舆论的各种存在形式中处于核心位置,也是人们在接受外界信息刺激后,进行逻辑推论的大前提。李普曼认为:"信念一旦引起任何人着迷,就永远不会停止它的影响。""我们的一些信条在很大程度上决定着我们将看到什么。"③前文所述的"态度"(包括情感和意见)属于公众舆论的直接感受,是建立在信念之上的较为表层的结构,而"信念"这个舆论的深层内容却往往容易被忽略。因此,将舆论本身确定为情感、意见和信念表现的总和,对于准确把握舆论具有重要意义。④

新闻评论对公众舆论的引导,理应包括信条、信念等价值观层面的深层塑造。休谟认为,世界由事实构成,并不包含价值,价值是人们主观赋予事实的。⑤ 新闻评论以判断、推理、论证为特征,其话语表达即是赋予事实以价值、意义的过程,并在对新闻事件、社会现象的转码与解码之间,引导公众形成正确的信念和价值观。这有助于弥合人心,凝聚共识,维护社会话语秩序稳定,推动社会和谐健康发展,也是新闻评论舆论引导力作用机制最强大、最深刻的表现。

(四)目标诉求

新闻舆论对公众舆论的引导,其主要目的就是使公众舆论和新闻舆论所倡导的态度、信念与价值观趋于一致。新闻评论作为作用于人的社会认知的意见表达文体,是媒体呈现观点和引导舆论的重要手段,其舆论引导力实现的标志在于主体与客体、评论者与公众之间达成一致和认同。

在转型期社会阶层分化、思想多元、价值离散的背景下,在传播主体扩充、渠道众多、情绪泛滥的舆论场环境下,新闻评论尤其主流媒体新闻评论更需要进行积极的话语引导,提升公众认同,促进社会和谐,这是引导力建设的实践路径。从新闻评论舆论引导力的作用机制和总体社会功能来看,其目标诉求体现为以"认同"

---

① 陈力丹:《舆论学——舆论导向研究》,上海:上海交通大学出版社,2012年,第35页。

② 刘建明主编:《宣传舆论学大辞典》,北京:经济日报出版社,1992年,第369页。

③ [美]李普曼:《舆论学》,林珊译,北京:华夏出版社,1989年,第146、79页。

④ 陈力丹:《舆论学——舆论导向研究》,上海:上海交通大学出版社,2012年,第36页。

⑤ 石元康:《从中国文化到现代性:典范转移?》,北京:生活·读书·新知三联书店,2000年,第107页。

为核心的、覆盖微观中观宏观的多层次架构。

1. 微观:观点和意见认同

从微观的角度看,引导舆论就是引导个人态度朝着特定的方向运动或改变,属于个体心理学的范畴。如前所述,新闻评论进行舆论引导的直接目的就是从情感和意见两个层面影响公众舆论,塑造和改变公众态度,实现引导目标。对公众情感和意见的影响是新闻评论引导力效果的表层体现,也是其目标架构中的微观诉求,即观点和意见认同。

作为议论性新闻体裁,新闻评论以观点"点题定调"。在舆论场复杂多元的传播语境中,对事实和价值的基本判断与对核心观点的认同,不仅体现了新闻评论的问题意识与思想引导力,而且是其达成公众认同、实现舆论引导功能的重要路径。受众只有认同了新闻评论的观点,才有可能实现情绪共鸣和意见一致,进而积极、主动地参与到核心价值观的传播中来,舆论引导才能取得预期效果。

媒体在凝聚共识、整合社会的过程中,公众具有较为一致的观点和意见是基本前提。而转型期社会不同群体的利益诉求多元化,情感偏好和表达习惯各不相同,这些都增大了社会整合的难度。新闻评论尤其是主流媒体新闻评论如果在对新闻事件或热点问题进行分析、解读时,如果能在观点论证和思想交流方面说服受众,就可以使受众产生共鸣与共情,进而推动达成"社会公意"①。建立在"以理服人"基础上的"以情动人"乃至"情理兼备",可以达到消弭隔阂、万众同心的舆论引导效果。

2. 中观:价值观认同

如前所述,信念与价值观是舆论的深层内容,是新闻评论进行舆论引导的深层目标,是新闻评论引导力作用机制的深层体现。在公共事件中,面对多种声音,新闻评论通过及时发声,建构事件意义,掌握舆论主导权,传递核心价值,推动形成社会共识,这是其舆论引导力目标架构中的中观诉求,即具有普遍指导性的价值观认同。这一目标的实现以公众对新闻评论观点的认同为基础,最终指向公众对国家和根本制度的认同。

习近平指出:"确立价值观'最大公约数'……关乎国家前途命运,关乎人民幸

---

① 宋守山、李舒:《主流媒体新闻评论引导力的实践路径》,《中国编辑》2021年第8期。

福安康。"①这里的"最大公约数"有两层含义:一方面是指不同利益群体间的各种观念和诉求的平衡和统筹,另一方面是指建立在公共讨论、充分交流基础上的自觉的、理性的内在共识。新闻评论具有话语空间和交流平台的功能,可以通过组织不同观点的对话、碰撞,明确共同诉求和目标,在公众中逐渐形成较为一致的理性思维和价值观。这不仅能够疏导社会情绪,维护舆论场话语秩序的和谐稳定,从长远看来,还有助于减少转型期中国社会由于深化改革而带来的"摩擦成本"②,从而保证舆论引导力的宏观效果和正确方向。

当前,不同社会群体呈现出多元化的价值取向,而网络时代话语权在不同主体间的重新分配,也在一定程度上分散了核心价值传播,影响了新闻媒体的舆论引导力在更高层次上的实现。新闻评论要适应环境的变化,在各类事件中进行积极的价值引导,以科学、理性的观点表达促成社会公众对核心价值观的认同,凝聚社会共识。同时评论者应尊重个体差异,通过协商与引导,化意见分歧为相对共识,化离散力、破坏力为凝聚力、行动力,从而将新闻评论理性平和的话语效力落到实处。

3. 宏观:政治与文化认同

无论是微观层面的观点认同,还是中观层面的价值观认同,其最终目的都在于通过日积月累的思想浸润,形成宏观层面的政治、文化认同。作为党的意识形态工作的重要手段,新闻评论应在观点和价值观认同的基础上,从国家发展和民族复兴的高度出发,强化民众对国家、根本制度和发展道路的认同。这既是新闻评论话语实践政治性的集中体现,也是其引导力目标架构中的宏观诉求。

民众对国家、根本制度和发展道路的认同,是国家发展、社会进步的思想基础和精神动力。在互联网时代群体分化、认同多义的舆论场复杂形势下,新闻评论尤其是主流媒体新闻评论应从国家、民族前途和命运的高度出发,以正确的价值观、历史观教育和熏陶大众,充分培养和激发民众的爱国热情和家国意识,营造有利于统一思想、凝聚人心的文化氛围和环境;在关乎国家和社会发展的重大热点事件中及时掌握舆情走向,有针对性地进行解释和论证、驳斥与澄清,从而巩固公众的共同体意识,维护社会和谐稳定;在对新闻事件和社会问题进行科学思考和理性论证的基础上,启发和引导受众深刻认识事物本质,感受和体验中国发展道路的内在逻

---

① 习近平:《青年要自觉践行社会主义核心价值观——在北京大学师生座谈会上的讲话》,《人民日报》2014 年 5 月 5 日,第 2 版。

② 宋守山、李舒:《主流媒体新闻评论引导力的实践路径》,《中国编辑》2021 年第 8 期。

辑及优越性,增强制度自信;在对外传播中积极开拓,敢于发声,搭建融通海内外的多样化媒体平台,探索有助于消除中西歧见、深入开展交流的话语表达方式,争夺国际话语权,打造国际传播新局面。

总之,新闻舆论引导是最高形式的社会引导[①],新闻评论舆论引导力具有丰富的内涵和以"认同"为核心的多层次目标诉求。通过新闻评论进行多层面的舆论引导,以正确立场、科学观点和理性精神为根本路径,努力在多变中定方向、在多元中立主导、在多样中谋共识,不断提升公众对主流价值观的认同,增强社会主义意识形态的凝聚力与引领力,促进社会和谐发展,是当代中国新闻评论尤其是主流媒体新闻评论舆论引导力建设的总体目标和根本诉求。

---

① 王雄:《新闻舆论研究》,北京:新华出版社,2002 年,第 116 页。

第二章 新闻评论舆论引导力的
回归拓展（1978—1992）

　　本书第二到四章，是关于新时期新闻评论舆论引导力发展变迁过程的介绍和分析，也是本书的主体内容。在对其进行详细论述之前，本书拟先对各历史时期新闻评论的发展概况及其所处的时代特征作一简要介绍，以说明新闻评论的历史背景、主要任务，进而回答各阶段"为什么需要新闻评论的舆论引导？""新闻评论需要什么样的舆论引导力？"这两个重要问题，为之后详细分析新闻评论引导舆论的表现，以及引导力的特征和效果奠定论证前提。

　　经历了新中国成立初期至"文化大革命"前后近29年的艰难探索，1978年中国迎来了社会主义现代化建设新时期，新闻事业与新闻评论也随之步入正轨。伴随着中国社会的深刻变革，新闻评论大力推动思想解放和路线引领，其舆论引导功能被充分释放，其引导力也实现了正向回归和拓展。

第一节 开创中国特色社会主义
道路时期的新闻评论

　　从1978年关于真理标准问题的全国大讨论，到1992年初邓小平南方谈话前夕，是中国历史上具有转折意义的关键时期。中国共产党作出了以经济建设为中心、全面拨乱反正、实行改革开放等重大决策，影响深远。这一时期，党的宣传思想和新闻舆论工作的主要任务是巩固和发展安定团结的政治局面，服务于经济建设和现代化建设大局。邓小平所提出的"思想上的中心"和"社会效益首要论"，是宣传思想战线的纲领性理论，也是新闻事业包括新闻评论进行舆论引导的指导思想。在其指引下，新闻评论重回正轨，再现勃勃生机。

一、服务于经济建设和改革开放大局,维护社会安定团结

经历了十年"文革",国家百废待举,当务之急是对过去错误路线和极左思想进行彻底纠正,将党的指导思想和国家工作重心拉回到正确轨道上来。在真理标准大讨论重新确立了解放思想、实事求是的思想路线后,1978 年底召开的中共十一届三中全会决定把党和国家工作中心转移到经济建设上来,实行改革开放。这是国家发展战略的根本改变,成为开辟中国特色社会主义道路的起点,是党的历史上具有深远意义的伟大转折。随后,中央平反了一大批冤假错案,调整了各方面的社会政治关系,维护了社会稳定,促进了安定团结。1981 年中共十一届六中全会通过《关于建国以来党的若干历史问题的决议》,对长期以来困扰人们思想的重大理论问题进行了总结和论述,标志着党完成了指导思想上的拨乱反正。

围绕经济建设这一中心任务,中国推动了经济体制改革,在农村推广家庭联产承包责任制,在城市搞活和增强企业活力,极大地解放了社会生产力。国家在经济建设、民主法制、科学文化、社会生活等方面迎来了全新的发展局面,人民思想日益进步,社会环境逐渐宽松。如 1978 年的全国科学大会和全国教育工作会议极大地鼓舞了知识分子的热情和信心,我国科教工作和文艺创作迎来了久违的春天;1984 年中共十二届三中全会确认"我国社会主义经济是公有制基础上的有计划的商品经济"[①],突破了把计划经济同商品经济对立起来的传统观点,为全面经济体制改革提供了新的理论指导,也为 90 年代社会主义市场经济体制的确立作了一定的思想启蒙;党的十二大报告提出,要努力建设高度的社会主义精神文明和高度的社会主义民主,民主建设要同法制建设紧密结合;党的十三大报告提出要建立高度民主、法制完备、富有效率、充满活力的社会主义政治体制,系统阐述了社会主义初级阶段的理论和党在社会主义初级阶段的基本路线,为进一步加快和深化改革开放奠定了基础。在此过程中,新闻事业和新闻评论坚持改革的正确方向,澄清疑虑,引导舆论,充分发挥了思想引领、凝聚人心、为改革开放保驾护航的重要作用。这也是这一时期党的新闻舆论工作的主要目标和根本任务。

虽然这一时期的主题是解放思想和改革开放,但在鼓励和激发社会活力的同时,党始终把政治稳定摆在重要位置。在改革开放初期,一方面由于极"左"路线和"四人帮"流毒没有肃清,另一方面由于人们在反思过去极"左"路线影响的同时,也

---

① 卫兴华:《中国特色社会主义经济理论体系研究》,《经济学动态》2011 年第 5 期。

出现了一定程度的思想混乱，甚至在一段时间里出现了否定四项基本原则的资产阶级自由化思潮，对思想界、学术界、文艺界以及普通民众都造成了一定影响。另外，"文化大革命"使得国家的法制遭到严重破坏，"文化大革命"结束之初，社会上违法犯罪现象比较严重。种种情况严重影响了社会的安定团结，不利于将全国人民的思想和行动统一到社会主义现代化建设上来。

邓小平认为，之所以出现上述种种问题，是因为当时的思想战线存在着软弱涣散的状况。因此，他多次发表重要讲话，集中论述了党在社会主义现代建设时期的基本路线和指导思想，要求坚持四项基本原则、加强党的建设和反对资产阶级自由化，为社会主义现代化建设营造安定团结的政治局面。他的"使我们党的报刊成为全国安定团结的思想上的中心"的论述，其出发点也是维护社会稳定、服务经济建设大局，为改革开放初期的新闻舆论工作指明了方向，明确了根本任务。在邓小平新闻舆论观的指导下，新闻工作包括新闻评论围绕党和国家的中心任务，充分发挥了思想引导和政治保障的作用。

二、重回正轨，新闻评论再现生机

党的十一届三中全会后，中国进入了新的历史时期，新闻传播事业也取得了巨大进展。这一时期，新闻评论在功能、内容和形式上发生了积极变化，重回引导舆论、指导工作和生活的正轨，呈现出勃勃生机。这是其在解放思想、实事求是思想路线的指引下，贯彻"思想中心论"和"社会效益首要论"的必然结果。新闻评论以其突破和创新，推动着国家发展，折射出社会的历史性变迁。

（一）功能拓展：舆论监督和事实性信息进入新闻评论

在新中国成立后相当长一段时期里，新闻评论被强调的更多的是其指导、教育和协调功能。但1978年后，新闻评论的功能得到了拓展和延伸，其表现就是舆论监督和事实性信息成为新闻评论的重要内容。

新中国成立初期，虽然在党的文件中有过在报刊上开展批评和自我批评的要求，但这一过程并不顺畅，接连不断的政治运动严重破坏了舆论监督的进程。改革开放后，舆论监督开始有了一些比较成功的尝试，影响最大的当属1980年"渤海2号"钻井船翻沉事件报道。与新闻报道相比，新闻评论的舆论监督更为直接、明确，不仅可以成为舆论的组成部分，也可以作为组织舆论、形成舆论最有力的手段和工具，因此在这一时期得到了长足发展，涌现出一批优秀的揭露、批评性文章，为20

世纪 90 年代中后期及之后的舆论监督黄金时期的到来做了很好的前期铺垫。

需要指出的是,虽说舆论监督和舆论引导在题材类型、表现风格上存在很大区别,但并不对立,而是一体两面、相辅相成的,两者的根本目标是一致的,甚至可以说舆论监督就是舆论引导的特殊表现形式。有力的舆论监督可以推动问题的解决,为党和政府赢得民心,从而保证带有教育性质的舆论引导能够被人民群众所接受,取得良好效果。两者统一于党的新闻舆论工作之中,共同为社会主义现代化建设构建稳定、有序的舆论环境和社会氛围。

此外,这一时期事实性信息开始进入新闻评论。以往通篇说理、"设言立说"式的评论越来越少,不同报道样式与评论样式在媒体上被相互穿插及组合运用,新闻述评即是典型。而广播电视访谈式评论节目中新闻短片的适时插入,组合式报道中评论员的即席评点,将两者的有机结合推向成熟。到了 20 世纪 90 年代,随着时评写作的兴起,事件性选题逐渐成为新闻评论的主流,新闻评论的文体规范与语言风格也趋于完善。

(二)内容下沉:评论选题贴近生活,深度不断加强

改革开放之前,政治评论、思想评论一统天下。改革开放之后,随着全党全国的工作重点转移到经济建设上来,涉及经济政策、企业改革、市场运作、日常消费等从宏观经济到百姓生活的话题,都成为新闻评论的选题。而民主法治建设的推进和社会文化生活的丰富,使新闻评论的题材不断拓展,社论、评论员文章、新闻述评等评论体裁不断丰富,各类法治评论、社会评论、文化评论、体育评论等专门评论栏目纷纷开办。

虽然来自中央决策、宣传部署的评论文章仍然是媒体选题的重要内容,但总体上这一时期的评论内容呈现出下沉趋势,从以领导视角、工作视角为主,逐步转换到平民视角、民生视角。很多评论选题贴近现实生活,敢于面对群众所关注的焦点、热点、疑点等问题,进行释疑解惑、积极引导,因而深受读者欢迎。如河北日报《杨柳青》专栏主持人储瑞耕所说:"到生活中去,摘取带着露珠的鲜花和嫩叶,编织成理性的花环,再献给读者。"①

这一时期,伴随着评论范围的不断扩展,诸多言论禁区被逐步打破。从改革开放之初有关真理标准问题的大讨论,到经济体制改革中有关姓"社"姓"资"的争论,

---

① 胡文龙:《我国新时期新闻评论改革与走向》,《新闻界》1998 年第 5 期。

再到对社会生活中种种不正之风的揭露批评,媒体评论的深度不断加强。传播方式也从以前的被动反应为主,变为主动策划的普遍运用。越来越多的评论开始针对不同的受众,划分不同的领域,运用不同的专业知识,做出有针对性的专门解读,以满足群众逐步分化的需求。

（三）形式创新:公众言论走上媒体,广播电视评论崭露头角

党的十一届三中全会后,报刊评论也开始了自身的变革,首先体现为各种体裁的突破与创新。从20世纪80年代初开始,中国各地报纸纷纷恢复评论专栏,以小言论、社会评论和杂文为代表的专栏评论乃至后来的言论版蔚然成风。而在体裁变化的背后,是创作主体的多元化及写作风格的多样化。越来越多的公众言论走上媒体,成为公众参与社会生活、进行舆论监督和实现自身话语权的重要方式与途径。这也是新闻评论实现其舆论引导功能的重要表现。

这一时期,广播电视事业尤其电视事业开始蒸蒸日上。1983年召开的第十一次全国广播电视工作会议确立的"四级办广播、四级办电视、四级混合覆盖"①政策方针,为改革开放初期广播电视事业的快速发展提供了强大动力,电台频率、电视频道数量大大增加,受众规模急剧扩大;而电视商业广告的出现,开启了中国广播电视事业的产业化进程。广播电视评论也开始崭露头角,被作为一种重要的节目类型加以开发,逐步使评论更符合自身的传播特征,如广播如何使声音符号的种类和表现力更为丰富,电视如何视听结合、声画兼备,从而使其评论既有形象感,又有思辨性。广播电视评论节目的创新和发展,拓宽了新闻评论的受众面,增强了评论内容的影响力,为之后20世纪90年代电视评论黄金时期的到来奠定了基础。

第二节　新闻评论舆论引导力表现:
从思想解放到路线引领

随着新闻评论的重回正轨,其内在传播规律与论证表达功能重新受到重视,舆论引导功能也开始显现。这一时期,按照邓小平"思想上的中心"和"社会效益首要论"的宣传方针,从涉及重大理论问题的思想解放,到关键历史时刻的路线引领,新闻评论屡屡在重要关头挺身而出,答疑解惑,充分释放其指导思想、引领舆论的功

---

① 周勇、倪乐融:《拐点与抉择:中国电视业发展的历史逻辑与现实进路》,《现代传播》2019年第9期。

能,展现出强大的舆论影响力和引导力。

根据这一时期的时代特征及重大历史事件、新闻舆论工作的主要任务,以及新闻评论在贯彻落实"思想上的中心"和"社会效益首要论"方面的表现和作用等因素的综合考量,选择了真理标准大讨论、批判极左思想、经济体制改革、姓"资"姓"社"争论、舆论监督的恢复突破等重要事件或话题作为研究主题,从思想引领、路线指导、舆论监督三个方面梳理和分析新闻评论在这些关键时刻的舆论引导做法及代表性作品,并探讨和总结新闻评论舆论引导力的功能与表现。

一、冲破"两个凡是",以科学思想引领拨乱反正

经历了十年"文化大革命"的动荡不安,经济建设成为国家头等大事。要完成这一任务,首先必须解放思想、实事求是,在人们的思想观念上完成改造和重建。

(一)真理标准大讨论与《实践是检验真理的唯一标准》等评论

1976 年 10 月,"四人帮"被粉碎,十年"文化大革命"结束。但在之后的两年徘徊期里,党的领导层并没有摆脱"左"的思想的羁绊,以"两报一刊"为代表的报纸评论继续宣传"两个凡是"的错误观点,使得刚刚走出"文化大革命"阴霾的人民群众再次产生了困惑。新闻界的有识之士,为了冲破"两个凡是"的思想束缚,进行了艰苦努力。1978 年 3 月 26 日,《人民日报》发表了张成撰写的理论文章《标准只有一个》,提出"真理的标准只有一个,就是社会实践",引起较大反响。而《光明日报》的《实践是检验真理的唯一标准》一文,更是引发了一场席卷全国并对中国历史产生重大影响的大讨论。

《实践是检验真理的唯一标准》是一篇政论文,虽不是典型的"时评",但其创作主旨与当时人们思考与困惑的问题相契合,属于新闻评论中的"非事件性选题"[①],同样满足了人们的认知期待,成为那个时代具有代表性的评论名篇。此文是在时任南京大学哲学系教师胡福明的文章基础上,经多人反复修改,由胡耀邦亲自审定而最终发表的。文章先于 5 月 10 日发表在中央党校内部刊物《理论动态》上,次日《光明日报》以"本报特约评论员"名义公开发表。随后,新华社、《人民日报》、《解放军报》等多家媒体、报纸进行了转载。

《实践是检验真理的唯一标准》全文共 12000 多字,阐述了马克思主义关于真

---

① 马少华:《新闻评论教程》,北京:高等教育出版社,2007 年,第 119 页。

理标准问题的重要原则。文章分为四个部分："检验真理的标准只能是社会实践"
"理论与实践的统一，是马克思主义的一个最基本的原则""革命导师是坚持用实践
检验真理的榜样"和"任何理论都要不断接受实践的检验"，环环相扣，逻辑缜密。
文中运用了历史上包括自然科学史上的典型事例，如门德列捷夫的元素周期表、哥
白尼的太阳系学说等为论据，并引用毛泽东在《新民主主义论》《实践论》中的原话，
证明其本人就是"实践是检验真理的唯一标准"观点的提出者和倡导者。文章观点
鲜明，论证有力，发表后引发强烈反响，在全国掀起了一场关于真理标准的大讨论。
各报纷纷刊登文章，如《人民日报》文章《关于真理的标准问题》（邢贲思撰写）、《解
放军报》特约评论员文章《马克思主义的一个最基本的原则》（吴江撰写）等，一系列
评论高屋建瓴，气势夺人，具有极强的战斗性和深刻的思想性，在政治和思想领域
首开解放思想、拨乱反正的先河，对当时深受错误思想束缚的国人起到了思想再启
蒙的重要作用。

图 2.1　《光明日报》特约评论员文章《实践是检验真理的唯一标准》
资料来源：《光明日报》1978 年 5 月 11 日第 1 版

　　《实践是检验真理的唯一标准》是"文化大革命"结束后在政治思想领域影响最
大、反响最强烈的一篇文章，是中国进入社会主义现代化建设新时期思想解放的宣
言，也是新闻评论的舆论引导功能在这一时期最突出、最深远的一次展示。"这场

讨论,冲破了'两个凡是'的严重束缚,推动了全国性的马克思主义思想解放运动,为具有划时代意义的党的十一届三中全会作了重要的思想准备,在党和国家的历史进程中产生了重大而深远的影响。"①1978年底的中国共产党十一届三中全会高度评价了"实践是检验真理的唯一标准"的讨论,确立了"解放思想,实事求是,团结一致向前看"的指导方针,为这场大讨论画上了一个圆满的句号。

(二) 批判极左思想与《就是要彻底否定"文革"》等评论

解放思想,首先必须要对长期困扰人们的极左错误思想进行反思和清算。"文化大革命"结束后,曾经饱受迫害的知识分子和一些领导干部,开始揭露和批判"四人帮"及其死党的罪行,杂文成为他们的重要武器。《人民日报》在副刊上辟出专门版面刊载这类文章,以批判"四人帮"、揭露"文化大革命"对知识分子的迫害为主要内容,郭沫若的《黄钟与瓦釜》(1977年10月26日)、秦牧的《鬣狗的风格》(1978年3月28日)、宋振庭的《马尾巴·蜘蛛·眼泪及其他》(1978年5月14日)、郑伯琛的《"知识过剩"和铲除知识》(1978年5月21日)等在当时都是脍炙人口的佳作。

其中,秦牧的《鬣狗的风格》,以鲁迅小说《狂人日记》中提到的"吃死肉"的鬣狗为例,把"四人帮"的亲信和死党与自然界的鬣狗,以及杰克·伦敦小说中既不想杀戮,又想"分一杯羹"的"第四种人"进行类比,将其形象刻画得惟妙惟肖,入木三分。文章托物言志,文笔犀利,激起了读者的强烈共鸣,提高了社会对"鬣狗式人物"的识别与批判能力。宋振庭的《马尾巴·蜘蛛·眼泪及其他》一文,针对畜牧学教授讲"马尾巴的功能"这一正常做法,在"文化大革命"中反成人们取笑对象一事有感而发,结合自己的所见所闻,控诉"四人帮"爪牙们对知识分子的迫害和对知识的亵渎。这批杂文,多出自名家之手,以深刻的见解和老辣的笔法,使读者受到了深刻的思想教育和极大的思想触动。

1981年6月,中共十一届六中全会通过了《关于建国以来党的若干历史问题的决议》,根本否定了"文化大革命"和"无产阶级专政下继续革命"的理论。此后,一些反思"文化大革命"的评论相继见诸报端。《新民晚报》刊登的《江东子弟今犹在》一文从一个曾参与迫害彭德怀的造反派头头在"文化大革命"结束后依旧逍遥法外,还担任某科研所所长的事情说起,借用王安石"江东子弟今虽在"的诗句,提出"如果我们糊里糊涂地把一批江东子弟提拔为接班人,那么十年之后不就是一个卷

---

① 胡锦涛:《在纪念真理标准讨论二十周年座谈会上的讲话》,《求是》1998年第10期。

土重来的局面吗？"①鲜明的态度和深刻的忧思，在读者中引起很大共鸣。《人民日报》刊登的《不该发生的悲剧》，报道了女工程师朱毓芬因被嫉贤妒能者造谣中伤而自杀身亡的事件，并配发评论员文章《评朱毓芬之死》，沉痛指出朱毓芬之死与长期以来"把知识分子视为异己力量，视为改造对象"的极左思想直接有关，"肃清'左'的影响，仍然是当务之急"②，引发了强烈的舆论反响。

　　1983 年中共十二届二中全会后，中央开始了"整党"行动，清除"文化大革命"流毒和影响是其中的重要内容。1984 年 4 月 23 日，《人民日报》发表了李仁臣撰写的评论员文章《就是要彻底否定"文革"》（1984 年全国好新闻奖特等奖），发表时在版面编排上做了强势处理，在报眼的位置上加框，标题用超黑字体，非常醒目和突出，表明了编辑部对该评论所提出问题的重视程度。文章结合《光明日报》刚刚发表的一篇报道内容即杭州大学当年对老教授搞"活人展览"的人，至今不反思"文化大革命"中的错误，甚至继续身居要职，对此提出尖锐批评："对'文革'就是要彻底否定。不彻底否定'文革'的那一套'理论'、做法，就不可能有三中全会以来的路线、方针、政策，就不可能有政治上安定团结、经济上欣欣向荣的新局面。"该文原打算发表在《今日谈》专栏，后被提高规格改为评论员文章发表，见报后读者反响强烈，影响深远。③

图 2.2　《人民日报》评论员文章《就是要彻底否定"文革"》
资料来源：《人民日报》1984 年 4 月 23 日第 1 版

---

①　林放：《江东子弟今犹在》，《新民晚报》1982 年 3 月 29 日，《未晚谈》专栏。

②　人民日报评论员：《评朱毓芬之死》，《人民日报》1983 年 4 月 13 日，第 3 版。

③　李仁臣：《〈就是要彻底否定"文革"〉见报前后》，人民日报报史编辑组编：《人民日报回忆录》，北京：人民日报出版社，1988 年，第 262—263 页。

如果说"真理标准大讨论"是改革开放后思想理论战线拨乱反正的开端的话,对于"文化大革命"的彻底否定以及对犯有严重错误的人的严肃处理,就是党在社会政治生活中进一步的拨乱反正,是改革开放得以顺利开展的环境保障和舆论前提。在《就是要彻底否定"文革"》发表后不到半年时间,党的十二届三中全会召开并通过了《中共中央关于经济体制改革的决定》,经济体制改革从此全面展开。

二、坚持改革方向,以正确路线化解姓"资"姓"社"争论

改革开放以来,中国经济经历了从社会主义计划经济,到有计划的商品经济,再到社会主义市场经济的发展变化过程。在"把是否有利于发展社会生产力作为检验一切改革得失成败的最主要标准"理念的指引下,这一时期的经济体制改革克服旧观念束缚,解放思想积极探索,取得了巨大成就。新闻媒体的报道和评论,记录着当时的创新与勇气,沉淀着当时的判断与思考。

(一)农村生产责任制与《莫把开头当过头》等评论

1978 年 12 月,安徽省凤阳县的小岗生产队 18 户农民,秘密签下了一份分田单干、包产到户的契约,由此引发了中国农村又一次土地制度的变革,影响深远。然而,虽然中共十一届三中全会作出了解放思想、改革开放的决策,但在实践过程中遭遇了重重阻力。1979 年初,社会上出现了否定三中全会路线的质疑声,"三中全会的政策过头了""可能诱发资本主义势力泛滥"之类的声音甚嚣尘上。从中央到地方,围绕"农村改革是不是资本主义复辟"产生了尖锐的分歧,并以《人民日报》为意见交锋的主要场所,展开了一场旷日持久的拉锯战。

针对这一情况,时任《辽宁日报》记者、后任《人民日报》总编辑的范敬宜,主动去辽西贫困山区的建昌县深入调研,写了一篇《莫把开头当过头——关于农村形势的述评》,于 1979 年 5 月 13 日在《辽宁日报》发表。文章分别对"生产队自主权是否强调过头了""有了自主权的生产队是不是都'不听指挥'"和"这样一件大得人心的好事,为什么会遭到这么多非议"等社会上流传的对农村生产责任制的指责和怀疑逐一分析,最后得出结论:"尊重和保护生产队自主权是党的三中全会确定的发展农业生产的重要政策,我们一定要坚定不移地去继续贯彻落实……最重要的是领导干部对客观形势有一个清醒的、正确的估计,分清主流与支流,千万莫把'开头'当作'过头'……否则就会左右摇摆,贻误工作。"

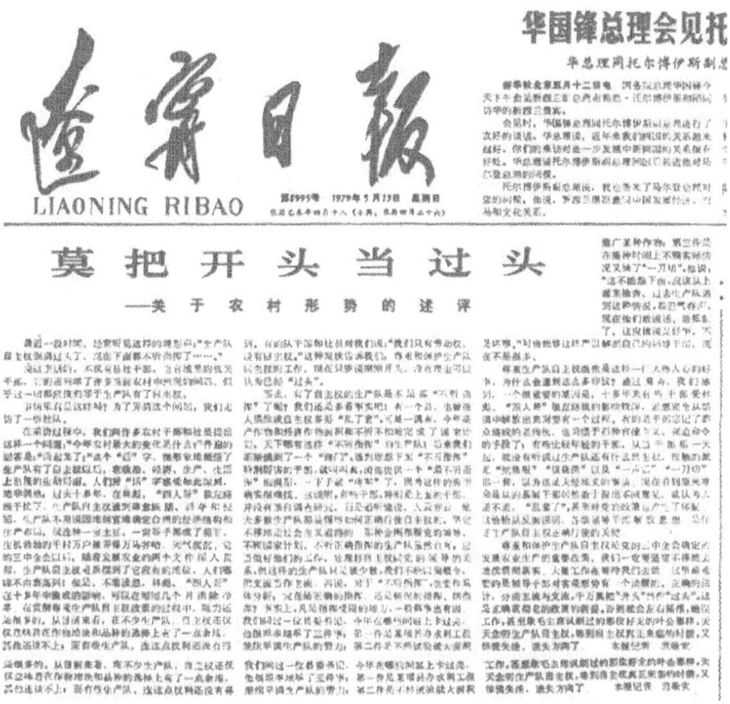
辽宁日报
LIAONING RIBAO
华国锋总理会见托
莫把开头当过头
——关于农村形势的述评

图 2.3　《辽宁日报》评论《莫把开头当过头——关于农村形势的述评》
资料来源:《辽宁日报》1979 年 5 月 13 日第 1 版

三天后,《人民日报》将此文以《分清主流与支流　莫把开头当过头》为题全文转载,并加了编者按语,号召新闻工作者“要像《辽宁日报》记者范敬宜同志那样,多搞一些扎扎实实的调查,用事实来回答那些对三中全会精神有怀疑、有抵触的同志”。这篇评论及时解除了农民的后顾之忧,澄清了人们思想认识上的疑虑,具有极强的针对性和说服力。许多地方拿着这篇文章去做广大干部、群众的思想工作,说服大家要提高认识,坚定信念将改革进行下去。事实证明,由于《人民日报》的转载和评价,《莫把开头当过头》一文产生的影响,远远超出了辽宁省的范围,在全国引起了很大反响。[①]

随后,《辽宁日报》再接再厉,于 1980 年 9—10 月间,连续发表了范敬宜的三篇评论员文章:《单干辩》《“回头路”辩》和《“方向”辩》,对各级干部对“联产承包”的疑虑进行解释,对认为农村生产责任制是“单干”“走回头路”“方向不对”等观点进行

① 范敬宜:《如果不是人民日报转载……》,《新闻战线》1999 年第 10 期。

驳斥。文章用生活中的常理,反驳这些指责的不合情理,平易朴实,深刻在理,对解除当时人们的疑虑,贯彻党的十一届三中全会"解放思想,实事求是"的精神和推动农村联产承包责任制的施行,起到了积极作用,成为那一时期中国农村经济改革中的代表性评论作品。

(二)经济体制改革与《"大锅饭"养懒汉》等评论

1982年党的十二大制定了要在二十年内实现工农业产值翻两番的目标。鉴于"大跃进"的历史教训,在学习十二大精神的热潮中,有人对此持怀疑态度,担心这个目标是不是"高指标",制定这样的指标是不是"冒进"。为此,《人民日报》1982年10月18日发表社论《回答一个问题——翻两番为什么是能够实现的》,采取纵横对比的方法,通过中外之间、中国不同发展阶段之间的比较,指出"翻两番"的目标是在不同的历史条件下、以经济效益为前提、以满足人民的物质文化需求为目的、在大量扎实工作的基础上提出的,绝不是凭空臆想。文章以事实为依据,切实回答了人们迫切渴望弄清的问题,产生了巨大的社会反响。

经济体制改革的全面铺开,难免会触及部分人的利益,各方面的阻力也随之而来。从1982年11月17日到1983年2月10日,《人民日报》连续发表7篇社论,围绕当时企业经营中存在的"大锅饭"问题展开了多角度的分析与议论。其中,影响最大的是第四篇——《"大锅饭"养懒汉——四论不能再吃"大锅饭"》。

评论从令人厌恶的"懒汉",谈到喂养懒汉的"大锅饭"体制,对二者之间的关系以及"大锅饭"体制的弊端进行了深入的剖析。文章写道:"企业开'大锅饭',职工中就会出现懒人。国家开'大锅饭',企业中就会出现连年亏损、经营不善的'懒厂'、'懒店'……贡献大的企业不能得到较多的利益。职工吃企业,企业吃国家,这么两口'大锅',养活了一批懒人,也喂养了一批懒企业。归根到底,还是人民吃亏。"评论指出现行经济体制的一大弊端就是使人变懒,使企业变懒,并由此阻碍了生产力的发展和四个现代化的实现,并进一步指出克服这种弊端的根本在于打破旧体制,加快改革的步伐。文章选择方针政策落实上的关键立论,为经济体制改革的顺利进行扫清了思想障碍。在经济效益低下、平均主义盛行的20世纪80年代,这种对"大锅饭"进行批判与反思的评论文章,对推动经济体制改革和促进观念更新,起到了一种振聋发聩的作用。[①]

---

① 涂光晋:《时代之"声"——新时期中国新闻评论研究》,北京:中国人民大学出版社,2011年,第70页。

图 2.4　《人民日报》社论《"大锅饭"养懒汉——四论不能再吃"大锅饭"》

资料来源:《人民日报》1983 年 1 月 27 日第 1 版

　　1984 年党的十二届三中全会提出加快以城市为重点的整个经济体制改革的步伐。因为缺乏经验,部分地区、部分领域出现了一些失误,引发了一些质疑和批评。《湖南日报》意识到这是一个可能动摇人们改革信心和决心的关键问题,于 1985 年 5 月 27 日在头版刊登了题为《正确对待改革中的失误》的短评,以株洲电力机车厂正确区分改革中失误和不正之风的界限为典型事例,论述了改革中出现失误的必然性,指出不能因失误而否定改革,"只要改革的大方向正确,有利于国家富强、人民富裕,那就应该允许出点失误、出点差错"。文章发表后社会反响强烈,打消了人们对于深化改革的顾虑,帮助群众坚定了改革的信念。

　　国有企业改革是经济体制改革的重点,在计划经济时期,企业只准开,不准关,

79

只能"活",不能"死",很多人将其看作是社会主义优越性的体现。这个观念不破,国有企业改革就无从谈起。1991年8月15日,《经济日报》刊登了詹国枢的述评《少数企业"死"不了 多数企业"活"不好》,详细描绘了中国国有企业的现实困境,总结出可资借鉴的未来途径。文章成为当时人们了解国企改革真实情况的一个依据,也成为今天人们了解国企改革艰难历程的一个样本,为随后横贯整个20世纪90年代的国企改革浪潮指引了方向,作了充分的舆论准备。

(三)"关广梅现象"及相关评论

计划与市场的关系,是经济体制改革的关键问题,也是这一时期我国着力探索和解决的一个重大思想理论问题。在"左"的积习束缚下,这一问题长期被视为姓"资"还是姓"社"的原则问题。人们思想上存在困惑和顾虑,直接导致改革开放迈不开步子,经济发展的脚步也迟缓下来。

20世纪80年代中期,经济体制改革在我国全面展开。辽宁本溪租赁了8家副食商店的关广梅,因为创造出了租赁、承包、股份合作相结合的"新租赁制"经济模式,取得了良好的经济效益,引起了公众和媒体的注意。1987年6—7月间,《经济日报》经过精心策划,深入采访,配发评论,推出了后来被誉为"开我国深度报道先河"的"关广梅现象"系列报道,成为全国关注的焦点,引发了一场"租赁企业究竟姓'社'还是姓'资'"的大讨论。

在陆续推出《关广梅现象》《在"关广梅现象"的背后》《关广梅现象大对话》《现象公开以后——"关广梅现象"讨论综述》等一系列报道后,《经济日报》刊登了两篇评论员文章《"关广梅现象"提出了什么》(1987年7月11日)和《论"关广梅现象"》(1987年7月14日)。《"关广梅现象"提出了什么》首先分析了"关广梅现象"产生的社会背景:旧的体制还在产生影响,新的体制还很脆弱;然后分析经历了8年改革后,为何对这一改革现象还会产生种种争论和非议。文章强调,不能把不同社会制度都可以运用的、有利于生产力发展的东西,统统看成是资本主义的"专利",提出改革"要冒较大的风险","但是,浅尝辄止,停顿改革,我们所承担的风险就更大"。文章议论的虽然是关乎改革开放基本思路和基本方向的重大理论和思想问题,但依托"关广梅现象"这一具体事实,不仅有的放矢,而且言之有据。

《论"关广梅现象"》是一篇总结式的评论。针对社会上一些普遍性的争议和困惑,评论分三个层次逐一展开分析,提出了三个基本观点:一是租赁企业姓"社",而且姓的是初级"社"；二是现行租赁经营在本质、目的和结果上都与资本主义社会中的租赁完全不同；三是应从我国的客观国情与现状出发,评价和认定现实经济关系中出现的各种现象。文章站在宏观经济政策与微观经济现象的结合点上分析问题,深刻论证了资本主义与社会主义的本质区别所在,对于推动改革、澄清疑惑起到了重要的现实指导作用。

有关"关广梅现象"的系列报道和相关评论在全国引起巨大反响,许多报刊都开辟专栏,讨论一些改革措施姓"社"还是姓"资"的问题。1987 年 8 月 10 日《新华日报》发表评论《抛弃一种僵化的思维方式》(1987 年全国好新闻一等奖),在社会上引发了争议和热烈讨论。文章一反流行见解,没有纠缠于这一具体争论,而是透过争论双方的表面对立,揭露出双方都固守着一种僵化的思维方式,提出不能对任何改革都要先问姓"社"还是姓"资",而是要做科学分析,"一项改革,是姓'社',固然应当旗帜鲜明地宣传和坚持;是中性手段和方法,也应当理直气壮地大胆采用;有些措施就是明显地姓'资'或带有资本主义因素的,如中外合资经营、外商独资经营、一定限额内的雇工等,也无妨在一定条件下加以采用,关键是要看它在现阶段是否有利于生产力发展"。[1]

（四）《改革开放要有新思路》——"皇甫平"系列评论

20 世纪 80 年代末,国际上发生了一系列重大事件,苏联解体,东欧剧变,经济全球化趋势加速。国内的治理整顿和深化改革虽然取得了一些成绩,但深层次的矛盾依然存在,经济结构不合理、国营大中型企业经营不善、效益低下等问题依然突出。政治思想领域中"左"的思想有所抬头,姓"社"姓"资"的争论一直持续进行。新闻界也进行了长达三年的反思,坚持党性、反和平演变与反对资产阶级自由化的舆论占了主流。中国改革开放进入了一个关键性阶段。

1991 年初,邓小平在上海发表了一系列有关深化改革的谈话,强调"改革开放还要讲,我们的党还要讲几十年……不要以为,说计划经济就是社会主义,一说市场经济就是资本主义,不是那么回事,两者都是手段,市场也可以为社会主义服务",希望上海人民"思想更解放一点,胆子更大一点,步子更快一点"。[2]邓小平上述这些讲话,通过随后在《解放日报》上发表的署名"皇甫平"的系列评论传向全国,

---

[1] 吴桐：《敢于写有争议的文章——写作〈抛弃一种僵化的思维方式〉的一点体会》,《新闻通讯》1988 年第 8 期。

[2] 《邓小平文选》第 3 卷,北京：人民出版社,1993 年,第 367 页。

使人们对姓"社"姓"资"的争论有了新的理解和认识。

中共上海市委机关报《解放日报》敏锐意识到邓小平的讲话具有很强的现实意义，应该大力宣传。1991年春节前夕，副总编辑周瑞金与评论部负责人以及上海市委政策研究室共同商议，决定合作写几篇联系上海改革开放实践阐述邓小平改革开放新思想的评论文章。开篇就是2月15日（辛未年正月初一）发表在《解放日报》头版、署名"皇甫平"（取"黄浦江畔的评论"的谐音）的评论文章：《做改革开放的"带头羊"》。文章旗帜鲜明地指出"何以解忧，唯有改革"，提出"改革开放是强国富民的唯一道路"，号召"振奋精神，敢冒风险，敢为天下先，走前人没有走过的路，做改革开放的'带头羊'"。3月2日，第二篇"皇甫平"评论《改革开放要有新思路》（第2届中国新闻奖一等奖）发表，提出"思想解放要进入新境界，改革开放要开拓新思路，经济建设要开创新局面"。

图 2.5　《解放日报》"皇甫平"文章《改革开放要有新思路》
资料来源:《解放日报》1991 年 3 月 2 日第 1 版

文章的点睛之笔，是提出改革的新思路在于发展市场经济，其中一段议论在随后有关姓"社"姓"资"的争论中饱受争议："有些同志总是习惯于把计划经济等同于社会主义经济，把市场经济等同于资本主义，认为在市场调节背后必然隐藏着资本主义的幽灵"；"计划和市场只是资源配置的两种手段和形式，而不是划分社会主义和资本主义的标志。资本主义有计划，社会主义有市场。这种科学认识的获得，正是我们在社会主义商品经济问题上又一次更大的思想解放。"

　　文章提到的"市场经济"，其实就是邓小平的讲话内容，在当时普遍讳言"市场经济"的社会环境中，这一观点勇敢新颖，难能可贵。文章发表后，《人民日报》全文转载。1991 年 3 月 22 日，《解放日报》发表了第三篇"皇甫平"评论《扩大开放的意识要更强些》，强调"如果我们仍然囿于'姓社还是姓资'的诘难，那就只能坐失良机……趑趄不前，难以办成大事"。第四篇"皇甫平"评论《改革开放需要大批德才兼备的干部》也于 4 月 12 日见报。

　　四篇"皇甫平"系列评论相互响应，围绕解放思想以深化改革、扩大开放这个中心，宣传了邓小平的改革开放新思想，"形成了一个掀动新一轮改革开放的完整系列"[①]。文章在社会上产生了强烈反响，引起国内外舆论的广泛关注。但除了新华社《半月谈》杂志公开表示支持外，敢于转载、呼应的新闻单位却屈指可数，大部分媒体对此保持沉默，有个别媒体甚至发起了一轮责难和批判。思想界、舆论界的交锋一直持续到 1992 年春天邓小平南方谈话之后，可见新闻评论坚持真理、指引方向之不易，中国社会解放思想、深化改革之艰难。

　　但无论如何，这一系列文章引发了思想界的强烈震撼，为当时社会上连绵不休的姓"资"姓"社"的争论提供了最有说服力的科学论述。后来的事实证明，"皇甫平"系列评论的观点是完全正确的，它和一年后的《深圳特区报》"猴年八评"系列评论一起，为 1992 年中共十四大确立"社会主义市场经济道路"起到了舆论先导的作用，为中国新一轮改革开放带来了"春天的气息"，而《改革开放要有新思路》一文也以高票荣膺第二届中国新闻奖一等奖。

三、拓展引导功能，以高质量监督提升评论公信力

　　舆论监督是新闻媒体的重要功能，体现了我国媒体的根本宗旨，是衡量新闻事业党性的一个尺度。如前所述，舆论监督与舆论引导的根本目标是一致的，两者相辅相成，舆论监督是舆论引导的特殊表现形式。新闻评论开展舆论监督，可直面现实问题，反映群众呼声，成为社会舆论的组成部分；并在对负面现象进行揭露批评的同时，通过自身的理性思考和分析论证引导舆论走向，疏解公众情绪，其行为本身就是舆论引导的体现，因此，新闻评论的舆论监督，同样可以起到引领舆论和提升评论公信力的作用。

---

① 马立诚、凌志军：《交锋——当代中国三次思想解放实录》，北京：今日中国出版社，1998 年，第174 页。

党的十一届三中全会后,舆论监督逐步正常化。从20世纪80年代初起,批评报道在数量上明显增加,其中影响最大的是关于"渤海二号"重大事故的报道。

1979年11月25日,石油工业部海洋石油勘探局"渤海二号"钻井船在渤海湾拖航作业途中翻沉,船上74名职工72人遇难,直接经济损失高达3700多万元。这是改革开放后第一起造成重大人员伤亡和经济损失的责任事故。随后,海洋石油勘探局称,事故原因是10—11级特大风浪,不可抗拒,指挥并无任何失误。石油工业部还召开了隆重的追悼大会,追认遇难者为烈士,丧事被说成喜事。①

1980年7月22日,《人民日报》、《工人日报》等多家媒体突破自1957年以来"报喜不报忧""重大事故一般不见报"的限制,克服重重阻力,对"渤海二号"钻井船翻沉事故进行了深入报道与评析,揭露了这是一起因"严重违章指挥"所造成的"重大责任事故"。在消息见报的同时,《工人日报》发表了陈骥、牛凤和采写的述评《"渤海二号"钻井船翻沉事故说明了什么?》,指出事故是局领导"长期以来坚持一些错误的指导思想和做法的必然结果",并列举了大量海洋局长期忽视安全生产、隐瞒真相逃避责任的事实,在厘清事件深层原因的同时,揭示背后带有普遍意义的深刻教训,给读者带来了强烈震撼。

与《工人日报》同一天披露"渤海二号"翻沉事件的《人民日报》,也连续发表社论、专栏评论、通讯等相关文章20余篇。在《从"渤海二号"事故看石油部的领导作风》一文中,作者将批评的矛头指向更高级别的领导,也指向长期以来"左"的错误思想和工作作风。在《今日谈》专栏里,也有关于这一事件的评论。9月1日王丰玉的小言论《为"第一次"叫好!》,将这一事件的影响概括为三个"第一次":一个政府部长,由于领导工作犯了错误,用这样方式解除职务是第一次;一位副总理,由于对严重事故的不能及时正确处理负有直接责任,受记大过的处分是第一次;由于对这一严重事故处置不当,国务院领导声明自己失职,并向全国人民承认错误,也是罕见的第一次。文章还引用公共汽车上人们的高声评论"共产党这回动真的了",分析"渤海二号"事故的处理对推进法治建设、提高党和政府的威信、转变社会风气的正面效应。②

有关"渤海二号"的报道和评论,是改革开放后中国新闻媒体第一次大规模的

---

① 陈祥林:《经典案件映射法治进程》,《人民法院报》2009年9月27日,第8版。
② 涂光晋:《时代之"声"——新时期中国新闻评论研究》,北京:中国人民大学出版社,2011年,第81页。

图 2.6 《工人日报》评论《渤海二号钻井船翻沉事故说明了什么?》
资料来源：《工人日报》1980 年 7 月 22 日第 1 版

舆论监督实践。直到今天，人们还常常将有关这一事件的报道和评论与今天常态化的媒体舆论监督作比较。

"渤海二号"事件报道后不久，1980 年 10 月，《人民日报》、《中国青年报》、中央人民广播电台报道了中纪委对商业部长在饭店吃喝不付钱的错误进行通报批评的消息，并就此事发表评论。1985 年 2 月，蛇口工业区党委机关报《蛇口通讯》发表了一篇题为《该注重管理了——向袁庚同志进一言》的读者来信，列举了蛇口工业区在企业管理上的种种弊端，批评蛇口工业区管委会主任袁庚"还称不上优秀的企业家"，"工业区的整体水平很不理想，你不能不负主要责任"。党报监督党委的一把手，这在党的新闻史上是第一次。《人民日报》特别为此发表评论，称此举是"蛇口的第一声春雷"。[1]

和 20 世纪 90 年代之后的舆论监督黄金期相比，虽然这一时期舆论监督类新闻评论在数量和覆盖范围上都还处于恢复阶段，但在当时尚未完全开化的社会氛

---

[1] 方汉奇主编：《中国新闻传播史》，北京：中国人民大学出版社，2014 年，第 311 页。

围下,仍有着启迪民智的巨大影响力,至今都值得称道。有学者在肯定90年代《焦点访谈》等电视评论节目在舆论监督方面的积极效果时,认为"这种遍地开花式的电视新闻的舆论监督,毕竟还没有产生像《'渤海二号'翻沉事件》、《该注重管理了——向袁庚同志进一言》这样有里程碑意义的舆论监督的大作、大品"①。

除了对经济和社会生活中的负面现象、不正之风进行批评外,这一时期的舆论监督还涉及政治体制改革的话题。1986年11月28日,《中国青年报》刊登了谢云撰写的杂文《岂有此理》,针对几个青年想"向市长进言"谈谈金融改革,却被政府部门以"这是政府官员的事,共青团不要搞这些"为由拒绝的新闻事件,文章认为这违背了建设社会主义民主的精神,指出"在政治领域里清除封建思想,树立民主观念,具有特别重要的意义"。文章提出了政府官员素质在干部制度改革中的重要性,角度新颖,以小见大。1987年5月,大兴安岭发生森林大火,事后林业部部长被撤职,17名直接责任人相继受到惩处。有人质疑处分"是不是太严厉了",《人民日报》于当年8月8日发表评论员文章《反对官僚主义要坚决》,分析了官僚主义的严重危害,指出对领导干部不能只用道德的尺度去衡量,更应当用政绩的尺度、实践的尺度去衡量,"反对官僚主义要依靠制度、依靠法律"。文章说道:"政治体制改革的目标之一,就是克服官僚主义⋯⋯我们从现在起就对官僚主义进行坚决的斗争,这也正是为政治体制改革创造必要的条件。"即使在今天看来,这些评论的题材和尺度,也是相当尖锐和深刻的,对当时的群众思想和社会舆论起到了巨大的警醒和引领作用。

第三节　引导力在历史转折中回归拓展

从1978—1991年底的13年间,中国经历了拨乱反正与改革开放的时代转换。新闻评论以特有的权威及高度,以及思想上的专业与深刻,服务经济建设,指导教育大众,充分发挥了"安定团结的思想上的中心"以及"社会效益第一"的作用,新闻评论的舆论引导功能得以恢复并充分释放,展现出强大的舆论引导力。

一、引导力的指导性和服务性显著增强

改革开放初期,新闻评论在邓小平"思想上的中心"与"社会效益第一"精神的

---

① 　时统宇:《兴盛与衰落:深度报道在传媒中的角色转换》,《中国广播电视学刊》1997年第6期。

指引下,围绕经济建设大局,在批判极左思想、坚持改革方向及实施舆论监督方面发挥了巨大的思想引领和宣传指导作用,其议题设置力、导向把控力和思想穿透力等引导力评价指标得到了充分体现,舆论引导力实现了正向回归,新闻评论的主体、内容及功能得到拓展。纵观这一时期的新闻评论的综合影响和表现,其舆论引导力呈现出围绕中心工作,指导性和服务性显著增强的特征。

（一）引导力方向:坚持解放思想、实事求是的思想路线

在这一时期,新闻评论因为坚持了正确的思想路线,加上党报在意识形态领域绝对的权威地位,舆论引导力呈现出高信度特征,导向把控力突出。

首先,正确的思想路线和大局意识,赋予新闻评论高信度。中共十一届三中全会之后,党的工作重心转移到社会主义现代化建设上来。新闻事业也摆脱了"文化大革命"错误思想的禁锢和毒害,重新回到了尊重规律、服务大局的正确轨道上来。新闻评论作为新闻舆论工作的重要抓手,在解放思想、实事求是的马克思主义理论的正确指引下,坚持四项基本原则,顺应时代发展需要,响应人民热切期盼,在宣传和推动经济建设,维护安定团结的政治局面,反对资产阶级自由化等方面发挥了重要作用。

如为党的十一届三中全会作了思想和舆论准备的《实践是检验真理的唯一标准》、经济体制改革中的《莫把开头当过头》、《"大锅饭"养懒汉》、姓"资"姓"社"争论中的"皇甫平"系列评论,都是在解放思想、实事求是思想路线的指引下,紧跟时代需要,推进改革开放,产生了巨大影响力的里程碑之作。正确的指导思想和大局意识,保证了新闻评论舆论引导力的高信度和可靠性。

其次,党报评论占据主导地位,权威性和导向把控力突出。改革开放初期,党报评论因为其特殊地位和历史因素,牢牢占据着媒体评论的主导地位。刚刚崭露头角的广播、电视评论,无论在作品的数量、质量还是操作手法的成熟度上,都还无法和党报评论相提并论。而专栏小言论的出现虽然使得公众言论走上媒体,扩大了意见传播主体的范围,但其规模和层次都无法与媒体专业评论员相比。凭借多年来打造的"代表党和政府声音"的权威形象,这一时期的党报评论在人民群众中拥有巨大的舆论影响力和引导力。

如前述刊登《实践是检验真理的唯一标准》的《光明日报》、《莫把开头当过头》的《辽宁日报》、《"大锅饭"养懒汉》的《人民日报》,以及刊登"皇甫平"系列评论的《解放日报》等报纸,无一例外都是党委机关报。纵观这一时期具有重要影响力的评论文章,几乎都来自党报,这充分显示了党报在思想战线上的巨大优势,以及在意识形态领域的权威地位。

(二) 引导力大小:思想性和表现力增强,引导力强度提升

改革开放后,新闻评论的内容由"文化大革命"时的"假大空"向求真务实回归,一度被异化的性质和功能也重新得到重视并拓展。新闻评论不再一味强调"为政治服务",理性精神和监督功能开始显现和发挥。评论风格从强制式的灌输说教转为耐心的交流说服,重视说理的平易性和形象感,评论文体应有的科学论证方法得以体现,形式上也呈现出由大趋小、由长趋短的态势,部分评论还具有较强的时效性和生动性。这些引导方法的积极变化,大大增强了新闻评论的思想穿透力和传播表现力,提升了舆论引导力的强度,取得了良好的引导效果。

如《湖南日报》刊登的《正确对待改革中的失误》短评,篇幅短小精悍,通俗易懂,又发表在 1984 年改革出现了一些失误而引发质疑的敏感时刻,时机上的及时介入以及论证的严密科学,打消了人们的顾虑,取得了较好的引导效果。"渤海 2 号"翻沉事件的相关评论,以及《人民日报》关于大兴安岭森林大火的评论文章《反对官僚主义要坚决》,言语犀利,思想深刻,充分发挥了舆论监督功能,回应了公众期待,引发了强烈的社会反响。[①]

总体而言,这一时期的新闻评论因为尊重传播规律,取得了较好的引导效果。但因为当时中国社会处于拨乱反正的转折时期,人们尚未完全摆脱封闭和愚昧状态,对某些关键问题认识不清,舆论界经常会产生犹疑乃至争论,有时甚至会出现挫折和反复,导致了一定程度的思想混乱。此外,评论内容以关系到全局性、方向性的现象话题为主,侧重于宏观层面的思想启蒙和工作指导,对新闻性和时效性并没有特别关注;加上历史条件的限制,新闻评论主要以党报集中宣传为主,广播电视评论只是作为补充,其功能尚未被充分发掘,因此传播渠道显得较为单一,一定程度上也影响了新闻评论舆论引导力的强度。

(三) 引导力作用点:选题精准而重大,创作主体得到拓展

在服务中心工作,为经济建设营造安定团结政治局面的思想指引下,这一时期的新闻评论紧扣拨乱反正、改革开放的时代主题,围绕国家发展和社会生活的重大问题,精心选择和设计立论角度,贴近实际,释疑解惑,体现了极强的指导性和现实

---

① 周伟主编:《思想原声:一百年来的思想激荡》,北京:光明日报出版社,2003 年,第 343 页。

针对性,议题设置力明显增强。部分评论抓住公众心理和焦点话题,通过对热门事件的关注解读,以小见大,以精准的选题和深刻的论证,取得了突出的舆论引导效果。

如在拨乱反正的关键时期,《人民日报》评论员文章《就是要彻底否定"文革"》以"文化大革命"中犯错误的人不思悔改甚至继续身居高位的事件为由头,指出"对'文革'就是要彻底否定",否则就"不可能有政治上安定团结、经济上欣欣向荣的新局面",题材重大,观点鲜明,引发了读者的强烈反响。《经济日报》关于"关广梅现象"的评论,议论的虽然是关乎改革开放基本思路和方向的重大理论问题,但依托"关广梅现象"这一具体事实,有的放矢,言之有据,引发了"租赁企业姓'社'还是姓'资'"的大讨论,对推动改革、澄清疑惑起到了重要的舆论导向作用,而媒体在其中表现出来的议题设置和策划能力,即对于典型事实的准确捕捉,以及时代脉搏的宏观把握,是实现新闻评论舆论引导力准度的关键所在。

此外,随着改革开放的推进,民主和法制的逐步健全,人民群众乐于表达、参与评说的主人翁意识也不断增强。这一时期的新闻评论,呈现出专业评论员与受众相结合、创作主体不断拓展的发展趋势,各种小言论、社会评论和杂文等评论专栏的兴起就是明显标志。公众言论走上媒体,通过多种形式参与社会生活、进行舆论监督和实现自身话语权,这改变了以往单一的指令性灌输模式,使得新闻评论的舆论引导力建立在一个既生机勃勃又开放包容的舆论环境之中,既增强了新闻评论的交流性和生命力,体现了新闻工作贯彻群众路线的优良传统,也有利于媒体及专业评论员掌握民情民意,从而精准有效地引导舆论。

如20世纪80年代,以《人民日报》"今日谈"为代表的专栏小言论因为具有选题宽松、观点多样和语言平实等优点,吸引了众多读者,一定程度上满足了公众话语权的需要,是各级报纸普遍采用的言论形式。在拨乱反正时期,杂文是知识分子揭露和批判"四人帮"及其死党的主要武器,《人民日报》在副刊上开辟杂文专栏,《鬣狗的风格》《马尾巴·蜘蛛·眼泪及其他》等脍炙人口的名篇皆出自于此,影响深远。而开启了党报监督党委一把手,在中国舆论监督史上具有里程碑意义的《蛇口通讯》评论文章《该注重管理了——向袁庚同志进一言》,其实是一封读者来信,却在1985年全国好新闻评选中荣获了特等奖[①],充分体现了创作主体多元化给新

---

① 光军:《一封来信的"新闻冲击波"——简评1985年全国好新闻特等奖作品〈向袁庚同志进一言〉》,《新闻界》1986年第4期。

闻评论带来的生机和活力。

二、道路认同及社会效益显著,但宣传本位导致引导效果受限

纵观改革开放后十三年间新闻评论的发展历程,其引导舆论的功能得到了充分释放,舆论引导力的指导性和服务性显著增强。评论文体固有的理性精神和监督功能的回归,使得新闻评论对公众情感、意见和信念三个层面的作用力和影响力大大增强,在观点、价值观和政治文化等方面都获得了公众的高度认同,社会效益显著。但由于时代条件和认识水平的局限,新闻评论舆论引导力在引导效果上仍然存在着一些不足。

(一)引导力作用机制重建,增强公众对改革开放的道路认同

这一时期,新闻评论在解放思想、实事求是的思想路线指引下,服务社会主义现代化建设大局,产出了一批影响巨大、意义深远的作品,加之党报评论在思想战线及意识形态领域的权威地位,因此其舆论引导力具有高信度特征,思想性和理论性突出。许多优秀评论作品紧扣社会现实需求,选题贴近实际,围绕群众关心的问题科学论证,释疑解惑,积极引导,具有很强的现实针对性和工作指导性,重建了新闻评论引导力在公众情感、意见及信念层面的作用机制。

此外,这一时期新闻评论的理性精神和监督功能回归,使其获得了群众的信任和拥护,舆论引导力由此获得了坚实的民意基础。和"文化大革命"时期千篇一律的灌输说教以及媒体言辞语录化、绝对化的畸形风格相比,改革开放后的新闻评论在引导方法上发生了积极变化:平等交流的行文风格,贴近生活的选题立论,丰富多样的评论体裁,走上媒体的公众言论,以及对社会问题的监督批评,等等。这体现了评论者对受众的重视,对新闻传播规律的尊重,实现了邓小平"新闻宣传要力戒形式主义,讲求实际效果"[①]的要求。新闻评论重新找回了服务群众的精神,功能得到充分释放,在一定程度上提升了舆论引导力的强度,社会效益显著。

虽然拨乱反正时期国人思想尚处于较为封闭蒙昧的状态,新闻评论的质量也是良莠不齐,在一些重大问题上时有争议和反复,但在实事求是、推进改革、坚持社会主义道路这些根本问题上,大部分作品还是保持了正确的思想认识和前进方向,加之引导方法的改进完善,比较好地贯彻了"思想上的中心"及"社会效益首要论"

---

① 《邓小平文选》第 2 卷,北京:人民出版社,1994 年,第 150 页。

的要求,矫正了改革发展中的一些错误观念,有力地指导了工作和生活,赢得了人民群众对改革开放的道路及政治、文化认同,为社会主义现代化建设起到了保驾护航的作用。总体而言,新闻评论的舆论引导力得到了充分发挥,取得了显著效果。

(二)未脱舆论宣传固有框架,引导力效果受限

虽然这一时期新闻评论在引导舆论方面效果显著,为经济建设提供了良好的舆论环境,但从根本上说,这个时期党的舆论工作还处于以传者为中心的舆论宣传阶段,和新世纪后逐步成熟的受众本位的舆论引导思想和实践存在着很大差别。虽然新闻的舆论属性已得到确认,但当时的所谓"舆论"指的是阶级舆论,具体化为"党的主张";"舆论工具"主要强调的是"党的舆论工具",其任务是无条件地宣传党的路线方针政策,传播公众舆论并非其主要职责。[①] 因此,这一阶段新闻评论的舆论引导还处于传统的宣传本位阶段,存在着较多自上而下的灌输式宣传色彩。

如前所述,读者是新闻评论的第一因素,新闻评论必须重视读者,贴近实际。新闻评论对读者没有任何组织上的约束力,读者是否愿意阅读和接受评论的观点完全取决于其自身,一味说教、枯燥僵硬的文章是没有办法吸引读者的。新闻评论必须从选题、内容、文风和标题各个方面,考虑如何打开读者心扉,使读者受到触动,从而心悦诚服,接受传播者所要宣传的党的路线、方针、政策和各种政治观点。也唯有如此,新闻媒体才能履行好"党的喉舌"的职能和使命。

此外,虽然这一时期广播电视评论已经出现并有了一些发展,但承担主要宣传任务的仍然是各级党报,在各类重大问题的舆论引导上发挥着风向标式的关键作用,一元主体的传播力量略显单薄,表现形式也不够丰富。加之改革开放后媒体普遍开始重视信息传播功能,各类纯信息媒体及经济报道层出不穷,与之相比,优秀评论作品的数量明显不足,选题也偏重于政治、思想理论等传统型评论领域,更多强调的是宣传教育功能,时效性和互动性不强。因此,虽然改革开放给新闻评论带来了发展机遇和活力,新闻界自身也作了很多探索和努力,但囿于时代条件及认识水平的限制,新闻评论在选题丰富性、题材时效性和形式多样性方面还未臻完善,一定程度上影响了舆论引导力的效果实现。

虽然存在着一些不足,但总体而言,在中国社会施行改革开放、开启伟大历史

---

① 樊亚平、刘静:《舆论宣传·舆论导向·舆论引导——新时期中共新闻舆论思想的历史演进》,《兰州大学学报(社会科学版)》2011年第4期。

转折的关键时期,新闻评论发挥了巨大的舆论引导作用,屡屡在历史徘徊时刻解放思想,在发展重要关头指引方向,圆满完成了自身的历史使命,实现了舆论引导力的正向回归与功能拓展,为下一阶段市场经济体制下新闻评论黄金时期的到来打下了坚实基础,进行了很好的过渡和铺垫。

第三章　新闻评论舆论引导力的多元提升(1992—2012)

经历了改革开放初期的拨乱反正和重建探索,1992 年,我国社会迈入全面推进改革开放的新阶段。在这横跨世纪之交的二十年间,新闻事业繁荣发展,为中国特色社会主义事业建设发挥了巨大的思想保证和舆论支持作用。在此过程中,新闻评论坚持正确舆论导向,提高舆论引导能力,与时俱进,不断完善,实现了引导力的多元提升。

第一节　拓展中国特色社会主义道路时期的新闻评论

从 1992 年邓小平南方谈话及中共十四大确立社会主义市场经济体制目标,到 2012 年中共十八大召开的 20 年时间,是中国社会变革最剧烈、国家面貌发生巨大变化的时期:建立并完善社会主义市场经济体制,改革开放步入新阶段,拓展了中国特色社会主义道路,中国特色社会主义建设取得重大成就。这一时期,宣传思想战线和新闻舆论工作的主要任务是适应转型期中国社会发展变化,强化思想引领和文化建设功能,为社会主义市场经济体制改革和发展提供精神动力、思想保证、智力支持和文化环境。两任领导人江泽民、胡锦涛分别提出了舆论导向"福祸论"和舆论引导"利误论",为世纪之交的新闻舆论工作明确方向。在其指引下,新闻评论与时俱进,不断改革创新,呈现出花繁叶茂的繁荣景象。

一、引领思想、以人为本,为社会主义市场经济营造良好舆论环境

20 世纪 90 年代初,以邓小平南方谈话和中共十四大提出社会主义市场经济体制为标志,我国改革开放和现代化建设事业进入了一个新的发展阶段,各项事业全

面展开。虽然中间一度出现了经济过热、通货膨胀等问题,但经过中央宏观调控,国民经济成功实现了"软着陆":国有企业建立现代企业制度,改革金融、财税和社会保障制度,全方位对外开放,实施"科教兴国""西部大开发"战略,非公有制经济快速发展……一系列重大成就,推动我国实现了从"总体小康"迈向"全面小康"。①这一过程中,邓小平理论和"三个代表"先后成为党的指导思想,成为建设中国特色社会主义、加强执政党建设的强大理论武器。

随着改革开放走向深入,新的市场经济体制改革思路对原计划经济体制下所形成的传统价值观带来了很大冲击和影响,思想文化及意识形态领域的矛盾日益突出。在此形势下,开展新闻舆论工作的思路和做法也必须与时俱进,调整完善。江泽民在市场经济转轨、思想文化剧变的时代环境下,提出了以舆论导向为核心的系列论述,为新形势下党媒发挥舆论主阵地的作用指明了方向。

进入新世纪后,中央提出"全面建设小康社会"的目标,经济体制改革开始向纵深发展。随着振兴东北老工业基地、促进中部地区崛起、建设社会主义新农村、推进社会保障体系建设、加快以改善民生为重点的社会建设等重大举措的推进实施,市场经济体制不断完善,国力空前提升,但也出现了唯 GDP 论、公平正义缺失、环境恶化及社会风气不良等诸多问题,损害了人民群众的利益。在此背景下,胡锦涛提出了科学发展观和构建社会主义和谐社会的重要思想,其核心理念是"以人为本",显示了党对社会主义本质认识的深化。②

在全面深化改革开放的特殊时期,随着传播技术迅猛发展,舆论环境更加复杂而多变,基于不同利益诉求的群体间的价值观碰撞愈趋频繁,党的新闻舆论工作所面临的形势日益严峻。胡锦涛从全面建设小康社会的目标及内涵出发,以国家发展、凝聚民心为取向,提出了"提高舆论引导能力"的系列论断,为充分发挥新闻舆论在社会转型期的引领作用提供了理论指导。

1992 年到 2012 年的二十年间,是中国经济和社会发展取得重大成就的关键时期,也是经济转轨、社会转型的特殊时期。随着经济体制、社会结构、利益格局的深刻变革和调整,社会利益主体及价值取向呈现出多元化特征,人们思想活跃而多变,各类社会矛盾凸显,成为影响社会和谐稳定和经济社会发展的突出问题。这一

---

① 中华人民共和国国务院新闻办公室:《中国的全面小康》,《人民日报》2021 年 9 月 29 日,第 10 版。
② 王永章:《论科学发展观以人为本的核心立场》,《思想理论教育》2013 年第 13 期。

时期的中国社会呈现出战略机遇期与矛盾高发期并存的特征。① 在发展经济和做好监管调节的同时,如何有效化解社会矛盾,为经济社会发展创造稳定的环境,是需要认真研究和解决的重要课题。

顺应转型期中国社会发展变化的新形势要求,以及互联网技术影响下传播生态的深刻变革,这一时期宣传思想战线和新闻舆论工作的主要任务是坚持中国特色社会主义思想的正确引领,贯彻"以人为本"发展理念,为建立和完善社会主义市场经济体制营造良好的舆论环境,提供充分的理论支持。江泽民的舆论导向"福祸论"和胡锦涛的舆论引导"利误论",正是在这样的时代背景下所作出的深刻论断,是党的新闻舆论思想的重大发展,为做好包括新闻评论在内的新闻舆论工作、充分发挥宣传思想战线的舆论引导和保驾护航的作用指明了方向。

二、与时俱进,新闻评论花繁叶茂

1992 年到 2012 年的二十年,是中国社会和中国新闻事业机遇与挑战并存的历史时期。在社会主义市场经济环境中,新闻媒体的活力被充分激发,在内容生产、机制转换和市场运营等方面都取得了巨大成绩。在党的舆论导向"福祸论"、舆论引导"利误论"等理论的指引下,新闻评论顺应时代需求,不断拓展视野,深入变革,开发和完善功能、形态、话语方式和传播技巧,在组织、反映和引导舆论以及进行舆论监督的过程中,反映并推动着中国社会的进程,自身也在这一过程中不断发展和完善。

(一)传播系统扩充,丰富表达方式

随着 20 世纪 90 年代媒体开始市场化改革,新闻评论的载体从报刊评论一枝独秀,演化为广播、电视、网络评论并存共荣的局面。一大批新闻评论类广播电视栏目纷纷创办,中央电视台《焦点访谈》以及中央人民广播电台《新闻纵横》便是杰出代表。随着新世纪传播生态的深度剧变以及网络评论的兴起,新闻评论也发展成为一个横跨平面媒体、电子媒体及网络媒体,由各种传播符号构成,囊括不同类型的体裁与节目样式的复杂的传播系统。

在载体增加的同时,评论体裁也逐渐丰富,越来越多的事件性新闻成为评论的选题,时评和言论版蓬勃发展,影响较大的有《中国青年报》"冰点时评"栏目、《南方

---

① 金振吉:《转型期社会矛盾及其化解》,《社会科学战线》2011 年第 3 期。

都市报》和《新京报》的言论版。它们围绕着"占据舆论高地,为时局谏言,为民生代言"①的目标,常态化、规模化、体系化的针对新闻事件及公众话题发声。在其带动下,全国上百家都市报先后开设了言论版,推动了新闻评论的"时评化"转变。

广播、电视以及网络评论同样在进行着形态创新,焦点类新闻事件广播述评、直播互动谈话、电视述评、演播式访谈等新兴样式纷纷出现,其中,央视《焦点访谈》栏目的开设更是使电视新闻评论迈上了一个新台阶:凭借高质量的舆论监督类内容,以及"用事实说话"、以事实来评论的"述评"风格,《焦点访谈》充分发挥了电视媒介快捷、可视的特长,有效弥补了电视媒介的"深度"弱项,带动了全国范围的"电视评论热"。进入新世纪后,网站评论、论坛评论、新闻跟帖、博客及微博言论等新媒体评论形态大量涌现,其意见表达的广泛性、即时性与互动性特征,使其在反映舆论、形成舆论并影响事件进程和社会发展方面展现出越来越大的影响力。

(二)传播主体拓展,扩大意见来源

改革开放之前,中国新闻评论主要是由媒体评论和精英评论构成。20 世纪 80 年代初出现的专栏小言论,使得公众言论走上媒体,新闻评论传播主体的范围开始扩大。90 年代后时评以及报纸言论版的流行,为更多的普通人提供了表达看法的形式和空间。广播电视述评及深度报道类节目使普通公众有了更多的机会面对录音机、摄像机直接发表看法,演播室谈话类评论节目则让受众直接介入现场讨论与争鸣。互联网时代开放的言论表达空间和公共话语平台,使得意见表达的门槛大幅度降低,传统的"精英—草根"单向传播模式被"去中心化"的传播模式所取代,如尼古拉·尼葛洛庞帝所说:"数字化生存……让弱小孤寂者也能发出他们的声音。"②互联网的技术赋权,推动着新闻评论成为越来越多的公众行使其知情权与话语权的便捷方式和手段。

随着媒体的分众化与专业化以及社会生活的民主化,越来越多的专家、学者和社会精英人士走上前台,在媒体上开办个人专栏或担任节目嘉宾,对热点事件或社会问题做出专业性解读,提出专业性意见与建议,其依据自身专业背景所做出的判断与预测,成为指导普通大众、引领社会舆论最专业、最及时、最便利的意见性信息。

---

① 涂光晋:《搭建"意见平台"——我国报纸言论版的回顾与思考》,《国际新闻界》2007 年第 7 期。
② 〔美〕尼古拉·尼葛洛庞帝:《数字化生存》,胡泳、范海燕译,海口:海南出版社,1997 年,第 71 页。

(三)传播内容丰富,提升社会影响

进入 20 世纪 90 年代后,新闻评论的传播内容及范围更加丰富和细化,覆盖了社会生活多个领域。原来偏重政治思想领域、强调教化作用的宣传性论题,逐渐朝着关注经济、政治、文化、娱乐等多个方面,且注重问题探讨的论题演变;以服务为宗旨的实用型评论,以及轻松活泼、不拘一格的创新型评论不断涌现。新闻评论也开始朝着分众化、专业化的方向发展。越来越多的评论针对不同的受众,划分不同的领域,运用不同的专业知识,做出有针对性的专门解读,如财经评论、体育评论、娱乐评论、IT 评论等。越来越多的专业化评论满足了细分后的受众对意见性信息多样化、多层次的需求。

这一时期,由于时评的"公民写作"特征,以及报刊言论版的增多,新闻评论的重点也由社会类选题向事件类选题倾斜和转移,新闻评论和新闻报道的关联度日趋紧密。此外,在宽松的社会氛围下,新闻评论的选题也触及惩治腐败、信息公开、官员问责等较敏感的政治领域,虽然屡有起伏,但总的趋势是媒体针砭式评论的范围逐渐扩大,力度逐渐增强。而舆论监督力度的增强和由此带来的信息公开化程度的提高,又使新闻评论的言论空间进一步放宽。

(四)传播功能延伸,完善言论内涵

一是舆论监督功能进一步加强。这一时期,一批评论栏目、节目和文章以批评报道为特色,成为新闻媒体发挥舆论引导力、打造品牌影响力的重要手段。如在文风较自由的都市报时评版、以央视《焦点访谈》为代表的"焦点类"广播电视评论,以及新兴的网络言论中,新闻媒体的舆论监督功能都得到了充分体现:"孙志刚事件""繁峙矿难记者受贿事件""西安彩票案""嘉禾拆迁案""邓玉娇案""佘祥林'杀妻'案""华南虎照风波""躲猫猫事件"……一大批热点新闻事件中的新闻评论,对于社会舆论的形成和事件的正确处理,起到了积极的引导和促进作用。特别是在网络舆论监督兴起后,传统媒体的时评在新媒体平台上获得了大量线索,尤其是揭露性的调查报道等特殊社会议题,成为时评繁荣的基础。时评在思想上的专业性和深刻性对于社会精英尤其是治理者影响重大,推动了政府信息的开放和社会氛围的活跃。

二是对热点事件的深入解读功能进一步深化。在市场经济条件下,随着社会生活的日益复杂和社会分工的日益细化,人们对刚刚或正在发生的新闻事件,需要媒体为他们提供更全面、更深入、更专业的解读,而改革开放初期那种仅提供简单

的是非判断或价值判断的新闻评论，很难满足受众多方面、深层次的需求。而且，自我意识逐渐觉醒的受众已不满足于媒体直接提供结论，更希望媒体提供多种意见的参照，由自己得出结论。对他们来说，提出意见的依据、过程和思路，可能比意见本身更有用。因此，这一时期的新闻评论尤其是时评，特别重视对公众关注的热点事件进行及时报道和深入解读，试图以此影响社会进程、社会决策和行为。如《华西都市报》喊出"迈向主流媒体"的口号，《南方都市报》《新京报》重拳打造时评，追求社会责任感和舆论话语权，等等。①

三是情理结合及情感宣泄功能被重视。改革开放后新闻评论，更加重视言论的可读性和生动性，做到情理结合、情理交融，在哲理、情感和文采等多方面打动受众，这点在20世纪90年代广播电视评论兴起之后表现得尤为明显。此外，通过意见表达和情感宣泄，释放公众心中的积郁与不满，也是新闻评论功能的一种体现。网络时代的到来，使得传统新闻评论的表达功能和之前一直被控制的"减压阀"功能在新媒体平台上得到了充分拓展和释放。对于很多网民来说，说话的权利比说话的内容和方式更重要。

四是意见整合功能被充分发掘。随着报刊言论版的发展、各类网络论坛的开设、博客及微博的兴起以及广播电视谈话类评论节目的大量开办，直接代表媒体意见的评论比例呈下降趋势，新闻评论逐渐被视为一类"意见性信息"；媒体不仅发布自己的意见，也把更多的版面和时间留给社会大众，自己则更多地承担起"公众意见整合"的角色。新世纪后涌现的诸多网络热点事件，都经历了一个传统媒体和新媒体互设议程、网络率先爆料、传统媒体跟进引导的过程，直接影响着新闻事件的走向、相关政策法规的制定与修改，乃至社会发展的进程。在各类观点的交流和碰撞中，新闻评论的舆论集散与意见整合功能被愈加凸显出来。

第二节　新闻评论舆论引导力表现：
从正面宣传到注重实效

这一时期，随着新闻评论的蓬勃发展，其舆论引导也拥有了更加深厚的受众基础、更加丰富的内容资源和更加多样的实现途径，对其价值和方法的认识也进一步深化。在"坚持正确舆论导向"和"提升舆论引导能力"思想的指引下，新闻评论服

---

① 方汉奇主编：《中国新闻传播史》，北京：中国人民大学出版社，2002年，第324页。

务大局,与时俱进,以正面宣传和注重实效为基本任务,深度阐释政策和指导工作,及时回应社会热点和公众期待,在转型期社会的特殊形势下发挥了巨大的思想引领及舆情疏导的作用。

根据这一时期的时代特征和标志性成就、市场经济环境下新闻舆论工作面临的复杂形势和主要任务,以及新闻评论在贯彻舆论导向"福祸论"和舆论引导"利误论"思想中的作用体现等多种因素的综合考量和核心提炼,本书从弘扬主旋律、增强实效性及促进交流互动等方面梳理新闻评论在其中进行舆论引导的做法及表现,分析和探讨新闻评论舆论引导力的作用路径和发展规律。

一、弘扬主旋律,坚持正面宣传

"弘扬主旋律"是江泽民在提出"舆论导向"论断时着重强调的一个方法,在新闻舆论工作方面,主要体现为坚持以正面宣传为主,鼓舞和激励人民,服务于改革开放和现代化建设大局。

"正面宣传为主"是中国共产党指导新闻舆论工作的基本方针之一。2001 年江泽民在全国宣传部长会议上提出要"坚持团结稳定鼓劲、正面宣传为主的方针"[①],首次将"正面宣传为主"与"团结稳定鼓劲"联系起来,强调了"正面宣传为主"的重大意义。2008 年胡锦涛在视察人民日报社时再次重申这一方针,并要求"唱响主旋律,打好主动仗"[②]。两任领导人的论述,表明弘扬主旋律、坚持正面宣传是这一时期新闻工作包括新闻评论引导舆论的基本理念之一。

(一)明确加快改革开放、建立社会主义市场经济体制的方向

随着经济体制改革的深入和国内外形势的发展变化,人们迫切需要新的思想和科学理论的指导。这一时期,在关乎党和国家命运的重大问题上,如坚持和加快改革开放、国企改革、转变经济发展方式、推进社会和谐,以及一系列重大主题事件中,新闻评论始终烛照现实,反映和引导舆论,部分作品甚至成为那个时期的标志性符号。

1. 邓小平南方谈话与"猴年八评""八论敢闯"等评论

1991 年,邓小平在上海发表了有关解放思想、深化改革的谈话,围绕谈话精神,

---

① 《全国宣传部长会议在京召开　江泽民与出席会议同志座谈并作重要讲话》,《人民日报》2001 年 1 月 11 日,第 1 版。

② 胡锦涛:《在人民日报社考察工作时的讲话(2008 年 6 月 20 日)》,《中国新闻年鉴(2009)》,北京:中国新闻年鉴社,2009 年,第 2 页。

《解放日报》发表了四篇署名"皇甫平"的系列评论,在全国引发了强烈反响,使人们对当时姓"社"姓"资"话题的争论有了新的理解和认识。这也成为一年后邓小平南方谈话所引发的舆论热议的先声。

1992年1—2月间,邓小平视察了武昌、深圳、珠海、上海等地并发表重要谈话。3月26日,《深圳特区报》于头版头条刊登了通讯《东方风来满眼春——邓小平同志在深圳纪实》,披露了其南方谈话的部分重要内容,各地报刊纷纷转载,全国掀起了新一轮改革开放的热潮。而在这篇著名报道见报之前,自2月20日至3月6日的14天时间里,《深圳特区报》连续发表了8篇署名"本报编辑部"的评论,因统一冠以"猴年新春评论"的副题,被称为"猴年八评"。

《扭住中心不放》是"猴年八评"系列评论的开篇之作,文章以深圳改革开放的成就为论据,论证必须坚持"以经济建设为中心"的道理;第二、三、四篇《要搞快一点》《要敢闯》《多干实事》,都以深圳经验为样本,全面阐述了邓小平加快发展经济的思想,提倡敢闯敢干的改革精神。从第五篇评论开始,选题角度开始由立足本地转为放眼全国:《两只手都要硬》着重分析改革开放与打击各种犯罪活动的辩证关系;《共产党能消灭腐败》意在消除人们对共产党能否消除腐败的疑虑;《稳定是个大前提》从政治稳定谈到社会稳定及工作稳定,论证了稳定的重要性;而作为"猴年八评"收官之作的《我们只能走社会主义道路》,联系当时国内局势的重大变化,指出中国选择社会主义道路的必然性。

"猴年八评"中的很多观点是邓小平南方谈话的原话,作者在引用时加入了自己的分析,并结合深圳乃至全国的实际,使议论有的放矢,写法上也力求平易通俗。如第四篇评论《多干实事》讲的是"空谈误国,实干兴邦"的话题,开篇是一个湖北神农架在电线杆上装高音喇叭吓唬野猪,被识破后遭到拱倒的故事,以此讽刺那些讲空话、唱高调的人。故事生动,语言平实,显得可信、实在。

《深圳特区报》的"猴年八评"刚刚刊完,《深圳商报》紧跟着推出了自己的系列评论——"八论敢闯":《为进一步解放思想鸣炮》《快马再加鞭》《防右,更防"左"》《实事求是贵在"敢"》《敢用他山之石》《险处敢登攀》《胸怀大局才敢闯》和《借鉴香港互利共荣》,进一步分析和解释了邓小平南方谈话的精神。除了深圳两家报纸,《人民日报》在1992年2月24日也发表社论《改革的胆子再大一点》,对邓小平讲话精神作了准确、深刻、有力的分析和概括,指出"试验当然要争取成功,但也要允许失败","要支持、爱护那些致力于改革的创新者"。

图 3.1　《人民日报》社论《改革的胆子再大一点》
资料来源:《人民日报》1992 年 2 月 24 日第 1 版

邓小平南方谈话的报道和有关评论所造成的强大声势,彻底解放了人们的思想,消除了困惑,为持续多年的姓"资"姓"社"争论画上了一个完美的句号,为中国新一轮的改革开放带来了"春天的气息",也为当年党的十四大确立"社会主义市场经济"道路起到了舆论先导的作用。

2. 国企改革与《经济日报》系列评论

确立市场经济体制目标后,国企改革进入建立现代企业制度的新阶段。因为没有现成的模式和经验可供参考与借鉴,加上民营企业的成长、外资企业的进入,整个 20 世纪 90 年代国有企业一直在困境中寻觅,有关这方面的报道和评论也成为经济新闻的重头内容。

1993 年鸡年伊始,大型国有企业大连机床厂的总经济师、总设计师和总会计师助理,同时出走到一家人数不过百的村办乡镇企业工作,引发该厂近 50 名技术、经营骨干相继投奔而去,造成一方元气大伤、人心浮动,另一方红红火火、生机益然的态势。当时我国正处在由计划经济向市场经济转轨的关键时期,"三师出走"引发的"两机"风波,是两种体制和新旧观念的复杂矛盾与尖锐冲突的集中表现。《经济日报》敏锐地抓住这个新闻事件,推出"小机(鸡)斗大机(鸡)"的系列报道,并配发编后,引导读者思考。当各方意见和观点一一呈现之后,编辑部于 2 月 15 日发表评论《"两机"风波说明了什么?》,指出这场风波的必然性,提出了如何看待竞争、如何加快国有企业经营机制转变、如何建立社会主义市场经济新秩序等一系列问题,明确了这场有关国有体制改革大讨论的主要内容,调动读者进一步思考和参与。此后,1993 年 2—3 月间,《经济日报》先后发表了冯并的 3 篇评论:《论竞争》《论机制》和《论秩序》,分别从观念和资源配置的角度谈人才竞争和市场竞争,从经营、用人和分配机制的角度谈国有企业的体制改革,从人才、流通、投资和其他生产要素领域谈建立社会主义市场新秩序的必要性与迫切性。评论由观念谈到机制,由机制谈到体制;既强调竞争与改革的必然性,又强调法制经济的必要性。评论与新闻报道紧密配合,既源于报道又高于报道、既依托个别又指导一般,对国有企业改革起到了较好的引导作用。

20 世纪 90 年代中期以后,各地掀起了"合资热",由此带来了一系列新问题,不少新闻评论对此予以了密切关注。1995 年 12 月 31 日,北京电视台《今日话题》栏目播出《合资:引进来,更要利用好!》(第 6 届中国新闻奖二等奖作品),先将走上合资之路但严重亏损的北京啤酒厂和北京五星啤酒厂,与未合资却跃居全国第二大啤酒生产企业的燕京啤酒厂进行比较,再与合资成功的天津王朝葡萄酒集团进行比较,在反复对比之后,主持人指出:"面对目前追风逐潮的'合资风',我们不能盲目地为了合资而合资,而应做到真正利用外资发展民族工业和国有名牌。外国的先进技术和资金要积极稳妥地引进来,但更要利用好。现在到了该提高利用外资质量的时候了!"节目对国有企业是否要走以及如何走好"合资"之路作出了清醒判断和及时提醒。[1]

2000 年 11 月,辽宁省统计局发布消息,截至 2000 年 10 月底,该省 431 户国有大中型企业,实现利润 88 亿元,亏损面下降到 29%,提前两个月完成了国企三年改革与脱困的目标。对这一令人欢欣鼓舞的消息,辽宁电视台播出评论《莫把"脱困"当"脱险"》(第 11 届中国新闻奖一等奖作品),对脱困指标的内涵和数字背后的隐

---

[1] 涂光晋:《时代之"声"——新时期中国新闻评论研究》,北京:中国人民大学出版社,2011 年,第 74 页。

忧进行深入分析,指出其中"政策拉动起到了至关重要的作用",本省国有企业"还没有构筑起市场竞争中新的优势和强势",从市场经济发展的角度看并没有真正"脱险",强调"要对国企改革的长期性和艰巨性有一个清醒的认识,切勿求胜心切,把'脱困'当成一劳永逸的'脱险'"。评论触及了如何实事求是地看待国企改革三年脱困成果的重大问题,深具忧患意识;运用大量第一手的采访和资料,全面深刻地展示了国企脱困问题的长期性和复杂性,受到了社会各界的广泛好评。[1]

(二)阐释和倡导高质量的科学发展路径

进入新世纪后,为改变旧有的高投入、高消耗、高污染、低效率的发展方式,中央做出贯彻落实科学发展观、转变经济发展方式的重大决策。围绕这一主题,新闻评论从多个方面对此进行了阐释与倡导。

1. 环境保护与《治理好污水也是政绩》等评论

20世纪90年代后,国家开始重视环境保护问题,党的十六大报告明确提出"可持续发展"战略,将"生态环境得到改善"列为全面建设小康社会的目标之一;党的十七大正式提出"建设生态文明",做出战略部署,将"人与自然和谐相处""建设资源节约型、环境友好型社会"写入党纲。

沙尘暴极端天气是多年来困扰中国社会的重大环境问题。早在1996年6月8日,甘肃电视台就播出了一期评论节目——《沙尘暴的警告》(第7届中国新闻奖二等奖、中国广播电视新闻奖二等奖、甘肃省优秀电视节目一等奖作品),在细致描述沙尘暴骇人场景的同时,探讨了沙尘暴的生成机理,分析了它对人类生存的危害,探究了以甘肃河西走廊为代表的中国北方荒漠地区生态环境保护的出路,引人沉思,在全国范围内掀起了保护西北环境的热潮,为贯彻环境保护国策,改善西北地区的荒漠化做出了贡献。这是关于沙尘暴报道的开山之作,主题深刻,采访细致,充分运用了电视画面的形象优势,引起全社会的广泛关注。

2004年12月28日,浙江人民广播电台播出了录音述评节目《治理好污水也是政绩》(第15届中国新闻奖一等奖作品),从平阳县一年来由于投入大量资金治理乡镇制革业水污染,使其经济增长位居全省末位一事谈起,针对一些地方领导以破坏环境为代价求得经济高速增长的"政绩"问题,整合各方观点,包括时任浙江省委书记习近平的一段话:"发展是硬道理,乱发展没道理。进一步的发展不能再以

---

① 时统宇:《用忧患意识凸现评论的阳刚与大气——评〈莫把"脱困"当"脱险"〉》,《新闻实践》2001年第11期。

GDP论英雄，而应以科学发展观为指导……"①评论由平阳县付出的代价引申到浙江省GDP增长过程中付出的代价，得出了经济发展必须坚持"以人为本"，在科学发展观指导下树立正确的政绩观，促进经济社会协调发展的道理，观点深刻，发人深省。

2. 给高增长"降温"与《不是所有弯道都是超越好时机》等评论

2004年下半年，浙江省统计局出具了一份《浙江GDP增长过程中的代价分析》报告，指出改革开放25年来浙江经济在获得巨大增长的同时，耕地面积却大幅减少，能源消耗水平及废水、废气和固体废物的产生量均大幅提高。这一负效应数据引发了社会热议。2004年12月15日，《宁波日报》刊登评论《算一算GDP的代价》（第15届中国新闻奖二等奖作品），对此表示赞赏，"使我们看到GDP的另一面，在高增长中保持清醒的头脑"。文章指出资源的惊人消耗使可持续发展难以为继，"算一算GDP的代价……有利于贯彻以人为本的理念，创造幸福生活，推动科学发展观落到实处"，具有很强的警示和导向作用。

2008年国际金融危机后，很多地方政府将金融危机当作跨越发展、超越对手的良机，制定了以投资增长的方式实现"弯道超越"的发展战略。就在新闻媒体积极配合政府热情宣传之时，2009年4月13日《大众日报》发表孙秀岭的评论——《不是所有弯道都是超越好时机》（第20届中国新闻奖一等奖作品）。作者没有追逐时尚提法，而是在大量调研和走访的基础上进行了理性思考，发现"弯道超越"的口号虽然形象生动、振奋人心，但作为应对危机的发展方略却不够周全、科学，并对其进行了理性分析和探讨，引导人们尊重科学，尊重规律，避免非理性行为造成严重经济损失和重大生态后果，表现出了关键时刻媒体评论员该有的冷静和理性。文章"引导而不训导，深刻而不深奥，平和中蕴藏着理性的力量"，被多家新闻媒体和网站转载，被赞为"对完善应对危机策略具有重要建设性意见"。② 在各地投资热情高涨、一些地方政府急功近利的"高烧"时刻，应有这样的文章来降降温。第五届中国新闻奖暨长江韬奋奖高端研讨会将其作为优秀个案，提出做有思想内涵的记者不仅要有用脚"跑"新闻的精神，还要有用脑"写"新闻的追求，这样创作出的新闻评

---

① 李方存：《广播评论：以强烈的震撼力打动听众——〈治理好污水也是政绩〉采写经过》，《新闻战线》2005年第11期。

② 宋玉书：《引导而不训导 深刻而不深奥——中国新闻奖获奖新闻评论〈不是所有弯道都是好时机〉点评》，《记者摇篮》2011年第5期。

论才会有新意、有深度。

3. 全面、协调、可持续发展与相关评论

2005 年 2 月 8 日，《经济日报》发表题为《提高自主创新能力 推进经济结构调整》（第 16 届中国新闻奖特别奖作品）的编辑部文章，从科技强国、技术创新的角度论证了推进经济结构调整和增长方式转变的重要课题。文章指出，只有加快提高自主创新能力，积极推进经济结构的调整和增长方式的转变，才能彻底改变我国在国际竞争中的被动局面，获得经济长远发展的主动权。文章就如何切实提高自主创新能力提出了一些具体建议，立意高远，思想深刻，具有很强的前瞻性和指导性。

在 21 世纪进入第二个十年，中国现代化到了一个新的路口时，2010 年 3 月 1 日，《人民日报》刊登"任仲平"文章——《决定现代化命运的重大抉择——论加快经济发展方式转变》（第 21 届中国新闻奖一等奖作品），指出在现代化的"下半场"，如果保持原有发展方式不转变，未来 40 年我们将走上一条"风险之路""负重之路""低端之路""物本之路"。成功应对这个挑战，就能保持现代化的连续性；否则发展代价会越来越大、空间会越来越小、道路会越来越艰难。评论站在时代要求与现实忧患的宏观角度，总结历史发展的经验教训，以开阔的视野和充沛的感情对加快转变经济发展方式进行了论证和呼吁，指出这是决定中国现代化命运的重大抉择，具有极强的引导力与感染力。

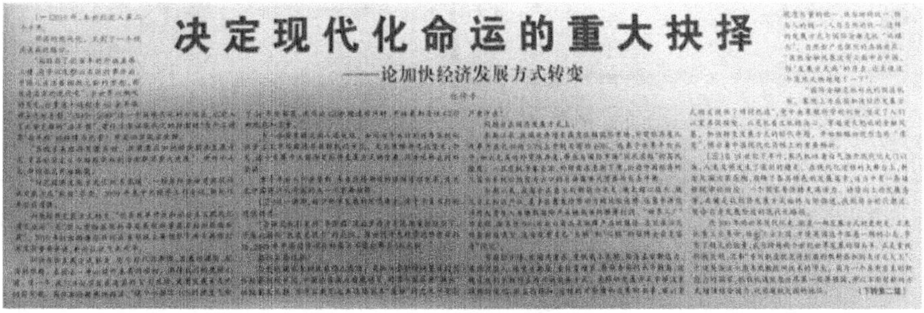

决定现代化命运的重大抉择
——论加快经济发展方式转变

图 3.2　《人民日报》"任仲平"文章《决定现代化命运的重大抉择——论加快经济发展方式转变》
资料来源：《人民日报》2010 年 3 月 1 日第 1 版

（三）呼吁和营造社会和谐、关怀弱势的舆论氛围

随着改革开放的深入，转型期的社会矛盾和问题也不断凸显出来，如公共服务的短缺，城乡差距、贫富差距、东西部差距的进一步拉大，以及社会管理的滞后等，中国经济社会发展进入了一个关键阶段。2004 年党的十六届四中全会完整提出

"构建社会主义和谐社会"的概念,为解决我国社会矛盾和现实问题指明了方向。各类媒体纷纷发表评论,对此做出分析和评价。

1. 社会和谐与相关评论

2004 年 12 月出版的《瞭望东方》周刊发表评论《2004 中国社会的新主题词:科学发展观 和谐社会》,指出"和谐社会理念的提出,代表着执政党对社会发展态势的适时把握"。文章认为:"和谐是一种气氛",应鼓励和尊重差异的合法存在;"和谐意味着秩序",应把冲突保持在"秩序"的范围以内;"和谐需要调节",应在公平和效率之间保持必要的平衡;"和谐蕴含着各种关系",最根本的在于人与人的和谐,正视和协调"官员与民众之间、城市社会与农村劳动者之间、先富人群与未富人群之间、社会管理者与一般社会成员之间"的不和谐因素。文章指出"和谐社会要扩大中等收入者阶层,但不能认为'中等收入'是进入社会议事程序的门槛,而应当使全体社会成员都能参与社会进程",思想深刻,观点犀利。此外,2005 年 1 月《中国新闻周刊》发表了党国英的一篇有关同一主题的评论《建立和谐社会表明中国政治家正视现实的勇气智慧》,对近几十年来中国社会的多元化进程进行了回顾,指出"多元化发展不会让中国人的天塌下来。相反,只有社会的多元化发展才能创造出和谐社会的基础。"

《人民日报》在 2005 年 5 月,连续发表了 4 篇同一主题的评论员文章:《准确把握和谐社会的科学内涵》(5 月 20 日)、《切实贯彻构建和谐社会的重要原则》(5 月 23 日)、《维护社会稳定构建和谐社会》(5 月 24 日)和《全面落实构建和谐社会的任务》(5 月 27 日),全面阐述了"构建和谐社会"的思想和目标。新华社记者刘水玉发表的"新华时评"《和谐社会从细微之处建起》(2005 年 5 月 24 日),从自己在广西桂林采访到的当地政府关心民生的具体事实入手,引用了时任桂林市市长王跃飞的话:"我们平时老讲 GDP 增长多少多少,如果老百姓连门前灯都不亮,又如何让老百姓感觉到实惠?我们经常说要为民办实事,如果连与老百姓生活息息相关的小街小巷都不平,又如何让老百姓真正体会党和政府的温暖?"就此点出"从细微之处着手建设和谐社会,有着非同寻常的现实意义"这一主题。

除理论阐述之外,结合典型事件和具体问题的媒体评论,同样是对"构建社会主义和谐社会"思想的传播与推进,且更有针对性。如 2005 年圆明园防渗工程引发了各界关注,不少评论从人与自然如何和谐相处的角度展开议论;围绕农民工王斌余因讨要工钱未果连伤四命的事件,不少评论从如何保障农民工的合法权益、消

图 3.3　《人民日报》评论员文章《准确把握和谐社会的科学内涵》
资料来源:《人民日报》2005 年 5 月 20 日第 1 版

除社会上的"仇富"心理等角度发表看法。2010 年浙江广播电台的评论节目《善待民工才能缓解民工荒》(第 21 届中国新闻奖一等奖作品),针对当时普遍存在的企业用工短缺现象,通过大量的调查走访,提出了"以人为本,善待民工,注重培养"的观点,为浙江乃至全国相关工作的决策提供了解决方案和措施建议。2011 年《新华日报》针对南京"天价路牌"事件,刊登了评论《城市管理亟待走出"整治思维"》(第 22 届中国新闻奖二等奖作品),指出城市管理者旧有的"整治思维"已难以适应当前的城市管理需要,需要尽快向尊重和倾听民意的"服务思维"转变,角度新颖,缘事而评,具有很强的启示性。

2. 关怀弱势群体与《倾听那些"沉没的声音"》等评论

进入新世纪后,由于经济社会快速发展和相关领域制度建设的相对滞后,弱势群体权利受到侵害而引发的社会矛盾和问题越来越多,成为影响社会稳定的重要因素。关怀弱势群体,保护其合法权益,有利于维护政治稳定、社会和谐,也有利于实现社会公平与正义。这一时期的新闻报道和新闻评论,在加强对弱势群体的权利保障、推进相关制度建设方面进行了积极的呼吁和探索。

2003 年 4 月 3 日《新华日报》刊登了王柏森的评论《善待百姓》(第 14 届中国新闻奖二等奖作品),以一位省委领导在参加人大讨论会时说的"老百姓是党的上帝,要把上帝服务好,善待百姓"一句话为主题,联系毛泽东西柏坡讲话中"两个务必"的告诫和胡锦涛西柏坡讲话中"权为民所用,情为民所系,利为民所谋"的要求,指出"善待百姓"既是各级领导干部的一种政治觉悟,也是一种人生领悟。文章指出,善待百姓必须坚持"普遍受益"的原则,"使广大社会成员都受益,而不是少数人或少数群体受益,当前要重点关心和保护弱势群体利益……特别是要善待农民,切实保障农民权益,千方百计提高农民的收入水平",具有很强的现实对应性。2010年浙江广播电台的《善待民工才能缓解民工荒》(第21届中国新闻奖一等奖作品)也延续了这一"以人为本"的思想,对民工这一弱势群体给予了特别关注。

2006年4月3日,湖南常宁一位村主任蒋时林将常宁市财政局告上了法庭,要求法院认定其超出年度预算购买两台小车的行为违法,将车辆收归国库,以维护纳税人的合法权益。《中国青年报》刊发评论《农民蒋时林起诉财政局唤醒纳税人权利意识》,对常宁财政局局长"如果每个人都起诉,那岂不是给购车的单位带来很多的麻烦",以及其质疑原告是农民,在农业税已经取消的情况下是否还具有纳税人资格的错误观点进行了批驳,强调人人都应该认真履行纳税人的民主监督权利,遏制国家机关的腐败现象。文章澄清了国人在税收问题上的模糊认识,强调了"宪法赋予一个公民的民主监督权利"。新华网、人民网、搜狐等网站转载了此文,在读者中和业界学界引发强烈反响,普及和推广了法律知识,对保障公民权利、促进民主监督起到了积极作用。①

2007年9月5日,《甘肃日报》刊登尚德琪的评论《始终想到"最低"处》(第18届中国新闻奖二等奖作品),以兰州市低保户苏延花在面对记者时说的"肉价涨了,低保金能不能涨一点呢?"这句话为由头,指出政府应主动承担责任,针对弱势群体采取"在尊重前提下的体恤,在体恤基础上的尊重"的政策。文章从"最低"处着手,向"最高"处眺望,把解决"民生问题"引向"和谐社会"建设,将"最低阶层"的生活和党的"最高利益"连接起来,充分表现了"让普通百姓和困难群体享受到政策阳光,享受到发展成果",以及关怀弱势群体要兼顾尊重和保障的主题。文章被《人民日报》转载,产生了强烈的社会反响。

关怀弱势群体,不仅包括保障其基本生活,还包括维护其合法权利。2011年5月26日,《人民日报》刊登评论部文章《倾听那些"沉没的声音"》(第22届中国新闻奖一等奖作品),指出"维护弱势人群的表达权"是"维护弱势人群实际权利"的前提,"倾听沉没的声音"是社会管理者最应该关注和回应的问题,不要把互联网的喧嚣和各种声轨的汇集错误地当作"所有的声音"。文章聚集社会转型期没有受到应

---

① 王润泽主编:《中国百年新闻经典·评论卷》,北京:人民出版社,2016年,第307页。

有关注的弱势人群的利益诉求,对互联网时代下舆情动态和信访情况有着清醒判断,引发了巨大的社会反响,"沉没的声音"成为舆论热词,很多媒体和平台跟进评论,有的刊物甚至 2013 年还在转载①,充分说明了《人民日报》的权威性及此文的广泛影响。

图3.4　《人民日报》评论部文章《倾听那些"沉没的声音"》
资料来源:《人民日报》2011 年 5 月 26 日第 14 版

（四）在重大主题事件中发挥鼓舞和引领作用

世纪之交,中国社会变动日益剧烈,重大新闻事件层出不穷。对其进行深入解读,传达党和政府的政策、精神,为公众指引方向、释疑解惑,服务于国家中心大局,是这一时期的新闻评论尤其是时评的重要任务,也是社会发展对新闻评论的期待。面向新闻事件特别是重大突发事件与公共危机事件的新闻评论数量越来越多,而且与事件进程保持同步。

1. 香港回归与相关新闻评论

对中国来说,1997 年最大的事件是香港回归。对中国媒体来说,1997 年最大的挑战和竞争是有关香港回归的报道。各类媒体全力投入报道:中央电视台进行了 72 小时直播报道;凤凰卫视中文台推出了《48 小时播不停》;中央人民广播电台播出了《百年长梦今宵圆》大型直播节目;各大报纸纷纷发表社论、专栏评论等各类评论文章。而《人民日报》7 月 1 日社论《中华民族的百年盛事——热烈庆祝香港回

---

①　刘建华主编:《获奖评论赏析》,北京:人民日报出版社,2020 年,第 101 页。

归祖国》(第8届中国新闻奖一等奖作品)就是其中的杰出代表。

文章由李德民、米博华执笔,采用社论少有的抒情笔法,通篇洋溢着强烈的爱国主义情感。评论开头如下:"一九九七年七月一日零点,全世界都在谛听从东方响起的庄严钟声。它响彻寰宇,向五洲四海郑重宣告:中华人民共和国政府恢复对香港行使主权的时刻到来了! 中华民族洗雪百年耻辱、扬眉吐气的时刻到来了!"在回顾中国人民走过的一个多世纪不平凡的道路时,文章连用了3个排比句"为了这一天……",从鸦片战争后100年间中华儿女不屈不挠的斗争,到新中国成立后第一代领导人的努力,再到"一国两制"与"港人治港"的伟大创造,对这段历史予以凝练的概括与评价。评论缅怀了"一国两制"构想的提出者邓小平,指出香港特别行政区基本法在保持香港稳定繁荣中的作用,满怀信心地预言"中国的明天会更好"①。文章立意深远,感情充沛,结构严谨,语言精美,是一篇思想性、艺术性俱佳的政论作品,获得了社会各界的一致赞誉。

同一天《福建日报》社论《察潮流 顺民心 天下定——为庆祝党的76诞辰和97香港回归而作》(第8届中国新闻奖一等奖作品),将香港回归与"七一"建党日以及即将召开的党的十五大三件大事结合在一起,指出这一"巧合"实际上是"历史发展的必然结果","集中反映了中国人民收回香港的迫切愿望和坚强决心,体现了党和国家领导人知民心、察民情、洞悉世界大势的政治智慧"。文章角度和风格与众不同,中国新闻奖评委会评价其"技高一筹,文采风流"②。《经济日报》则以"赋"的形式发表了一篇别具一格的社论——《回归赋》(第8届中国新闻奖二等奖作品),完全采用散文的笔调,抚今追昔,以两个对偶句开头:"今日何日? 百年梦圆日。今夕何夕? 神州不眠夜。"让人耳目一新。全文诗词歌赋般简短的句式,读来朗朗上口,具有很强的生动性和感染力。

而《人民日报》"今日谈"专栏,在国人兴奋尚未平复之际,于7月9日刊出一篇小言论《"国耻馆"断想》,指出"国耻洗雪了,却不能忘记国耻,不能从此把国耻抛到九霄云外",继而提出可以在历史纪念馆中单列"国耻陈列室""不平等条约陈列室"的建议。角度新巧,在洗雪耻辱时提出铭记耻辱,在告别历史时提议展示历史,把"洗雪国耻"的昂奋和"勿忘国耻"的号召,转化为"以耻入馆、以耻铸碑"的设想和建

---

① 李德民、米博华:《一腔豪情写回归——〈中华民族的百年盛事〉创作体会》,《写作》1999年第3期。
② 颜振育:《立足大事 深化主题》,《中国新闻奖作品选(1997年·第八届)》,北京:新华出版社,1999年,第53页。

议。全文慷慨激昂,结尾隐含着深沉与悲壮:"我们有成千上万座纪念场所,展示我们的成就和荣誉,如果有一座国耻馆拔地而起,集中展示我们所遭受的凌辱,于一片辉煌中,也能看到历史的阴影,知道我们曾经挨打,曾经有过坎坷和曲折,以激励后人的崛起之志,岂不更加气壮山河!"

纵观各媒体在香港回归期间推出的评论,与其他庆典类活动中的评论有较大的不同,更追求情感的充沛、写法的创新和文风的多样,因而也显得别有特色。各类评论对激发国人的爱国热情,继续投入到民族复兴的伟大事业中来,也起到了巨大的鼓舞和引导作用。

2. 1998 年抗洪中的新闻评论

1998 年夏,我国长江流域出现了百年一遇的特大洪水,造成了重大损失。在抗洪斗争中,大量来自救灾一线的报道和相关评论频繁见诸报刊和广播电视,其中《人民日报》的抗洪系列评论尤为引人注目。

早在 7 月 7 日,《人民日报》就刊登了第一篇评论员文章《众志成城战洪灾》,提醒人们我国将进入主汛期。8 月 1 日建军节之际,该报又发表了评论《向英雄的人民子弟兵致敬》,向抗洪一线的战士表示崇高的敬意。在防洪形势日趋严峻的八九月间,报社以每天一篇的频率,连续一个月发表有关抗洪救灾的本报评论员文章。第一篇文章《当前头等大事》(第 9 届中国新闻奖特别奖作品)第一段开门见山:"当前,长江防汛形势十分严峻,中央要求要把长江抗洪抢险工作作为当前头等大事,全力以赴抓好。要坚决严防死守,确保长江大堤的安全,不能有丝毫松懈和动摇。"传达了党中央对长江汛情的高度关注和抗洪救灾的坚定决心。此后又连发 30 篇评论员文章,或分析严峻汛情,或鼓舞抗洪士气,或动员支援灾区,或表彰抗洪子弟兵,或肯定一线记者,或提醒灾后防疫,或关注灾区教育……每篇均为 600 字左右。在该报历史上,以如此短的篇幅,每天不间断地围绕同一主题长时间持续发表评论的做法此前几乎未曾有过。①

此外,围绕抗洪救灾,《人民日报》还先后发表了 1 篇"任仲平"文章、3 篇社论、17 篇《人民论坛》专栏评论和 7 篇《今日谈》小言论。9 月 17 日的"任仲平"文章《论九八抗洪精神》,介绍了江泽民对"九八抗洪精神"的归纳:"万众一心、众志成城""不怕困难、顽强拼搏""坚韧不拔、敢于胜利"。《人民论坛》和《今日谈》的评论立论

---

① 涂光晋:《时代之"声"——新时期中国新闻评论研究》,北京:中国人民大学出版社,2011 年,第86 页。

角度更小、观点更为多样。《人民论坛》除正面弘扬抗洪精神的评论外,还有一些深度思考和提议建言:如《"蚁穴溃堤"说防洪》(1998年9月9日),从洪灾中"蚁穴溃堤"的突出现象出发,议论如何及时堵塞漏洞,建立高效的防洪安全保障体系;《欠债与还债》(1998年9月18日)从林业工人马永顺老人的"欠债意识"与"还债行动",分析我国自然资源被破坏与洪灾发生的必然联系;《艺术家的责任》(1998年10月12日)谴责了赈灾义演活动中一些明星对邀请漠然视之、百般推托的行为。《今日谈》的《多建坝 少建碑》(1998年9月24日),在肯定建设坚固防洪堤坝做法的同时,对准备破土动工兴建"防洪纪念碑"的做法提出异议;《报灾要实》(1998年10月2日)批评了一些地方多报受灾损失从而多得救济的做法。多角度的专栏评论与社论、评论员文章互相配合,形成体裁、范围与视角的互补,在鼓舞人们抗洪士气、弘扬抗洪精神的同时,提醒人们汲取洪灾教训,及时调整相关政策与做法,取得了良好的舆论引导效果。

此外,中央电视台《焦点访谈》、北京电视台《今日话题》、黑龙江电视台《今日话题》等电视评论栏目都推出了系列节目,记录抗洪过程,歌颂抗洪事迹,思考这场大水背后深刻的教训。其中北京电视台于9月9日至18日又推出10集系列节目《抗洪壮歌》,包括《百年不遇》《九江降魔》《保卫荆江》《洞庭战歌》《松嫩击水》《定水神针》《钢铁长城》《百姓情怀》《血浓于水》和《世纪史诗》,大量运用现场报道和适时点评,在具有强烈的现场感的同时,也进行了一些深入分析,情理交融,发人深省。

3."非典"时期的新闻评论

如果要给2003年的中国选一个代表性词汇,那一定是——非典型肺炎("非典")。在这场重大公共卫生危机事件中,中国社会经受了严峻考验,而新闻媒体和新闻评论的表现尤其令人印象深刻。

2003年4月14日,《人民日报》发表评论员文章《把保护人民群众身体健康和生命安全放在第一位》,介绍了前一天国务院"非典"防治工作会议的精神;4月22日又发表评论员文章《当前的一项重大任务》,明确提出"要充分认识做好非典型肺炎防治工作的极端重要性",传达了党中央"沉着应对、措施果断,依靠科学、有效防治,加强合作、完善机制"的总体要求。此后,该报连续发表多篇评论员文章,如4月24日的《奉献者的激情》评论的是川藏公路雀儿山道班陈德华的事迹,赞扬了其无私奉献的精神和坚守岗位、尽职尽责的工作态度;4月26日的《众志成城 战胜疫病》评论的是在工作中不幸殉职的中山大学附属第三医院邓练贤大夫,号召人们学习其坚强的精神意志品格。而两篇“任仲平”文章更是将《人民日报》关于“非典”的宣传报道推向了高潮。

2003年5月15日,《人民日报》发表“任仲平”文章《筑起我们新的长城——论抗击非典的伟大精神》(第14届中国新闻奖一等奖作品),满怀激情地讴歌了在抗击“非典”斗争中形成的“万众一心、众志成城,团结互助、和衷共济,迎难而上、敢于胜利”的二十四字伟大精神,指出这是对民族精神的继承和创新,展示了中国人民战胜“非典”的坚定信心。该文在社会上引起了强烈反响,各界给予高度评价。胡锦涛也批示给予表扬:“观点鲜明,论述透彻,文字清新,体现了《人民日报》在政论方面的优势。”[①]在防治工作取得明显成效时,6月18日《人民日报》再次发表“任仲平”文章《夺取双胜利 关键在落实》,指出要贯彻中央“一手抓防治‘非典’、一手抓经济建设,夺取防治‘非典’和经济建设的双胜利”重大决策,最根本的问题在于“抓落实”。这篇文章与《人民日报》的另一篇评论员文章《一手抓防治非典 一手抓经济建设》(2003年5月8日)一起,使得“万众一心抗非典,迎难而上求发展”成为响彻全国的口号,为疫情后期社会经济发展和人们生活恢复正常起到了突出的舆论导向作用。

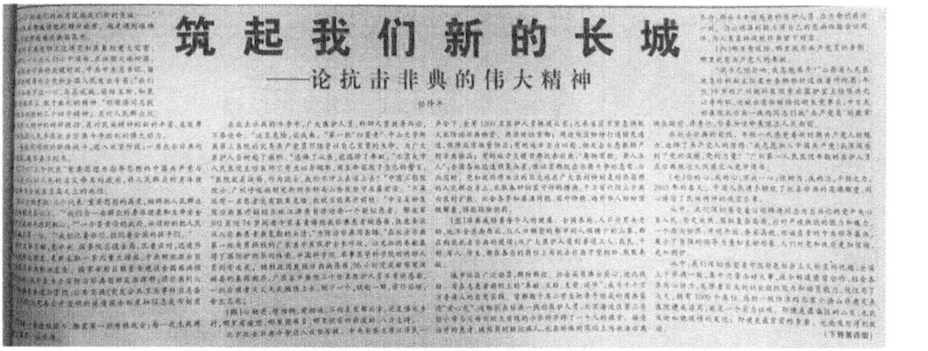
筑起我们新的长城
——论抗击非典的伟大精神

图3.5　《人民日报》“任仲平”文章《筑起我们新的长城——论抗击非典的伟大精神》

资料来源:《人民日报》2003年5月15日第1版

在抗击“非典”的报道和评论中,新改版不久的中央电视台《面对面》栏目推出的系列节目“抗击非典大型人物系列访谈”,以特有的新闻敏感和直观的电视语言,吸引了全国观众的视线,满足了受众对“非典”信息的迫切需求。采访对象包括中

① 刘保全:《观点鲜明 论述透彻 文字清新——评第十四届中国新闻奖言论一等奖〈筑起我们新的长城——论抗击非典的伟大精神〉》,《新闻战线》2005年第1期。

国疾病预防控制中心主任李立明、广东省防治"非典"医疗救护专家指导小组组长钟南山、时任北京市代市长王岐山、香港特别行政区卫生署署长陈冯富珍、北京大学附属人民医院院长吕厚山等。各类媒体还对疫情中凸显的中国人在卫生习惯方面的陋习进行了集中报道和深刻反思。央视《焦点访谈》在5月至7月间,连续制作多期《向陋习宣战》的系列节目,如《小习惯 大危害》批评了随地吐痰、随地大小便等行为;《不干不净 吃了有病》批评了饮食卫生方面存在的问题;《危险的垃圾》批评了乱扔垃圾等不良的卫生习惯。在北京疫情逐步得到控制之后,各种陋习又悄悄反弹,《北京青年报》发表社评《什么样的反弹最可怕》(2003年6月14日),提醒人们不能"好了伤疤忘了疼",指出"革除生活弊端的努力决不能停滞,我们还需要一场深刻的卫生启蒙运动"。

在疫情形势渐趋稳定,政府和公众开始反思事件起因和责任。2003年6月17日《法律与生活》杂志刊登了肖山的文章《警惕为失职官员"翻案"》,指出在疫情期间,全国处分了近1000名各级官员,"正是由于卫生部部长和北京市市长两位高官的去职,各级官员猛然意识到,对疫情的不负责任,是可以被撤职甚至得到更重处分的。对疫情的重视,实则是对民众权利的尊重,这个简单得不能再简单的道理,此前曾被各级官员长期有意无意地忽略,恰恰是'非典'和高官的去职,让无数官僚重新认识这个道理"。文章特别提醒道:"这次疫情中许多官员的去职,应当成为中国政治生活中官员切实负责的契机。现在悄然而至的'翻案'呼声,似乎有扼杀这个契机的嫌疑。这,就是我们需要警惕的地方。"

疫情也使人们开始反思人与自然的关系问题。在6月5日"世界环境日"到来的前一天,新华社发表时评《非典:敲响环保警钟 人类自食其果》,认为虽然SARS病毒来自野生动物的说法至今未得到证实,但一些人对待野生动物的态度和对自然界肆意践踏的行为必须彻底改变,提出人类应"在行为方式上有所收敛……让野生动物远离我们的餐桌,给野生动物更多的自由生存空间,让家养的动物重返大自然等"。6月25日,在世界卫生组织宣布对北京"双解除"的第二天,《北京青年报》"今日社评"发表张天蔚的评论《挥别非典阴影 重建社会生活》,特别提醒有关领导和广大公众:"在中国这样一个人口众多、经济实力不足的社会中,建立一个完整、高效的公共卫生体系,更是一项牵扯到观念、技术、经济、政治等诸多问题的庞大工程,需要更大的决心和更长久的努力。因此,今天的胜利不仅仅是终结,更是新的开始。"

回顾"非典"期间的新闻评论,在评论的时效、观点的多元和议论的深度上有了新的推进,一些评论对防治"非典"过程中暴露出来的政府信息公开及施政方式、公民知情权的保障、社会公共危机应急系统的建立等涉及机制乃至体制层面的问题,予以了较为全面的关照和深层次的追问与探讨,指导性得到了充分发挥。事实证明,"非典"时期及之后包括新闻发言人制度在内的政府信息公开制度的推行,使中国社会向着更加民主、开放的方向迈进了一大步。

4. 汶川地震中的新闻评论

2008 年 5 月 12 日,我国四川汶川地区发生里氏 8.0 级特大地震,山河崩裂,举世震惊。媒体关于地震的新闻报道数不胜数,涌现了很多有影响的新闻评论。

在长达两个多月的时间里,关于地震的评论几乎占据了《人民日报》所有的言论版面。地震发生当晚,编辑部就赶出了人民时评《灾难中凝聚沉着的力量》,是地震后第一时间的言论。此后,报纸围绕抗震救灾最新进展,每天一篇评论员文章,一篇"人民时评",一篇"人民论坛",从党和政府的关怀、举国生死大救援、人民子弟兵雷霆出击、志愿者精神各个角度展现这场大灾难中的大营救,大救援中的大团结。此外,《人民日报》还将抗震救灾与社会和谐两个主题相联结,保证了舆论引导的人文关怀和宏观视野,如在抗震救灾初期一再强调将"救人"放在第一位;在人称运用上使用"我们",以表达和受灾群众感同身受的立场;突出正面宣传,歌颂抗震救灾中的伟大精神和英雄人物。

2008 年 6 月 2 日,《人民日报》发表"任仲平"文章《灾难中挺立伟大的中国——写在中国人民抗击四川汶川大地震之际》(第 19 届中国新闻奖一等奖作品),围绕自强不息的民族精神和以人为本的执政理念两条主线,全面、及时总结了抗震救灾中凸现出来的中国速度、中国力量和中国精神,并从现代文明国家的标准、政党政治伦理的角度,论述了党和国家对生命权、人权的尊重和保护。文章被时任政治局常委李长春称赞为"恢宏大气"[①],并建议全国党报转发,取得了很好的舆论引导效果。上千万读者阅读了文章,给予了高度称赞和期许。

2008 年 5 月 13 日,《四川日报》发表评论员文章《万众一心 众志成城 战胜特大地震灾害》(第 19 届中国新闻奖一等奖作品),以简短平实的语言,将地震初期紧急救援所需的精神力量、后期恢复重建对口援建的制度设计等作了前瞻性的发动,并

---

① 卢新宁、范正伟:《在寻找"最大公约数"中形成共识——参与写作〈灾难中挺立伟大的中国〉的体会》,《青年记者》2009 年第 34 期。

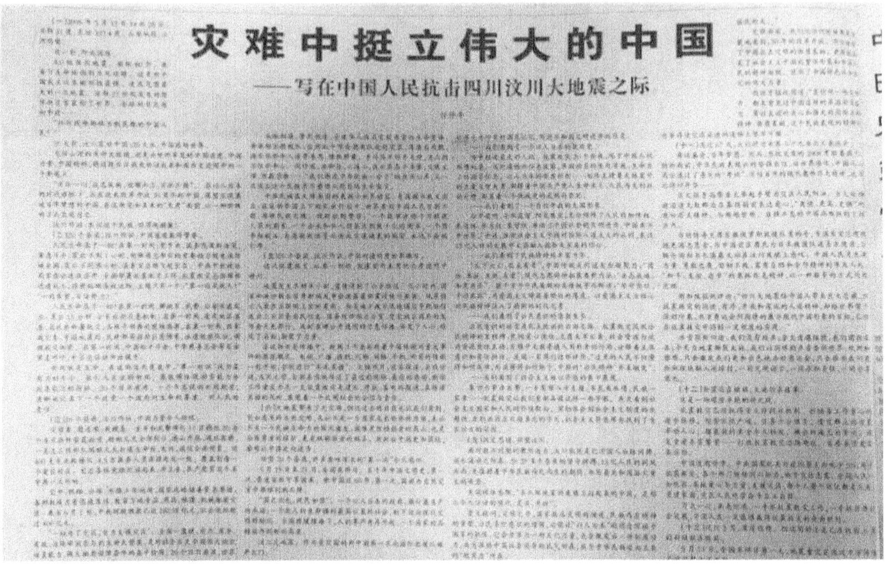

灾难中挺立伟大的中国

——写在中国人民抗击四川汶川大地震之际

图 3.6 《人民日报》“任仲平”文章《灾难中挺立伟大的中国
——写在中国人民抗击四川汶川大地震之际》

资料来源:《人民日报》2008 年 6 月 2 日第 2 版

以唐山、松潘在大地震发生 30 多年后“重获新生”为例,鼓舞灾区人民自救、自强。这是地震发生后全国党报刊发的第一篇评论员文章①,在危难时刻发挥了重要的舆论导向作用。在获得 2008 年度中国新闻奖的 31 篇评论文章中,与汶川地震有关的共 5 篇,另外三篇是《河北日报》署名评论《今天,让我们体悟生命的尊严》、《中国青年报》网评《建议为地震遇难者设立哀悼日》和中安在线的《伟大中华民族在灾难中复兴》。相同选题在同一届评奖中同时获奖,这是较为罕见的,体现了国家和新闻界对灾区人民的关注和重视。

在汶川地震中,电视新闻评论也表现不俗。以央视为代表的电视媒体,将新闻报道与新闻评论穿插结合,以直观的画面与深刻的见解,全方位、多角度地反映地震最新情况;在地震发生的前、中、后期,通过不同形式的评论节目,及时答疑解惑,抚慰灾区民众。如在地震发生初期,央视采取直播方式,将诸多资讯内容进行有机串联,主持人或者特邀评论员在演播室内根据记者的现场采访进行相应评论,如《今日关注》“遭遇地震,如何自救和互救”“救援分几个阶段”,《对话》“地震能预测

① 刘保全:《群策群力,现场采写出佳篇》,《新闻与写作》2010 年第 6 期。

吗"等科普评论,以及《今日关注》"灾后第五天,一个都不放弃",《焦点访谈》"救灾,十万火急""生命大营救""白衣天使在前线""救助点一夜""为了生命绝不放弃"等专题性内容;在灾难中期,邀请各方面专家进行谈话式评论,如《今日关注》"灾后心理干预,驱散心理余震",《焦点访谈》"大灾之后防大疫""抢建过渡安置房",《实话实说》"温暖心灵的瞬间",《小崔说事》"我们在一起",《面对面》"卫生应急"等介绍救灾知识的评论节目;在灾后重建阶段,采用电视述评和论坛访问的形式,对灾难事件及措施效果进行系统总结和调查反馈,如《焦点访谈》"重建心灵家园""图书送到灾区来""民营企业的努力",《新闻调查》"成都:亲历 5·12"、"汶川:重建的选择",《我们》"地震之后我们该做些什么""地震中的孩子们——生命的礼赞",《实话实说》"北川汉子""我志愿",《新闻会客厅》"从容应对地震活跃期""灾区来的讲解员""铭记系列片"等,一系列节目有效杜绝了谣言、流言的传播,避免了社会恐慌,激发了人民抗震救灾的热情,为科学救灾、全民救灾起到了良好的舆论引导作用。

　　值得一提的是,在地震报道中,央视评论还充分发挥了舆论监督的作用。如《焦点访谈》"让救灾款物在阳光下运行""依法稳定灾区物价"等节目对侵吞救灾物资、随意哄抬物价等恶劣行为进行了揭露和痛斥。《焦点访谈》"特殊高考",《新闻1+1》"震后观察:巨灾损失谁买单""规划:为生命买单""审计:让爱心善始善终""安置:细节就是责任""地震灾区进入主汛期",《东方时空》"汶川学生大转移""关注灾区失踪人口统计""灾区迎来第一个冬天"等节目,对灾后重建过程中所涉及的或可能出现的问题进行了调查报道和研究分析。这些节目有力监督了政府行为,保证了重建过程的科学和清廉;保护了民众的知情权,以及灾区人民的基本权益。

　　网络评论在汶川地震报道中占据了重要地位。很多热门事件的讨论都从网络发起,如"范跑跑事件""敬礼娃娃""可乐男孩"等。一般来说,网络言论缺乏理性,易于偏激,但地震期间,几乎所有网友都展现出善良、识大体的一面,呼吁捐款捐物,充当志愿者等。在搜狐网的四川地震图片"感动瞬间"栏目,截止到 2008 年 6 月 17 日,网友的原创评论达 42380 条。在搜狐新闻《四川发生 8.0 级地震 全国大部分地区出现震感》的新闻后,网友的原创评论更是多达 864759 条。[①] 在语言风格方面,网络新闻评论的文风更贴近普通受众,大部分评论具有人文关怀精神,对于某些具体事件则存在着不同意见和声音。比如引发舆论热议的"范跑跑事件",在新

---

① 赵海奇:《汶川地震报道中网络新闻评论的类型、文风分析》,《新闻世界》2009 年第 2 期。

华网的数十篇专门评论中,有痛斥其行为的,也有为其辩护的,针对事情本身进行有理有节的讨论和说明,引出自由言论、理性思考的观点,显示出官方媒体的严谨和稳重。而在天涯论坛,相关评论则对立明显,新浪、搜狐、网易、猫扑等论坛的网友评论大部分也以愤怒的声讨和争吵为主,情感宣泄远多于理性探讨,显示了网络新闻评论个性化、极端化的特征。

二、增强实效性,指导和推动问题解决

江泽民、胡锦涛都十分重视舆论引导的方法和效果。江泽民指出要"讲求宣传艺术,提高引导水平,努力使宣传报道更加贴近生活、贴近读者"[①];胡锦涛强调"增强舆论引导的针对性和实效性""按照新闻传播规律办事,创新观念、内容、形式、方法、手段"。[②] 这些论述蕴含着对受众主体性的尊重,是新闻评论充分发挥影响力,指导和解决现实问题的重要指针。

(一)关注重大问题,及时警醒和指导

1. 宏观调控与《开发热的冷思考》等评论

中共十四大之后,我国经济建设出现了蓬勃发展的势头,但也出现了盲目扩张投资、竞相攀比速度的问题,经济生活出现过热苗头,金融秩序混乱,物价大幅上涨,交通和能源供给严重短缺。严峻形势下,中央从 1993 到 1996 年实行以抑制通货膨胀为主要任务的宏观调控,对经济运行和市场秩序进行整顿。在此过程中,一批优秀的新闻评论起到了很好的宣传政策、释疑解惑的作用,为宏观调控有效引导了社会舆论,营造了良好的舆论环境。

1992 年,中国出现了"开发热",各地大量举债,招商引资兴办开发区,但一些地区因为资金和盲目上马等原因难以为继,银行出现了大量呆账、坏账。1993 年 1 月 2 日,《湖南日报》刊登廖志坤、李屏南的评论《开发热的冷思考》(全国省区党报好评论一等奖、湖南省报纸系统好评论一等奖作品),中肯地指出开发中存在的问题,提出了"任何事物都有'度',办开发区也不例外"的建议。文章直面现实,立意高远,在全国群情振奋、一片叫好的开发热潮中提出了"冷"思考,具有极大的勇气和责任感,在领导干部和读者中产生了较大反响。

---

① 《中国新闻年鉴(1997)》,北京:中国新闻年鉴杂志社,1997 年,卷前 4 页。
② 胡锦涛:《在人民日报社考察工作时的讲话(2008 年 6 月 20 日)》,《中国新闻年鉴(2009)》,北京:中国新闻年鉴社,2009 年,第 3 页。

在宏观调控过程中,理论界和经济工作部门对在社会主义市场经济体制下,是否需要加强国家干预和整顿的问题存在着分歧,宏观调控政策在实际执行过程中遇到了阻力。为了冲破阻力,1993年7月5日,国务院召开了全国金融工作会议,明确国民经济要进行结构调整,制止盲目投资,集中资金保证重点。为贯彻会议精神和统一思想,《经济日报》发表评论员文章《为什么要整顿金融秩序》(第4届中国新闻奖一等奖作品),针对以金融手段加强宏观调控的问题,将金融运转比喻为人体的血液循环,一旦失常不畅,经济将难以稳定,形象而生动地将专业问题通俗化表达,取得了很好的社会效果。

图3.7　《经济日报》评论员文章《为什么要整顿金融秩序》
资料来源:《经济日报》1993年7月16日第1版

在宏观调控取得了突出成效,国民经济成功实现"软着陆"之时,《人民日报》于1996年12月6日发表评论员文章《了不起的"软着陆"》,回顾和总结了实现"软着陆"的成功经验,指出关键在于党中央、国务院驾驭宏观经济全局的科学决策能力和高超领导艺术,并提出了今后工作的目标,提醒人们不能盲目乐观,要"珍惜和巩固宏观调控的成果,把宏观调控与微观搞活更好地结合起来,积极促进经济适度快速增长"。

2. 探讨和反思重大安全事故及相关评论

进入新世纪后,由于管理漏洞、官商勾结、利益驱动等原因,重大安全事故频发,给人民群众的生命财产造成了严重损失,有关新闻频繁出现于媒体及网络平台,成为人们关注的焦点。针对重大安全事故的新闻评论,不仅数量越来越多,议论的广度、深度与尖锐程度也不断扩展或增强。

2001 年 7 月 17 日,广西南丹发生特大透水事故,81 名矿工遇难。矿主和南丹县领导故意封锁事故信息,隐瞒不报。在有关这起事故的新闻评论中,人民网记者任桂瞻在深入现场采访后发表的一组系列述评引人注目。9 月 5 日,人民网配发了一篇编者按语并同时发表了 4 篇述评:《对涉瞒涉腐涉黑要一查到底》《国营矿 140份报告为何无效》《人大隆政协隆法院隆 隆隆有来头》《非法民矿狂采滥挖 社会问题层出不穷》,从生产方式、官商勾结、行业乱象等多方面深刻剖析了事故原因。此后,一系列述评相继发问:这一事故是否会造成"对广西形象特别是政府形象的严重损害"? 新闻界是否给地方"抹了黑",给地方政府"添了乱"? 如何"通过传媒把这一重大事故的知情权和监督权给予广大人民群众"? 如何对拥有重权的党政领导进行"行之有效的管理和监督"? 这些问题抓住了事故背后复杂的症结或疑点,启发公众对这一事故作更深层次的思考。

2005 年 8 月 7 日,广东省兴宁市的大兴煤矿在上级已经下达所有煤矿停产整顿的决定期间继续生产,导致发生特大透水事故,123 名矿工遇难。而就在两个月前,该矿刚刚获得了广东安全监察部门颁发的安全生产许可证。8 月 12 日新华社发表评论《绝不容许漠视矿工的生命》,指出监管不力是矿难频发的普遍原因。8月 27 日,央视新闻频道《新闻会客厅》"决策者说"节目播出了《李毅中:矿难背后》,把时任国家安监局局长李毅中请进演播室进行了现场访谈。面对全国观众,李毅中对于矿难频发的沉痛、对于安监局四处"救火"的无奈、对于法律漏洞的担忧、对于矿主利润驱动的愤怒溢于言表,给观众留下了深刻印象。2005 年 8 月 30 日,《南方都市报》发表评论《广东兴宁矿难凸显煤矿安全监管中的利益死结》,指出"兴宁矿难的典型性在于集中体现了近年中国矿难频发的规律性问题,……大多数矿难事件都与无良矿主的利益有关,与当地某些利益集团及某些官员的利益有关。"作为本省媒体,指向相当直截了当。

对于兴宁矿难的反思还未完全过去,2005 年 11 月 27 日黑龙江省龙煤控股集团七台河分公司东风煤矿又发生特大粉尘爆炸事故,171名矿工遇难。各家媒体除了严厉谴责与沉痛反思外,开始将议论的重点转向探讨如何避免此类事故发生或减少事故损失的具体措施和办法上。其中,《新京报》2005年11月30日的评论《黑龙江七台河矿难百人死亡 矿工自救器哪去了?》已不停留于泛泛的制度层面的诘问,而是进入到规则与方法层面的补救和提醒,站在制度与措施结合点上给予建议和忠告;12月2日的另一篇评论《怎么才能有德国伊本布伦煤矿那样严密的安全网?》则介绍了德国为矿山安全设置的"三重保险",为我国矿山安全生产的未来之路提供了一种借鉴。《广州日报》2005年12月15日的评论《治疗"矿难麻木症"的药方何在》集中分析由于矿难频发、人们熟视无睹造成的"矿难麻木症"以及治疗药方,具有较强的建设性。

2010年3月28日,山西王家岭煤矿发生重大透水事故,153人被困。经各方力量全力抢救,最终救出受困8天8夜的115名矿工,但还是有38人死亡、直接经济损失近5000万元。中央电视台直播了这次矿难救援,全国亿万观众目睹了115名矿工成功升井。在一些报道和评论赞叹此次矿难救援创造了世界救援史上的奇迹时,更多的评论则反思和追问我国煤矿安全生产和问责制度等问题。值得一提的是,在王家岭矿难发生4个多月后的2010年8月5日,智利圣何塞铜矿发生矿难,经过69天的抢救,33名被困矿工全部安全升井。这一事件引起全世界媒体和公众的持续关注。媒体发表大量评论,呼吁从智利矿难救援中汲取经验,提出根除"血煤"现象的建议等等。如《呼唤中国的"井下应急避难所"》(2010年10月14日,《新京报》社论)、《矿难何以让一个国家如此耀眼》(2010年10月14日,《华西都市报》)、《智利矿难救援不仅是奇迹》(2010年10月15日,《北京晨报》)等等,凤凰卫视评论频道还推出专题《学习智利以人为本 何需领导带班下井》。大量网民也通过微博、BBS和新闻跟帖等方式热议智利矿难奇迹,认为中国不缺奇迹缺制度。

纵观这一时期重大安全事故中的新闻评论,可以看出其舆论监督功能得到了充分发挥,无论是人民网、新华社等党媒,还是《新京报》、《南方都市报》等市场化媒体,都能够做到在第一时间直面事件进行深刻解读,展现出较强的责任感与建设性:从反思事故原因到探讨救助措施,从追踪责任认定到呼吁制度更新,从国内教训剖析到国外经验借鉴……在全方位多角度的分析论证中,新闻评论呈现出理念逐渐进步、观点日益深化、方案贴近实际等特征,指导了公众思想,有效引导了社会舆论,为推动事故的正确处理及和谐社会建设作出了应有贡献。

(二)贯彻以人为本,大力宣扬党风廉政与精神文明建设

党风廉政建设和反腐败斗争是党的一项重大政治任务,精神文明建设是社会主义现代化建设的重要组成部分,这两者也是这一时期新闻媒体和新闻评论关注和反映的重要内容。

1.党风廉政建设与《扫除形式主义》《论保持共产党员先进性》等评论

20世纪90年代初,伴随着市场经济的进程,形式主义问题也变得严重起来,群众意见大,中央领导也不满意。1992年3月31日,中央人民广播电台播出了记者胡占凡、周绍成采写的广播述评《扫除形式主义》(第3届中国新闻奖一等奖作品),针对人大代表反映的政治、经济和社会生活领域的种种形式主义现象,依次分析了形式主义的危害、产生原因及根治办法,一针见血,说服力强。节目播出后,在正在召开的全国"两会"代表和听众中引起强烈反响,电台不断接到听众电话以及群众来信,称赞这篇文章。全国人大新闻局认为,作品"观点鲜明,切中时弊"[1],特别推荐给人大秘书长参阅。原北京军区将其作为学习材料印发给官兵学习。社会舆论一时形成了对形式主义的"围剿"。作品不仅反映出人民的心声,也体现了党和国家的思想意志,发挥了媒体反映和引导舆论的重要作用,除了被评为当年度中国新闻奖一等奖外,还分别被收录进《人大制度好新闻选评》和《中国新闻奖精品集》。

党风廉政建设不但要清除腐败现象,对干部队伍中存在的"不作为"、懒政怠政现象同样要予以整顿和矫正。1994年3月27日,《湖北日报》刊登社论《要敢于负责》,针对干部队伍中出现的对工作不负责任的"懒官""混官"和"太平官"问题进行了深刻剖析,指出"无功就是过,不负责任就是错",并从体制和思想作风上提出了解决措施,具有重要的参考价值和借鉴意义。文章发表后被多家中央媒体转发,很多读者写信表示赞赏,一些地方党委还发文学习这篇社论,作为整顿机关作风的"必阅件"[2]。根据读者建议,报社还在报纸上开辟了《人民公仆大家谈》专栏,延伸了社论的新闻效应,有力地发挥了引导作用。

20世纪90年代中期,中国掀起了招商引资热,官员与企业界人士的接触越来越多,引发了诸多问题。1995年《河北日报》著名政论专栏"杨柳青"发表了储瑞耕的评论《就同"大款"交朋友事向领导干部进一言》(第6届中国新闻奖二等奖、河北省省级好新闻一等奖作品),对官员和"大款"交朋友现象背后的权钱交易、污浊腐

---

① 王润泽主编:《中国百年新闻经典·评论卷》,北京:人民出版社,2016年,第227页。

② 王润泽主编:《中国百年新闻经典·评论卷》,北京:人民出版社,2016年,第248页。

化的本质进行了揭露和警醒。文章旁征博引,修辞生动,引起了社会各界强烈反响,随后《人民日报》刊出中组部文章《领导干部不能"傍大款"》。河北省委领导和广大读者普遍认为文章切中时弊,振聋发聩又启人心扉,社会反响强烈。①

同样是《河北日报》,1998年11月又刊登了一篇重磅评论《迎着老百姓的方向走》(第9届中国新闻奖一等奖作品),抓住新时期党群干群关系这个焦点,围绕农村政治生活中党群矛盾、干群冲突激化的敏感问题,从几位地方政府官员面对"堵门"的上访群众,不但不回避而是主动迎前对话的生动故事说起,提出"迎着老百姓的方向走"这一政治理念,为改善党群关系进言献策,具有强烈的思想内涵和现实意义。评论引起强烈的社会反响,"迎着老百姓的方向走"成为一个促进干部素质建设,彰显党的执政能力的响亮口号。

2. 精神文明建设与《拜金主义要不得》等评论

20世纪90年代初,拜金主义倾向和奢侈挥霍之风也成为令人侧目的社会问题。在市场经济刚刚起步的时代背景下,有人担心反对拜金主义会冲击改革开放主题,对其持宽容态度。1993年4月8日中央人民广播电台《新闻与报纸摘要》节目头条播出述评《拜金主义要不得》(第4届中国新闻奖一等奖、1993年中国广播新闻奖一等奖作品),列举了一系列令人触目惊心的挥金如土的典型事例,阐明要继续勤俭节约、艰苦奋斗的道理,指出"发展市场经济,人际关系绝不只是金钱交换,等价交换的原则决不能移植到思想道德领域"。节目体现了强烈的社会责任感,对全社会在市场经济环境下重视精神文明建设、树立正确的价值观和道德观起到了有力的舆论引导作用。节目获得了中国广播新闻奖、中国新闻奖"双奖"一等奖,中宣部还专门召开研讨会。② 节目被《人民日报》等媒体广泛转载,并入选大学新闻教材,多年来一直被作为新闻经典范文加以分析研究。

进入新世纪后,构建社会主义核心价值观依然是新闻评论重点关注的内容。《云南日报》于2004年4月刊登了赵金的评论《坚决制止低俗炒作行为》(第15届中国新闻奖二等奖作品),针对昆明一家餐厅的"女体盛宴"事件,指出其本质在于商家"逐利忘义"和社会价值观的混乱,从社会、企业和新闻媒体三个方面分析和强调了社会的道德风尚、企业的依法创新,以及新闻媒体的伦理责任,引起社会的强烈反响,获得了中国新闻奖一等奖,各地媒体纷纷转载,宣传部门就媒体低俗炒作行

---

① 王润泽主编:《中国百年新闻经典·评论卷》,北京:人民出版社,2016年,第252页。

② 王润泽主编:《中国百年新闻经典·评论卷》,北京:人民出版社,2016年,第244页。

为进行了专项整治。《新华日报》于 2012 年 12 月刊登评论《"富豪相亲"浊化社会空气》(第 23 届中国新闻奖二等奖作品),对当时国内多座城市出现的"富豪相亲会"热点事件,突破传统的"树立正确婚恋观"思维模式,从"为什么宣传富人相亲不合适"的角度进行了分析,指出其"放大阶层隔阂""宣扬扭曲的成功观"和"放大物质主义"等后果,体现了作者的理性态度和专业辨别力。中宣部新闻阅评小组认为这篇评论"对于去浊扬清,引领社会思潮,用社会主义核心价值观教育群众,有很大意义"①。

图 3.8 《云南日报》评论员文章《坚决制止低俗炒作行为》
资料来源:《云南日报》2004 年 4 月 19 日第 1 版

在价值多元化时代,以科学世界观和意识形态认识和对待历史事件和历史人物,也是社会主义精神文明建设的重要目标之一。2006 年 12 月 30 日浙江广电集团"城市之声"播出《决不许亵渎英雄,歪曲历史》(第 17 届中国新闻奖一等奖、2006 年中国广播新闻奖一等奖、2006 年浙江新闻奖一等奖作品)述评,对当时社会上恶搞红色经典、历史和英雄人物的不健康潮流进行了批判,指出这是一个事关社会主义核心价值观的大是大非问题,其本质是青少年的精神虚无主义,是对民族精神的亵渎。节目内容生动,论证有力,以鲜明的观点反击了社会上恶搞民族英雄等低俗文化的歪风,播出后引起强烈反响,听众以电话、短信等多种方式表达了赞许和支持,在当年度浙江新闻奖、中国广播奖和中国新闻奖的评选中,都荣获了一等奖。

(三)直面社会焦点,加强舆论监督

进入 20 世纪 90 年代后,中央提出依法治国方略。伴随着对舆论引导规律认

① 刘建华主编:《获奖评论赏析》,北京:人民日报出版社,2020 年,第 72 页。

识的深化,新闻评论直面社会焦点事件,努力承担着公共权力的监督者、社会正义的捍卫者和法制建设的推动者的职责。

1. 监督公权力与《"罚"要依法》等评论

国家机关及执法部门的执法表现是落实依法治国方略的关键,对公权力进行监督是维护法律尊严的必要手段,也是新闻媒体的重要责任。20世纪90年代中期,公路"三乱"现象严重,甚至出现了交警滥用职权随意罚款的情况,成为广大群众极为关心、各级领导迫切需要了解的热点问题。1997年11月25日,中央电视台《焦点访谈》播出了反映309国道山西段交通民警乱罚款事件的节目《"罚"要依法》(第8届中国新闻奖一等奖作品)。记者再军以搭车人的身份进行随车采访,克服多重困难,在309国道山西段行程700余公里,获得了大量有关交警乱罚款的现场采访资料。其中一段记者冒充搭车人与交警刘某就罚款数额的多少讨价还价的画面,将当事人的蛮横形象展露无遗,给观众留下了极为深刻的印象。节目反映了一个普遍存在的严重问题,指出税费改革的紧迫性,播出后引起中央领导、有关部门的高度重视,《经济日报》等中央新闻媒体都作了相关评述,山西省电视台连续三天重播这一节目。观众反响强烈,普遍认为节目题材有意义,报道有力度,体现了国家级电视台的新闻舆论监督的力量,以及《焦点访谈》这一名牌栏目的使命担当。[①]在节目播出后的第二天,记者又再次来到当地进行跟踪报道,当地群众自发燃放鞭炮表达对记者的支持。该节目的播出与巨大影响,使得公路乱收费现象得到遏制,以全票获得当年度中国新闻奖一等奖。

图3.9　中央电视台《焦点访谈》节目《"罚"要依法》画面
资料来源:中央电视台《焦点访谈》1997年11月25日播出

---

① 王润泽主编:《中国百年新闻经典·评论卷》,北京:人民出版社,2016年,第277页。

2004 年 12 月 19 日,黑龙江电视台《今口话题》栏目播出了一期节目《欠债咋就不还钱》(第 15 届中国新闻奖一等奖作品),评论的是鸡西市滴道区政府欠了老百姓的钱长达 11 年不还,法院判决变成了一纸空文,"民告官"表面赢实际输的荒唐事例。记者在采访中始终突出细节,真实记录了身为行政一把手的区长为躲债不到办公室上班,以及训斥当事人时的野蛮态度,生动揭示了政府官员有法不依问题的严重性,以及维护法律尊严的紧迫性。在后期制作过程中,记者与编辑和主管领导一起顶住了来自多方面的说情风,使报道得以播出。节目引起了观众的强烈反响。在节目网站互动平台上,一千多人对此发表了评论,有愤怒,有谴责,还有反思。黑龙江省主要领导对这件事做出了批示,节目播出后仅 3 天,这笔拖了 11 年的旧账就得以了结。①

这一时期,时评的复兴与《中国青年报》的"冰点时评"直接有关。作为报纸乃至中国新闻界的知名栏目,"冰点时评"的选题重点主要放在与公众利益、百姓生活密切相关的事件或问题上,特别是有关民主法制建设、政府施政水平方面的选题。在开办之初的 1999 年,"冰点时评"曾连续多天将选题集中于司法公正方面的问题,先后发表了《"不找法院找报社"之忧》《"集会式司法"损害了谁》《"个案监督"与司法公正》《不公正的"合法"》《投诉公安就是"报警"》《警车开道的堕落》《质疑公布交通违章名录》《法院判决为何缺乏推理》《判决书要"讲理"》《公开并不"简单"》《法院必须与利益脱钩才有尊严》《法官应有怎样的"关系"》《司法成本与效率》《司法权不能替代》《仅有沉默权是不够的》《不明财产该当何罪》《执法机关怎样"挽回影响"》《以诉讼推动进步》《批示于法律有多远》等二十余篇评论,影响深远。1998 年 12 月 2 日刊发的郭光东评论《国旗为谁而降》,以独到的视角和鲜明的观点,成为"冰点时评"早期的一篇代表作。文章最早提议为普通百姓降半旗,指出根据《国旗法》规定我国应为九八特大洪灾的死难者下半旗志哀,以这种仪式"寄托全国人民的哀思,体现国家对普通公民生命的尊重",饱含着文明理念与法治精神,在全国人民心中引发了强烈反响。十年之后的 2008 年 5 月 19 日汶川大地震发生一周之际,在我国首个为普通公众设立的"全国哀悼日"上,国旗为地震中的遇难者而降。

2."孙志刚事件"及相关评论

2003 年底,在中国两大门户网站新浪、搜狐 2003 年度新闻评选中,《南方都市

---

① 中国记协网:《欠债咋就不还钱》,2007 年 1 月 28 日,http://www.xinhuanet.com/zgjx/2007 - 01/28/content _5664478.htm,2021 年 9 月 26 日。

报》荣获"年度传媒大奖"，原因之一就是该报对"孙志刚事件"的报道与评论。这不仅是 2003 年中国的标志性事件，也是中国民主法制建设进程中的一个标志性事件，在当代中国新闻史上留下了永远的印记。

2003 年 3 月 17 日晚 10 点，来到广州 20 天的湖北青年孙志刚像往常一样出门去上网，因没有暂住证也没带身份证，他先后被带到广州黄村街派出所、广州市收容遣送中转站和广州收容人员救治站，三天后死于救治站，死因是"故意伤害"。《楚天都市报》最先报道了这一事件，但并没有发表评论。4 月 25 日，《南方都市报》以《被收容者孙志刚之死》为题详细报道了对于孙志刚事件的调查情况，同时发表评论《谁为一个公民的非正常死亡负责？》，第一句话就是"一个 27 岁的大学毕业生之死引起了我们的关注"。文章追问道："谁该为一个公民的非正常死亡负责？"在对收容审查制度提出质疑之后，文章特意提醒道："我们在关注此事的时候，不应过分关注孙志刚的身份——一个大学毕业生，一个风华正茂的年轻人，一个拥有美好前途的年轻人，还要还原出孙志刚的普通公民身份。否则，我们就可能因为对特殊身份的义勇而淹没了对'小人物'的关怀。在强大的国家机器面前，谁不是小人物呢？谁不是普通公民呢？"

评论中所流露出的对于一个普通公民之死的强烈悲悯，对于相关法律的强烈质疑，将孙志刚事件推到社会舆论的中心。媒体纷纷发表评论，网上言论更是汹涌澎湃。人民网发表的网友锦秀文的评论《孙志刚案，是谁在"装聋作哑"？》，针对孙志刚事件发生一月有余，一直没人出来说明缘由、承担责任的事实，指出："在这些人心目中，个人的利益被摆到了高于一切的位置，什么正义、公正、人民的利益高于一切统统都被抛于九霄云外了。而正是有那么多为官者'装聋作哑'，才使孙志刚之死被久拖不决。"网友石飞的文章《还百姓"黑色数字"的知情权》言辞则更为激烈，提出在媒体报道全国公安干警牺牲、负伤的"红色数据"时，公民对于公安人员执法犯法的"黑色数字"也同样有知情权："应像'非典'斗争一样，把公安败类作恶害民的'黑色数字'如实公布于众。公开'黑色数字'，就是公开'政误'。这样做……有利于人民监督自己的'公仆'依法行政，鞭策自己的'公仆'努力为'主人'服务。"[①]

"孙志刚事件"引起了中央和广东省委领导的高度重视。随着案件的迅速侦破，相关责任者受到法律惩处，相关评论也由最初的愤慨、声讨转向对于收容审查

---

① 涂光晋：《时代之"声"——新时期中国新闻评论研究》，北京：中国人民大学出版社，2011 年，第 110 页。

制度和法律问题的思考。5月15日,人民网发布邹云翔的《从孙志刚案看有关收容的法规违反〈立法法〉》一文,对1982年国务院发布的《城市流浪乞讨人员收容遣送办法》的"程序正义"提出了质疑:"孙志刚的事提醒我们,凡是涉及公民基本权利的事,决不能由行政机关说了算……公民的生命重于泰山。我们不能因为效率的需要漠视公民的生命,我们也不能因为管理的方便,而舍弃程序正义……"而在此前一天的5月14日,长期关注收容遣送制度的北京大学许志永等三名法学博士联名上书全国人大常委会,建议对《城市流浪乞讨人员收容遣送办法》进行审查。5月23日,贺卫方等5位著名法学家也上书全国人大常委会,就孙志刚案及收容遣送制度实施状况提请启动特别调查程序。此后,建立我国违宪审查制度的强烈呼声四起。

在国务院决定废止实施了21年的《城市流浪乞讨人员收容遣送办法》,代之以《城市生活无着的流浪乞讨人员救助管理办法》之后,6月20日,《南方都市报》发表了题为《收容制度废止既是高潮更是起点》的评论,指出"草案的名称本身给了我们一个重要信息:收容遣送是一个手段,不是目的,这种手段对人的权利不够尊重。而救助管理办法则强调了救助的范围和目的,更加符合人性"。评论在肯定废止收容制度的同时,提醒公众"法的制定并不等于法的执行……要谨防执法扭曲法规制度的现象"。文章还预见到"随着收容制度的废止,可能会出现一些社会治安问题,而这无疑又会给公安的工作带来一定的压力和困难",此后治安问题果然成为困扰广州市民的新问题。文章最后指出:"孙志刚事件及收容制度的废止引发了公民权利意识觉醒的高潮,但是我们觉得这更应该是一个起点,一个公民用理性和耐心推动社会进步的起点。"

由一位普通公民的遭遇,直接导致一项全国性法令的终结,这在新中国的历史上还是第一次,也是中国法治进步的标志性事件。而媒体的大量报道,以及一系列相关评论所形成的关于"孙志刚之死"的反思浪潮,对于社会舆论的引导、"收容遣送办法"的最终废止,乃至我国的民主法制建设都起到了巨大的推动作用。有学者把2003年定义为"公民权利年"①,这与新闻媒体的舆论监督、新兴网络的巨大影响,以及新闻评论在保障公民权利方面的努力密不可分。

---

① 许志永:《开放编年史——2003:孙志刚案开启的公民权利道路》(《经济观察报》),https://baijiahao.baidu.com/s?id=1604573029159113926&wfr=spider&for=pc。

三、发挥平台功能,拓展话语空间

这一时期,随着报纸言论版、广播电视谈话节目以及网络媒体的兴盛,新闻评论的观点交流平台功能被充分发掘,公共话语空间得到拓展。通过各种意见的交流互动,评论选题更加贴近生活实际,民众思维能力得到锻炼和提高,新闻评论在此过程中也更便于凝聚共识,推动意见整合,从而有效提升舆论引导力。

(一)组织观点互动,以理性论证疏导社会情绪

1. 维护消费者权益与"王海现象"系列评论

在 20 世纪 90 年代市场经济体制探索初期,中国经济出现了过热现象,群众对物价飞涨的状况反映强烈,国家也把控制物价上涨、抑制通货膨胀作为宏观调控的头等大事来抓。其中既有行政手段,也有法律手段,目的是维护正常的市场秩序,建立起规范化的价格体系,维护广大群众作为普通消费者的合法权益。

1994 年 5 月,江西省南昌市继上海市之后,在全国省会城市中率先颁布反暴利法规,开始整治市场上的暴利行为。然而,时间过去半年,效果却不尽如人意。江西人民广播电台于 12 月 30 日播发广播评论《反暴利,在南昌为什么难以展开》(第5 届中国新闻奖一等奖作品),从记者了解到的两个事实切入话题,一是"设在市物价检查所内的'暴利举报电话',只响过一两次铃声",二是"市、县、区上百名物价执法人员,到目前只接到消费者十来起'挨宰'的投诉,平均每个月不到两起",以此与南昌市普遍存在的"暴利"现象加以对照。文章指出,个中原因既有舆论宣传声势不大,消费者自我保护意识不强的因素,也与执法力度不够,配套政策、办法滞后有关。评论在全国媒体中较早剖析了影响地方反暴利法规实施的诸多问题,主题好,立意深,提出了反暴利为什么难以展开的症结及其对策,既反映了与消费者密切相关的"吃"和"穿"的价格行为,又剖析了消费者对反暴利的多种心态,对唤起消费者维权意识具有启示作用。此外,作者还站在用法律规范市场价格行为、维护消费者权益、促进市场走上有序运行轨道的高度来立意,显示出对经济工作前瞻性和指导性。[①]

1995 年 3 月,在北京一些商场中发生了"职业打假人"王海知假购假、依法索赔的事件,受到舆论的极大关注,被称为"王海现象"。1995 年 8 月 4 日,《中国消费者

---

① 陈柏森:《经济评论要敢于和善于触及经济"难点"——评〈反暴利,在南昌为什么难以展开〉》,《声屏世界》1995 年第 8 期。

报》在一版显著位置以《刁民？聪明的消费者？》为题,首次披露了"王海现象",同时特加编者按,发表了9篇短文为专题进行讨论,引发了社会热议,在全国掀起了一场关于"维护消费者权益"的讨论热潮。11月6日,《中国消费者报》再次发表深度报道《"刁民"购物索赔记》,并配发言论《敬告商家谨防"刁民"》。4天后,《北京青年报》也以整版篇幅作了报道。《工人日报》开辟专栏对"王海现象"进行讨论。1996年2月13日、15日,《人民日报》在"热点透析"专栏发表了《"王海现象"意味着什么?(上、下)》,对"王海现象"作了深层次探讨。《文汇报》从他人效仿的新闻角度,进一步报道"王海现象"的影响。全国媒体的争相报道,形成了浩大的规模和声势,吸引和引导人们思索"王海现象"的本质和社会背景。

除了报纸,电视媒体也进行了深入报道。如北京电视台先后策划了三期节目——《关于王海打假的争论》《假如多一些王海》和《怎样成为王海》。每期节目将剖析理论问题、观念性问题与采访王海相结合,同时将《消费者权益保护法》有关内容用字幕打出,在增强节目可视性的同时普及法律知识,给观众以生活上的指点,实现了新闻性与服务性的统一。1996年3月16日开播的《实话实说》,第一期节目就是《谁来保护消费者》,请进演播室的有著名经济学家萧灼基、樊纲、《人民日报》记者和一位律师,以及几十位现场观众。在主持人崔永元的引导和穿插下,大家围绕王海是"打假英雄"还是"刁民"、"知假买假"的行为是"打假"还是"钻法律的空子"、"打假"是靠制度还是靠某一个人等问题展开热烈讨论。节目还把化了妆的王海也请进演播室,让他直接参与讨论。[①] 各方意见及观点的争鸣与交锋,活跃了现场气氛,调动了电视观众的情绪,拓宽了人们的思路,也让人初步感受到这种特殊的谈话节目所蕴含的魅力。

虽然社会对"王海现象"在伦理上的是非对错尚有争议,假冒伪劣现象即使到今天也没有完全杜绝,但媒体对"王海现象"的报道及相关的评论交流文章,对宣传和普及《消费者权益保护法》、引导人们拿起法律武器维护自身合法权益,以及加强人们的法律意识、遏制假货蔓延无疑有着积极意义。

2. 倡导理性与《我们怎样表达爱国热情》等网络评论

20世纪90年代以来,在中国对外交往中因为历史及领土问题而引发的爱国浪潮日益汹涌,成为一个突出的社会现象。对其进行理性分析和正确引导,使其在法律的框架内有序表达和运行,是新闻媒体的一个重要任务。2005年,日本右翼势力

---

① 韩国飚:《"王海现象"报道与媒介之舆论导向》,《新闻前哨》1996年第3期。

再次修改教科书，篡改历史，激起了国人愤慨，互联网上群情激愤，出现了一些过激言语，造成了相当大的舆论影响。人民网原创评论栏目"人民时评"于2005年4月16日刊发评论《我们怎样表达爱国热情》（第16届中国新闻奖一等奖作品），在充分肯定群众爱国热情的基础上，阐述过激行为的危害，指出"义愤的宣泄不应超越法律"，爱国需要激情，更需要理性。文章论述层层递进，情理兼备，语言平实，具有很强的说服力和感染力，充分展示了网络评论的语言特点。① 评论对"如何爱国"所提出的理性路径，展现了穿透历史和展望未来的眼光，对网络舆论的理性平和发展起到了一定的引导作用，成为中国新闻奖历史上第一个网络评论一等奖作品。

2010年9月，中日发生钓鱼岛"撞船事件"，激起国人强烈愤慨，部分城市发生涉日游行活动。中国外交部呼吁广大群众把爱国热情转化为做好本职工作的实际行动，维护好改革、发展、稳定大局。10月25日，人民网刊发了题为《依法理性表达爱国热情》（第21届中国新闻奖一等奖作品）的评论，围绕如何看待当前中日关系、群众应怎样正确表达爱国热情等问题，指出："面对复杂环境和各种矛盾问题，如果不能依法、理性表达爱国热情，就无法维持正常的社会秩序，就不能保证经济社会的平稳较快发展，也不利于广大人民群众安居乐业。坚持依法理性表达爱国情……这是真正的爱国。"文章观点鲜明、立场坚定、不卑不亢，引起强烈社会反响，被近200家国内外网站、媒体转载，全国各地以各种方式学习讨论了该评论，对引导群众理性表达爱国热情起到了积极作用。②

在互联网时代，以普通民众为主体的网络舆论具有无序化、情绪化、极端化的特征，时常容易逾越法律的框架，造成社会混乱与损失。此时，传统主流媒体以及体制内网络媒体可以也应该发挥化解矛盾、引导舆论的作用。2011年人民网舆情监测室撰写的《人民网评：打通"两个舆论场"》（第22届中国新闻奖二等奖作品）提出：中央重点新闻网站要努力打通"主流媒体舆论场"与"民间舆论场"。官媒应认真倾听民意，化解民怨，"为人心活血化瘀"，民众也应理性表达和有序参与，双方共同努力开展良性互动，减少舆论场上的对抗性。③

（二）重视网络舆论，多方面反映民情民意

新世纪后，互联网成为新的舆论载体，影响日益扩大。网络舆论场很多重大新

---

① 中国记协网：《网络评论：我们怎样表达爱国热情》，http://www.xinhuanet.com//zgjx/2007-01/28/content_5664962.htm。

② 新华网：《人民网：依法理性表达爱国热情》，http://www.xinhuanet.com/newmedia/2011xwj/wlpl1.html。

③ 新浪网：《人民网评：打通"两个舆论场"》，https://news.sina.com.cn/pl/2011-07-11/103622792325.shtml。

闻事件都是由网络媒体首先发布事实信息,后再引发传统媒体的关注和跟进,网络媒体成为热点事件和话题的议程设置者和首要信息来源。从多个网络热点事件中可以看出,新老媒体互动成为常态,共同影响和推动着舆情走向和演变。

因这一时期的新闻评论以"时评"为主要特征,故本节以重要网络事件中的代表性评论为例,进行专题梳理与分析。因篇幅所限,本书仅选取"华南虎照"风波、"躲猫猫"事件、宜黄拆迁事件作为案例,梳理和分析各类新闻评论在事件发展过程中的舆论引导表现与特征,其结论亦适用于其他类似网络事件。

1. "华南虎照"风波中的新闻评论

2007年10月12日,陕西省林业厅宣布安康市镇坪县发现野生华南虎,并公布了据称为当地村民周正龙拍摄到的"华南虎"照片,引来广大网友质疑。多家机构及多位学者从专业角度出发,指出照片有假。12月19日,国家林业局责成陕西省林业厅再次对虎照进行鉴定。2008年2月5日,陕西省林业厅就"草率发布发现华南虎的重大信息"向社会公众致歉。2008年11月17日,安康市中级人民法院对"华南虎照"造假案进行公开审理,周正龙因犯诈骗罪和非法持有弹药罪,被判处刑期三年零六个月。

网络在这起事件中扮演了非常重要的角色。从质疑照片是否经过技术处理,到质疑照片是否造假,到质疑陕西省林业厅的专家鉴定结果的可信性,再到质疑这一事件中的政府公信力,各大网站的专题讨论和众多网友的积极参与所形成的声势巨大的网络舆论,将传统媒体新闻评论的专业性与权威性与网络言论的草根性与互动性相结合,对事件的进程和走向起到了举足轻重的作用。

中央电视台《新闻调查》栏目于2007年12月8日播出节目《虎照疑云》,深入当地对事件当事人周正龙及同村村民、各方专家、陕西省相关部门负责人等分别进行了采访,为还原事实真相提供了有力证据。围绕事件发展进程,传统媒体从不同视角进行连续追问。《长江商报》评论《细节硬伤让发现华南虎喜剧黯然失色》提出"华南虎照片真伪之辨当须慎重";光明网《发现华南虎怎成拿脑袋担保的闹剧》(2007年10月21日)、《山西晚报》《"华南虎风波"背后的科学文明缺失》(2007年10月22日)等评论呼吁对严肃的科学问题应进行科学鉴定。在网民对虎照事件的热情参与成为另一个关注热点时,媒体评论见仁见智:《中国青年报》的《对虎照真相的追究正滑向极端》(2007年11月13日)指出"雷霆万钧的舆论与一个死扛到底的农民对峙而居然不能取胜,也确实让习惯了话语强势的舆论恼怒到崩溃";《东方早报》的《华南虎事件见证网民力量》（2007 年 11 月 19 日）认为"在中国，谣言和假象一旦上网，就意味着无数能人介入甄别和批判，意味着假象被揭穿的时刻就要到来"；《人民日报》的《虎照，又一个无言的结局》（2007 年 11 月 30 日）指出"公众追问真相，政府给出真相……才能保护公众参与热情，重振政府公信力"。

在国家林业局责成再次对虎照进行鉴定之后，2007 年 12 月 19 日人民网"人民时评"发表评论《"华南虎事件"能否成为一个契机？》（第 18 届中国新闻奖二等奖作品），一针见血地批评了事件中有关部门的"缺位"和"失语"。《人民日报》评论《峰回路转的不止是虎照事件》（2007 年 12 月 31 日）认为"公众的自由思想、独立思考能力，是最可宝贵的执政资源"。在案件开庭审理之际，《现代快报》的《周老虎案择优旁听没道理》（2008 年 9 月 26 日）、《大河报》的《周正龙案的法治标本意义》（2008 年 9 月 28 日）对审理中"择优旁听"，以及周正龙是不是"一个人在战斗"等问题进行质疑。在周正龙被判刑后，《中国青年报》的《周正龙缓刑避免了报复刑主义》、《珠江晚报》的《周正龙回家，对弱势群体违法要理性判断》等评论对如何理性看待周正龙缓刑进行了探讨；而《中国青年报》"青年话题"版的另一篇评论《周正龙为什么把所有问题都自己扛》则变换角度，追问周正龙认罪背后的政府责任和官员责任。

对"华南虎照"事件的关注持续了近两年。2009 年 5 月 5 日，在网友发现事件中的挺虎官员在某个报道中出现并提出质疑时，同一天有多篇相关评论如《人民日报》的《不能对挺虎问题官员有意无意不作为》《新京报》的《挺虎官员为何还是林业厅的领导》、《重庆时报》的《挺虎官员复出何以让人风声鹤唳》，对此事暴露的免职官员风头过后异地当官的普遍现象进行关注和批评。传统媒体的评论成为网络上丰富的言论资源，各大网站的评论频道纷纷转发并进行专题整合，与论坛及跟帖等网民自发言论共同构成一个网络舆论场，在疏解网民情绪、引导舆论走向上发挥了一定作用。

2."躲猫猫"事件中的新闻评论

2009 年 1 月 30 日，云南玉溪北城镇青年李荞明因盗伐林木被刑拘，2 月 8 日被同监室人员殴打而受伤住院，2 月 12 日因重度颅脑损伤死亡。事件发生后，晋宁警方称其是在与狱友玩"躲猫猫"游戏时，头部撞在墙上意外死亡。这一说法因缺乏说服力立即被网友质疑，"躲猫猫"也迅速蹿红网络，成为网络热词。

舆情发酵后，云南省委宣传部 2 月 19 日在网上发表《关于参与调查"躲猫猫"

舆论事件真相的公告》,组成了有网友和社会人士参加的事件真相调查委员会。2月21日,在经过实地调查后,调查委员会公布了"躲猫猫"舆论事件调查报告,对整个调查过程进行了详细客观的阐述,但因为制度与法规限制,对事件本身没有下定性结论。2月24日,晋宁县政府门户网站被黑,首页上充斥着几十行"俯卧撑、打酱油、躲猫猫,武林三大绝学!"的字样。

在舆情演变过程中,网民们通过各种形式表达质疑或愤慨,各大网站纷纷精选论坛言论和网友创作的讽刺漫画,特别是将对这一事件不同媒体、不同意见持有者表达的不同观点的评论,整合在网络专题和评论频道中。2月20日,新浪网推出"躲猫猫"事件评论集,将分别发表于不同报刊、网络上对这一事件的多篇评论整合在一起,共收入评论29篇,其中报刊评论24篇,网络评论5篇,被编辑成四个专题,分别是:"躲猫猫"调查能否揭开事件真相(8篇)、邀网民调查"躲猫猫"是进步还是作秀(8篇)、查清真相靠网民代表还是人大代表(6篇)、"躲猫猫"事件中的公民权利(7篇)。①

事件曝光初期,网络言论多为愤怒的批评,不少人对由党委宣传部门而不是司法机构组织"事件真相调查委员会"的做法是否"越位",是否有"干涉司法的嫌疑"提出质疑。在调查委员会报告公布当天,《北京青年报》"今日社评"《"躲猫猫"调查团发现真相了吗?》指出:"调查既不大可能发现该事件的什么真相,对于导致舆论疑虑的警方'自己调查自己'的格局,也未能有任何改变,那么,他们的调查又将如何消除舆论的怀疑,如何给公众一个令人信服的交代呢?"红网的两篇评论《网民调查与"躲猫猫"一样似儿戏》和《请网民查"躲猫猫"真相是进步吗》,均对网民直接介入事件调查明确表达了质疑。

在调查委员会的报告公布之后,新华网言论频道发表了评论《"躲猫猫"事件呼唤独立调查制度》,认为由官方组织民间人士进行独立调查"具有破冰意义"。新浪网这一天推出的评论最多,包括网友参与调查是否有用、是否作秀以及由谁调查更为合适等几个方面。其中,《躲猫猫调查形式大于勇气》认为:"'躲猫猫调查'好就好在其形式,但我并不认为这是因为云南官方特别有勇气,而可能恰恰是建立在官方事先已经确信自己清白的前提之下……邀请网民参与舆论事件调查,作为一种官方主动行为,是不可能真正成为常态的。"《新京报》社论《躲猫猫的深层追问才刚

---

① 新浪网:《云南邀网友调查躲猫猫事件评论集》,http://news.sina.com.cn/pl/2009﹣02﹣20/101517254616.shtml。

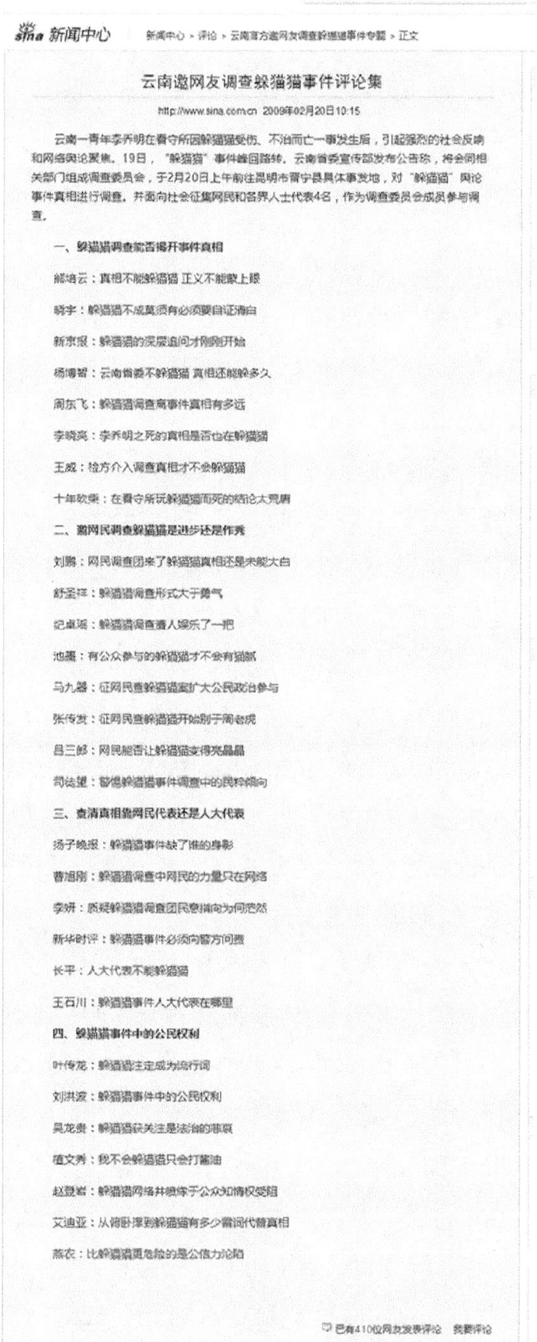

sina 新闻中心　新闻中心 > 评论 > 云南官方邀网友调查躲猫猫事件专题 > 正文

云南邀网友调查躲猫猫事件评论集

http://www.sina.com.cn 2009年02月20日10:15

云南一青年李乔明在看守所因躲猫猫受伤、不治而亡一事发生后，引起强烈的社会反响和网络舆论聚焦。19日，"躲猫猫"事件峰回路转。云南省委宣传部发布公告称，将会同相关部门组成调查委员会，于2月20日上午前往昆明市晋宁县具体事发地，对"躲猫猫"舆论事件真相进行调查。并面向社会征集网民和各界人士代表4名，作为调查委员会成员参与调查。

一、躲猫猫调查能否揭开事件真相

解培云：真相不能躲猫猫 正义不能蒙上眼

晓宇：躲猫猫不成莫须有必须要自证清白

新京报：躲猫猫的深层追问才刚刚开始

杨博智：云南省委不躲猫猫 真相还能躲多久

周东飞：躲猫猫调查离事件真相有多远

李晓亮：李乔明之死的真相是否也在躲猫猫

王威：检方介入调查真相才不会躲猫猫

十年砍柴：在看守所玩躲猫猫而死的结论太荒唐

二、邀网民调查躲猫猫是进步还是作秀

刘鹏：网民调查团来了躲猫猫真相还是未能大白

舒圣祥：躲猫猫调查形式大于勇气

纪卓瑶：躲猫猫调查替人娱乐了一把

池墨：有公众参与的躲猫猫才不会有猫腻

马九器：征网民查躲猫猫案扩大公民政治参与

张传友：征网民查躲猫猫开始别于闹老虎

吕三郎：网民能否让躲猫猫变得亮晶晶

司徒望：警惕躲猫猫事件调查中的民粹倾向

三、查清真相靠网民代表还是人大代表

扬子晚报：躲猫猫事件缺了谁的身影

曹旭刚：躲猫猫调查中网民的力量只在网络

李妍：质疑躲猫猫调查团民意指向为何茫然

新华时评：躲猫猫事件必须向警方问责

长平：人大代表不能躲猫猫

王石川：躲猫猫事件人大代表在哪里

四、躲猫猫事件中的公民权利

叶传龙：躲猫猫注定成为流行词

刘洪波：躲猫猫事件中的公民权利

吴龙贵：躲猫猫获关注是法治的悲哀

植文秀：我不会躲猫猫只会打酱油

赵登岩：躲猫猫网络井喷缘于公众知情权受阻

艾迪亚：从俯卧撑到躲猫猫有多少臆词代替真相

燕农：比躲猫猫更危险的是公信力沦陷

已有410位网友发表评论　我要评论

图 3.10　新浪网专题"云南邀网友调查躲猫猫事件评论集"

资料来源：http://news.sina.com.cn/pl/2009－02－20/101517254616.shtml

刚开始》认为:"网民参与理应恪守作为公权力'监督者'这　身份自认,而不可跨越法律径行'网络执法'事。"《燕赵都市报》的《比"躲猫猫"更危险的是公信力沦陷》对事件背后的深层次问题进行了分析:"只有在充分的社会质疑机制制衡下,一些案件披露的公信力才会增强。否则,公信力沦陷所引发和隐埋的一系列问题,确实要比'躲猫猫'危险得多。"

在晋宁县政府网站被黑之后,针对一些网民不理性的行为,2月26日《中国青年报》"青年话题"刊登了曹林的评论《不节制自身魔性 网民无异于暴民》,在肯定网民的监督与追问后,对一些网民超越了自身权利边界的冲动行为做出了与众不同的分析:"面对社会这种根深蒂固的怀疑,网络和网民当自省,规范自身的行为,充分发掘自身公民的那一面,而非任由自身拳民、暴民、匪民的一面暴露无遗……让人提起网民时不是跟恐怖联系起来,而是与责任、正义、力量等联系起来。"这篇文章被诸多网络媒体评论频道或相关专题转载,也有一些网民发表了反对和批评的看法,但评论中的忧虑与提醒,在此后的网络事件中一再得到印证。如在2010年底的浙江乐清"钱云会事件"中,网络上几乎一面倒的流行"谋杀说";中国人民公安大学李玫瑾教授在"新闻1+1"中从犯罪心理学的角度对药家鑫杀人事件进行分析后,其观点被极端化为"弹钢琴杀人法",遭遇到猛烈的网络围剿等。近些年来,在诸多舆情事件中某些网民的非理性思维和无节制的情绪宣泄所造成的网络暴力和网络戾气,已成为值得关注的社会现象,对此,更需要高质量的新闻评论不断发出理性的声音来加以提醒、制衡与匡正。

3. 宜黄拆迁事件中的微博围观与新闻评论

2010年是中国的"微博元年"。微博所具有的开放性、及时性、交互性、自由性等优点,使其能够在短时间内实现信息的裂变传播,迅速成为网民爆料、观点表达和意见传播的首选媒体,在公共事件中发挥着巨大影响力。

2010年9月12日,一则"江西宜黄县强拆钉子户爆发冲突,3人自焚"的新闻报道盛传于网络。9月16日,受害者家属钟家姐妹原定坐飞机去北京参加凤凰卫视《社会能见度》的节目录制,被宜黄县委书记率官员阻止,钟家姐妹躲进机场厕所并用手机向媒体求救。此过程被《凤凰周刊》记者邓飞在微博上直播而传遍全国,引起巨大反响。9月17日,当事人之一钟如九开通了新浪微博并发了第一句话:"大家好,我叫钟如九。我在网络上看到了大家对我们家的关心,非常感谢!"随后,宜黄县委书记、县长以及其他领导被免职。

在该事件中,钟如九通过微博不断发布最新情况、个人境况、亲人病情以及求助与呼吁等,引起微博上上百万网友的集体"围观",微博展现出前所未有的社会影响力,通过传播信息、形成议题、汇聚舆论影响事件的进程、走向及结果。《凤凰周刊》记者邓飞将钟如九开通微博一事称为"中国维权史上新的一页";评论员"笑蜀"在微博中写道:"宜黄围观第一功归前线记者;第二功应归于参与此事的每个普通人。无需你冒险,无需你失去很多,关注就很好,围观就很好,能喊几嗓子就更好。谁说一定没用? 或许那个骆驼就差一根稻草,你正好就是那根关键的稻草呢……这里的围观者并无身份高低贵贱之分,也无体制内体制外之分,有的只是一个身份:网友(公民)。因此,感谢每一位围观者,包括围观官员。"①如同腾讯评论频道"宜黄拆迁"专题中的一个小标题《钟家姐妹的微博救赎——关注就是力量》所说,在这次事件中,腾讯微博上的主要消息平均的转播次数在 1000 条以上②,这种爆炸式的传播效应,使得事件再也无法被捂上盖子。相关官员的被撤职被处理,可以看作是这次"微博救赎"的突出成果。

与微博围观相呼应,传统媒体和网络评论也直接介入到事件中来。有代表性的网络评论如凤凰网"评中评"文章《我们正在被教化成"刁民"》(2010 年 9 月 13日)、光明网评论《"误伤说"到底伤了谁的心》(2010 年 9 月 17 日)对有关部门关于"自焚"原因的解释提出质疑;荆楚网《自焚事故调查应请宜黄官方回避》(2010 年 9月 13 日)追问事件真相,呼吁第三方介入调查;新华网《不能让宜黄事件发展成违宪恶例》(2010 年 9 月 17 日)指出事件中当地政府违背宪法的行为本质;人民网《宜黄县委书记县长被免职能否终结"强拆"疯狂?》(2010 年 10 月 11 日)对如何避免强拆悲剧再次发生进行了深刻反思。传统媒体的评论文章也密集出现,如《京华时报》的《宜黄拆迁事件警钟为谁而鸣》(2010 年 9 月 19 日)追问事件真相,反思强拆困局;《新京报》的《"自焚"事件能否催生"征收条例"》(2010 年 9 月 20 日)则提出了出台"新征收条例"的解决措施;《工人日报》的《从拆迁悲剧说"权力的谨慎"》(2010年 9 月 21 日)指出行使公权力需谨慎;《扬子晚报》的《官越来越难当,早该成为全民共识》(2010 年 10 月 11 日)指出宜黄官员被免职体现了公民精神的成长;《人民日报》的《值得警思的"强拆论"》(2010 年 10 月 14 日)则针对宜黄一位政府官员称

---

① 腾讯网:《今日话题-宜黄事件:走向正确的方向》,https://view.news.qq.com/zt2010/yi/index.htm。

② 涂光晋:《时代之"声"——新时期中国新闻评论研究》,北京:中国人民大学出版社,2011 年,第370 页。

"没有强拆就没有'新中国'"的错误观点进行了批驳,指出发展不能以牺牲人民的合法权益为代价。电视媒体对此事也高度关注,央视"新闻1+1"栏目播出《拆迁悲剧,何时不再重演?》(2010年9月20日),指出宜黄事件的本质在于"人民币凌驾于人民权益",地方政府应该以此为戒,真正贯彻"以人为本"的执政理念。传统媒体从不同角度进行的议论和反思,包括事件真相的追问、公民权利的保护、官员问责制度的落实、政府执政理念与执政方式转变、强拆背后的利益驱动与制度缺陷等,这些评论与微博中碎片化的言论相互补充与呼应,使宜黄拆迁成为2010年中国"微博元年"的一个标志性事件。[①]

当面对互联网上大量偏激、无序的言论时,传统媒体凭借其深入的调查还原事实真相,以深度的观察和理性的剖析发出更具权威性和可信度的声音,是避免在互联网环境下意见性信息过度碎片化、情绪化、极端化的必要选择。当然,要想让理性声音真正成为社会舆论的主流,在传统媒体尽到自身"舆论引导"责任的同时,还有待公民媒介素养与理性精神的提升。

第三节 引导力在改革奋进中多元提升

从1992年到2012年的二十年间,是中国社会发生深刻变革、中国特色社会主义事业取得重大成就的关键时期。在这一阶段,新闻评论走向繁荣,对舆论引导认识的进一步深化,贯彻并实现了"坚持正确舆论导向"和"提高舆论引导能力"的要求,为转型期的中国社会烛照现实、指引航向,为多元化的社会大众释疑解惑、沟通整合,在此过程中持续提升和完善自身的舆论引导力。

一、引导力的时效性、多样性、包容性全面突破

这一时期,新闻评论在"坚持正确的舆论导向""提高舆论引导能力"思想的指引下,围绕建立社会主义市场经济体制、全面推进改革开放和构建社会主义和谐社会等重大战略任务,发挥了巨大的道路指引、解读监督和沟通交流作用,舆论环境空前活跃,新闻评论的议题设置力、导向把控力、思想穿透力和传播表现力等引导力评价指标实现了全面提升。纵观这一时期的新闻评论的综合影响和表现,其舆论引

---

① 涂光晋:《时代之"声"——新时期中国新闻评论研究》,北京:中国人民大学出版社,2011年,第372页。

导力呈现出时效性、多样性、包容性全面突破的特征,其核心内涵就是"以人为本"。

(一)引导力方向:以邓小平理论、"三个代表"重要思想与科学发展观为指导

这一时期,在一系列科学理论的指引下,新闻评论在复杂多变的舆论环境中始终把握着时代主题和正确指向,使得舆论引导力拥有着强大的思想源泉和生命力;但意见传播主体的多元化与"去中心化",以及转型期社会矛盾所导致的政府公信力危机,使得新闻评论的导向把控力面临严峻挑战,其舆论引导力的信度呈现出两极分化态势。

首先,以党的科学理论为指导,为中国特色社会主义事业保驾护航。在改革开放初期解放思想、实事求是思想路线的基础上,1992年后,新闻事业继续与时俱进,顺应形势发展和党的指导思想的丰富完善,将新闻宣传工作推向了一个新阶段。在邓小平理论、"三个代表"重要思想与科学发展观等科学理论的指导下,围绕着坚持和加快改革开放、建立社会主义市场经济体制、建设社会主义和谐社会、加强党风廉政建设与精神文明建设等中心工作和重要任务,新闻评论以深刻的思想,准确的前瞻性和敏锐的洞察力,为中国特色社会主义建设事业发挥了思想引领和保驾护航的重要作用。

如1992年宣传邓小平南方谈话精神、彻底扫除人们思想障碍的《深圳特区报》"猴年八评"、《深圳商报》"八论敢闯",以及《人民日报》的《改革的胆子再大一点》等系列评论,为中共十四大确立社会主义市场经济道路起到了舆论先导作用,成为坚持和加快改革开放的舆论先声;为经济建设宣传鼓劲并及时提出警醒的《经济日报》系列评论、《开发热的冷思考》及"任仲平"文章《决定现代化命运的重大抉择——论加快经济发展方式转变》;为实现科学发展和建设和谐社会提出告诫的《沙尘暴的警告》《治理好污水也是政绩》《城市管理亟待走出"整治思维"》;为加强党风廉政和精神文明建设不懈呼吁的《扫除形式主义》《拜金主义要不得》《迎着老百姓的方向走》《论保持共产党员先进性》《决不许亵渎英雄,歪曲历史》……一大批影响力巨大的优秀评论作品,都是在科学理论的正确指导下,围绕着党的中心工作所创作问世,成为具有历史意义的时代符号和思想印迹,成为其舆论引导力具有强大生命力的思想源泉。

其次,意见主体的多元分化及政府公信力危机,影响导向把控力。进入20世纪90年代后,随着传播技术的进步,以及言论空间的逐渐开放,新闻评论开始由职业化写作向大众化、普及化创作转变。互联网的出现,更是为社会大众提供了一个开放的话语平台,吸纳了空前庞大的意见表达群体,新闻评论的创作主体日益多元和分化,"去中心化"的传播模式使得传统媒体的单向传播转变为基于网络平台的多主体多级传播。世纪之交的新闻评论创作主体呈现出"四位一体"①的特点,即包含媒体评论员的职业写作、时评写手的准职业化写作、普通公民的有感而发,以及专家学者的专业解读四种类型,覆盖多种媒体平台。

多元化的创作主体使得媒体评论样式更加丰富多彩,社会声音的表达更加全面、完整,但也一定程度上导致了作品质量的良莠不齐。报纸广播电视等体制内传统媒体等利用资源、品牌和人才优势,在正确理论指导下充分发挥"喉舌"功能,打造评论精品,继续保持着在舆论引导方面的主导作用;而新兴网络媒体及部分市场化媒体,因为利益驱使,加上缺少有效监管,其信息与意见表达出现了谣言泛滥、追逐热点、情绪偏激等弊端,产生了不良后果,较之传统媒体评论,权威性和可信度明显不足。此外,转型期社会矛盾频发,政府处理不当所导致的政府公信力危机也连带着影响了体制内媒体舆论引导功能的实现,使得政府的舆情应对及危机处理能力面临考验。因此,这一时期新闻评论及评论者的导向把控力面临严峻挑战,时常处于被动的不确定状态,引导力信度呈现出两极分化的态势。

虽然网络等体制外媒体不以舆论引导为主观目的,但其所反映的网民情绪以及部分意见领袖言论具有强大的社会影响力,客观上会影响舆论走势,因此对于其负面影响不可掉以轻心。如诸多网络事件中的网络热词背后所体现的网民情绪给有关部门正确处理事件、有序引导舆论造成了相当大的干扰,依然有赖于传统媒体把握底线,在热点问题上予以理性引导,矫正航向。

(二)引导力大小:"新闻本位"回归与舆论引导体系的构建,提升引导力强度

首先,"时评"的回归与勃兴,极大增强了新闻评论的思想穿透力。这一时期,新闻评论发展的一个最明显标志就是"时评"的复兴,即以议论时事为主的新闻评论的兴盛。经过二十余年的发展,时评已经成为当代新闻评论的主要形态,在某种程度上甚至成为"新闻评论"的代名词。

虽然改革开放初期部分新闻评论也体现了一定的时效性,但在当时思想解放、拨乱反正的时代背景下,言论方面起主导作用的是政论、思想言论和杂文,人们对报刊言论的寄望主要是思想解放和观念指引,而不是新闻性。进入 20 世纪 90 年

---

① 郑根岭:《新闻评论新态势研究》,《现代传播》2008 年第 5 期。

代后,随着社会变动日趋剧烈,许多新事物需要人们及时作出判断,而舆论空间的逐步开放也使更多的事件性新闻成为市场化媒体评论的选题,此时人们的阅读和接受期待已不是思想观念的冲击,而是对刚刚发生的新闻事件进行判断和评价,并在评论中直接表达出来。顺应人们对意见性信息需求的最新变化,回归"新闻本位",带有鲜明时效性特征的时评文体迎来复兴,借助报纸、广播、电视、网络多种媒体平台,一股"时评风"吹遍全国,及时回应了公众关切。

时评是对新闻事实进行清晰判断和有效表达的文体,它的出现使新闻评论回到了认识论的层面,也是新闻评论的核心价值。时评文体直面事实,注重理性思维与推理论证,以及意见表达的逻辑性和严密性,通过对热点事件的内在分析和深刻解读,对公众思想和行为进行明确、直接的认识和指导,体现出极强的思想穿透力。这一点在报纸言论版和电视演播室评论节目中的多方意见交流过程中表现得尤为明显,充分体现了新闻评论"以理服人"的本质追求,以及"观点交流平台"的重要特征,大大增强了新闻评论的思想性和现实指导性。

其次,传播系统的扩充与传播方式的创新,提升了新闻评论的传播表现力。如前所述,20世纪90年代后,新闻评论传播系统得到了极大扩充,报纸、广播、电视、网络评论共存共荣,传统评论体裁与新兴评论样式百花齐放。无论是在数量上还是质量上,新闻评论都比之前有了巨大的飞跃和提升。而基于互联网平台出现的论坛及微博等新媒体言论形式,更是将新闻评论的时效性和丰富性推向了新的高度,使得新闻评论舆论引导力的实现获得了强大的载体和资源支持。

在传播方式与手段方面,新闻评论也顺应传播生态和舆论环境的变化,不断优化和创新,提升传播表现力:从以单向传播为主,到互动传播方式的介入;从以被动反应为主,到主动策划的普遍运用;从以领导视角、工作视角为主,到平民视角、民生视角的转换;从以阐述性、解释性议论方式为主,到讨论式、交锋式议论方式的提倡;从以闭合式结论为主,到开放式结论的增多;从以发表单个评论为主,到报纸言论版、网络讨论区等意见平台的设立与完善……①在传播方式的创新中,可以清晰地看出这一时期新闻评论以受众为本位的价值取向,以及从灌输教育到引导整合的思路转变。一大批中国新闻奖获奖作品的涌现,"冰点时评"、"新闻纵横"、《焦点

---

① 涂光晋:《从"媒体意见发布"到"公众意见整合"——新时期中国新闻评论的历史性变迁》,《2004第二届亚洲传媒论坛——新闻学与传播学全球化的研究、教育与实践论文集》,北京:中国传媒大学出版社,2005年。

访谈》等品牌栏目的受捧,《南方都市报》《新京报》等知名时评版的热度,以及传统媒体与新兴媒体在激烈竞争中互设议程的表现……新闻评论以灵活多样的传播方式和多种手段的综合运用,通过理性沟通和平等交流实现了对公众和舆论的有效引导,深刻贯彻了科学发展观中"以人为本"的理念。

(三)引导力作用点:选题聚焦热点,观点平台多元包容

围绕着创建市场经济体制、构建和谐社会、全面建设小康社会等党和国家的中心工作,这一时期的新闻评论紧跟时代发展和现实需要,聚焦热点事件和人们关心的重大话题,在复杂的舆论环境中答疑解惑,激浊扬清,有效引导舆论走向。

在中央关于新闻宣传工作"三贴近"(贴近实际、贴近生活、贴近群众)要求的指引下,新闻评论的议题设置力得到充分提升,题材拓展到政治、经济、文化、社会等多个领域,各种类型的专业评论大量涌现;很多评论文章及栏目运用百姓视角,关注民生,答疑解惑,突出服务性和实用性。同时,转型期中国社会出现的诸多无法回避的矛盾和问题,如腐败、就业、医疗、教育、社会保障等,也成为新闻评论关注的重点,舆论监督空前兴盛,这在都市报时评、"焦点类"广播电视评论,特别是新兴的网络言论中得到了充分体现。舆论监督功能的强化,维护了公平正义,呼应了民众心声,保证了新闻评论选题的准度和效度。

伴随着对舆情演变规律认识的深化,这一时期舆论引导的水平也在不断提高。新闻媒体除了被动反映和疏解社会舆论外,还主动设置议程,主导舆论聚焦与走向。如前文媒体关于"王海现象"的报道和评论,大致经历了"提出议题——讨论解说议题——探讨社会动因——报道社会效应"的过程。先是介绍王海购物索赔及已有的一些观点冲突,为各方受众提供一个自由讨论的意见市场;然后围绕预设的一些具体问题,有选择地反映报道各种代表性观点看法;再将这一现象置于从计划经济到市场经济、人治向法治这一社会转型过程中,对议题作深度阐述、解释;最后以评论、权威人士总结以及大量商家悬赏打假、消费者仿效王海索赔的新闻报道对"王海现象"作出方向性的肯定。在此过程中,可以清楚地看到媒体策划和设置议程、引发社会讨论、促使问题解决的思路和流程。通过主动的议题转换,媒体评论立意不断提高,收到了良好的宣传和引导效果:普及《消费者权益保护法》,打击假冒伪劣,加强民众的法治意识和建设社会主义道德规范。这一过程充分体现了新闻评论作为"观点交流平台"的舆论引导功能。

再如,汶川地震中《人民日报》所刊发的大量评论也体现了议程设置的作用。

如《灾难中凝聚沉着的力量》（《人民时评》）、《悲痛中凝聚不屈的力量》（社论）、《凝聚起民族复兴的力量》（"任仲平"评论）等贯穿整个救灾过程的系列评论，通过对各种精神"力量"的强调，鼓舞了全国人民的斗志和信心。在地震发生初期，所有评论均属正面引导，高举"生命"大旗，倡导救人第一，灾情中所隐含的人为因素、一些有昧道德良知的表现等都被暂时性搁置。随着时间的推移，灾后重建逐渐被提上议程，评论开始聚焦灾区民众的生产生活状况和援建工作。在抗震救灾行动告一段落后，评论开始对灾难起因中的人为因素和救灾过程中出现的违法现象进行反思，并理性探讨了如何制约和规避的问题。① 通过不同时期各种显著性议题的设置和强调，《人民日报》评论有力履行了"喉舌"功能，收到了很好的舆论引导效果。

此外，这一时期多元化的语境还有利于评论者掌握民情民意，推动了意见交流与整合。虽然改革开放初期专栏小言论的出现使得媒体上的观点文章开始多元化，但和后来出现的报纸时评版、网络话语平台相比，传统新闻评论主要承担的还是"宣传阵地"功能。20世纪90年代后期报纸时评版的兴盛，使得新闻评论拥有了更广阔的话语空间和平台，功能从也从观点表达拓展至意见交流与整合。从《深圳特区报》"群言"到《中国青年报》"青年话题"的言论版起步，从"南都"到"新京"的都市报言论版热潮，再到《人民日报》"观点"专版，越来越多的公众言论以各种形态走上媒体。在此过程中，言论版或者成为观点的集纳式园地，或者成为意见的交锋式场所，通过交流和争鸣形成强大的"场效应"，成为公众参与社会生活、进行舆论监督和实现自身话语权的重要方式和途径。网络新闻评论的出现，使得意见表达更加多元，思想碰撞更为激烈，网民可以自由表达不同的利益诉求，很大程度上实现了弥尔顿所说的"思想和意见的公开和自由市场"。在多元包容的"观点市场"中，网络评论成为民情民意最直接的反映和表达形式。

报纸言论版及网络评论不但承担了发表平台功能，还在此过程中推动了各种观点、意见的交流与整合。报纸评论版可以通过多样化的专栏、体裁等形式，吸纳各类主体、选择评论对象，实现对不同观点的整合；网络平台以开放的视野、多样的视角、多元的观点，通过论坛和评论集形式，将来自于众多评论主体的各种言论进行灵活归类和有机整合，并在与传统媒体的互动融合中，全方位、立体化、多渠道的展示互联网时代言论生态的丰富多彩。

---

① 彭军辉：《浅淡灾难新闻评论的"议程设置"——以〈人民日报〉"汶川地震"系列评论为例》，《新闻知识》2009年第11期。

二、以人为本价值认同深入人心,但部分要素无序影响引导效果

伴随着舆论引导力的多元提升,这一时期新闻评论的舆论引导取得显著效果。在舆论导向"福祸论"和舆论引导"利误论"的指引下,新闻评论充分发挥导向和监督功能,在弘扬主旋律、揭露和推动问题解决等方面表现尤其突出。随着以人为本理念的深入人心,新闻评论对舆情演变和公众价值观的作用力愈加深刻,在公民意识培养和发展道路认同方面取得了巨大成功。但由于评论主体多元化及网络舆论非理性化的影响,部分作品出现了质量不足与情绪化的问题。

(一)作用力全面深刻,以人为本价值认同效果突出

这一时期,伴随着新闻事业的蓬勃发展及对舆论引导认识的深化,新闻评论传播主体、内容、形态、方式及功能得到了全面拓展,已发展成为一个内涵丰富的意见性信息传播系统,其舆论引导力的信度、强度及准度均获得了提升,在社会生活各方面发挥了巨大的舆论引导作用。

与改革开放初期新闻评论数量有限,且偏重于时政、思想理论领域,以党报为主导,重在宣传教育,时效性互动性不足等特征相比,这一时期的新闻评论几乎在所有方面都取得了巨大进步:数量极大丰富,时评文体兴盛,覆盖报纸广播电视网络等多媒体平台,涉及政治、经济、文化、民生等多个领域,舆论监督功能强化,注重理性探讨平等交流,时效性互动性突出……引导力的多元提升,使得新闻评论的舆论引导功能得到了充分发挥,优秀新闻评论作品层出不穷,为受众指导思想、答疑解惑;在有效引导舆论的同时,通过开放的言论空间推动公众交流,倡导理性探讨,激发参政议政热情,从而培养公民意识,凝聚社会共识。而无论主旋律宣传,还是舆论监督,或者以平台促进交流,新闻评论进行舆论引导的核心内涵都是以人为本,其舆论引导力的提升,正是通过以"以人为本"为价值取向的党的新闻舆论思想而得以实现的。新闻评论在公共话题上的犀利和深刻,以及公众对"以人为本"价值理念的认同,是其具有长久生命力的源泉。

今时今日,每当谈论起当年一些重大事件,人们依然会记起那些有影响的新闻评论:提到邓小平南方谈话,会想起《深圳特区报》的"猴年八评"和《人民日报》的《改革的胆子再大一点》;提到股市的大起大落,会想起《人民日报》的《正确认识当前股票市场》;提到公路"三乱"现象和野蛮执法,会想起《焦点访谈》的《"罚"要依法》;提到北约轰炸我驻南联盟大使馆,会想起人民网"强国论坛"上的9万多条帖

子;提到"孙志刚事件",会想起《南方都市报》的《谁为一个公民的非正常死亡负责?》;提起成都唐福珍的拆迁自焚,会想起《新闻 1+1》连续两集的《拆迁之死》……①新闻评论在舆论引导方面的突出表现,在世纪之交的中国社会获得了广泛的社会关注和认可,新闻评论真正成为时代发展的观察者、思考者、监督者与建设者。

(二)作品的两极走向与网络言论的非理性表达,影响引导效果

在取得显著效果的同时,这一时期新闻评论的舆论引导也存在着一些问题与不足,即部分要素的无序化影响了引导效果,主要表现在:意见主体多元化带来评论作品质量的良莠不齐;网络舆论的非理性特征导致舆论审判与网络暴力;舆论监督和议程设置功能的局限导致舆论引导效果不完善、不稳定。

报纸言论版及网络话语空间为普通大众进入新闻评论领域提供了平台,降低了新闻评论的创作门槛。很多普通作者和网民只是出于兴趣和表达需要,其知识背景和专业能力并不足以提供深刻、独到的观点并进行论证,因此评论的数量虽然大幅提升,但深刻性与可读性兼备的作品却为数不多,很多文章观点雷同、议论空泛、文笔平庸。另一方面,一些出自专家、学者的评论文章(或节目),虽被专业人士肯定,但在社会层面上却没有引发多大反响,这既和言论作品本身固有的抽象性、理论性有关,也和作者表达过于"曲高和寡"有关。主体和作品的两极走向,以及一些党报和传统大报评论固有的"政令式""学究式"问题,使得新闻评论的舆论引导效果受到一定影响。

虽然新闻评论的舆论引导力主要来自于体制内媒体,尤其是肩负舆论导向职责的党报党刊党台党网,但引导力所产生的实际效果必然会受到外部传播环境及体制外言论主体的影响。在 20 世纪 90 年代后意见主体多元化的舆论场形势下,考察体制内媒体的引导力效果,必须把新兴网络媒体及其中的无序化、非理性化等因素考虑在内。网络平台为公众提供了自由表达的权利和条件,但各种不良情绪的宣泄以及不理性语言也随之充斥着网络空间,以致在某些话题上"不理性网民利用谩骂或极端语言攫取了网络公共领域的话语权"②,理性群体处于集体失语状态。网络言论的情绪化与非理性特征,严重影响和制约了其进一步发展和"公众意

① 涂光晋:《时代之"声"——新时期中国新闻评论研究》,北京:中国人民大学出版社,2011 年,第 52 页。

② 郑萍:《中国传媒公共领域探究——基于学界的争论》,《中国行政管理》2010 年第 1 期。

见平台"的建设。如在 2011 年轰动全国的"药家鑫案"中，所谓凶手是"官二代""富二代"等说法，激起了不少网友仇官仇富的心理，媒体和公众口诛笔伐，杀声一片。在此过程中，传统媒体过度行使了监督职能，基于自身情感对案件进行道德谴责，盲目跟风渲染负面情绪，造成"媒介审判"现象，对司法公正产生了不良影响。可以看出，以互联网为代表的新媒体虽然推动了哈贝马斯笔下"公共领域"的形成，但在实现其批判、理性的政治性功能方面还存在很大困难，而这有待于公民媒介素养和社会理性精神的提升。

此外，虽然这一时期新闻评论的舆论监督功能明显强化，涌现了一大批直面时弊、言辞犀利的优秀评论作品和栏目，但在转型期中国社会矛盾频发的时代背景下，批评性报道或言论经常会受到外界因素的干扰，出现游移或消失，一定程度上导致了舆论引导效果的不完善、不稳定。如在汶川地震期间，《人民日报》评论在弘扬"抗震救灾"主旋律时，虽然对学校"豆腐渣"建筑、违规动用救灾款物等负面议题有所提及，但这些关注首先来自网民而非《人民日报》自身，而且相关言论更多的是从政策层面进行决策和警示，并没有直接针对问题进行发问和追责，这不能不说是其"议程设置"过程中的一点缺憾。

虽然存在着一些不足，但瑕不掩瑜，总体而言，在这一中国特色社会主义建设取得重大成就的战略机遇期里，以时评为代表的新闻评论与时俱进，坚持正确舆论导向，提高舆论引导能力，实现了自身引导力的多元提升，为建立和完善社会主义市场经济体制、推进改革开放步入新阶段发挥了巨大的思想保证和舆论支持作用，也为 2012 年后新时代新闻评论的深入发展奠定了坚实基础。

第四章　新闻评论舆论引导力的强化整合（2012—2021）

2012年中共十八大后，中国特色社会主义进入新时代，新闻事业与新闻评论也迎来了新的机遇和挑战。在全面建成小康社会、实现第一个百年奋斗目标的历史征程中，新闻评论行稳致远，持续坚守和创新，发挥了巨大的舆论引导和保驾护航作用，通过不断的调适完善，实现了自身引导力的强化与整合。

第一节　中国特色社会主义新时代的新闻评论

中共十八大以来，以习近平同志为核心的党中央领导全国人民实现了第一个百年奋斗目标，全面建成小康社会，党和国家事业取得了历史性成就。这一时期，党的宣传思想和新闻舆论工作的主要任务是在习近平"48字方针"指引下，围绕"五位一体"总体布局和"四个全面"战略布局，举旗帜、聚民心、育新人、兴文化、展形象，为实现两个百年奋斗目标提供意识形态指导和共同思想基础。习近平提出的"建设具有强大凝聚力和引领力的社会主义意识形态"这一宣传思想工作的战略任务，为新时代新闻舆论工作明确了方向目标，提供了根本遵循。在其指引下，新闻评论守正创新，在融合中调适完善，走向成熟。

一、统一思想、凝聚力量，推动实现第一个百年奋斗目标

中共十八大后，在习近平新时代中国特色社会主义思想指导下，我国立足新发展阶段、贯彻新发展理念、构建新发展格局、推动高质量发展，在坚持党的全面领导、全面从严治党、经济建设、全面深化改革开放、政治建设、全面依法治国、文化建设、社会建设、生态文明建设、国防和军队建设、维护国家安全、坚持"一国两制"和

推进祖国统一、外交工作等 13 个方面取得了突出成就。[1]

这一时期,党形成并统筹推进经济建设、政治建设、文化建设、社会建设、生态文明建设"五位一体"总体布局,形成并协调推进全面建成小康社会[2]、全面深化改革、全面依法治国、全面从严治党"四个全面"战略布局,从全局上确立了新时代坚持和发展中国特色社会主义的战略规划和部署。"五位一体"总体布局明确了新时代推进国家现代化建设的总体部署,"四个全面"战略布局明确了在新时代党和国家发展中具有全局性带动和引领意义的重要方面,为坚持和发展中国特色社会主义提供了更加科学的布局安排。

中共十八大以来,围绕着"全面建成小康社会"的目标任务,我国在经济、政治、文化、社会、生态文明五项指标上取得了巨大成就。在经济建设上,经济发展平衡性、协调性、可持续性明显增强,国内生产总值突破百万亿元大关,人均国内生产总值超过一万美元,国家经济实力、科技实力、综合国力跃上新台阶。在政治建设上,社会主义民主政治制度化、规范化、程序化全面推进,中国特色社会主义政治制度优越性得到更好发挥,生动活泼、安定团结的政治局面得到巩固和发展。在文化建设上,意识形态领域形势发生全局性、根本性转变,全党全国各族人民文化自信明显增强,全社会凝聚力和向心力极大提升。在社会建设上,人民生活全方位改善,社会治理社会化、法治化、智能化、专业化水平大幅度提升,发展了人民安居乐业、社会安定有序的良好局面。在生态文明建设上,中央以前所未有的力度抓生态文明建设,推动绿色发展,美丽中国建设迈出重大步伐,生态环境保护取得显著成效。2021 年 7 月 1 日,习近平在庆祝中国共产党成立 100 周年大会上宣告,中国全面建成小康社会,实现了第一个百年奋斗目标。

值得关注的是,由传播技术进步所导致的媒体深度融合现象,是这一时期中国社会尤其是新闻传播业的一个显著特征。大数据、人工智能和移动互联技术重构了新闻生产流程和舆论生成机制,公众利用自媒体可以很方便地表达和传播自身意见,参与形成甚至引发舆论和舆情,成为意见领袖。为占领宣传舆论阵地,避免在信息传播中被边缘化,近年来传统媒体主动转型,拥抱互联网,和新兴媒体深度融合,这已经成为国家战略。

---

[1] 《中共中央关于党的百年奋斗重大成就和历史经验的决议》,2021 年 11 月 11 日中国共产党第十九届中央委员会第六次全体会议通过,新华社北京 11 月 16 日电。

[2] 因"全面建成小康社会"的目标已于 2020 年如期实现,中共十九届五中全会将"四个全面"战略布局中的"全面建成小康社会"发展创新为以"全面建设社会主义现代化国家"为战略目标。

　　这一时期,宣传思想工作的主要任务概括而言,就是"一个高举""两个巩固""三个建设":"高举中国特色社会主义伟大旗帜,巩固马克思主义在意识形态领域的指导地位,巩固全党全国人民团结奋斗的共同思想基础,建设具有强大凝聚力和引领力的社会主义意识形态,建设具有强大生命力和创造力的社会主义精神文明,建设具有强大感召力和影响力的中华文化软实力。"①这一论述指出了新时代党的宣传思想工作的方向、目标和重点着力点,是新时代做好党的新闻舆论及新闻评论工作的基本规范。遵循这一任务要求,新闻媒体尤其主流媒体以统一思想、凝聚力量为主旨,坚守舆论阵地,积极改革创新,在阐释中央决策和部署,反映群众呼声,唱响主旋律,传播正能量等方面发挥了巨大作用。

　　当前,世界正面临百年未有之大变局,中西方在高科技及意识形态领域的斗争越来越复杂、激烈,国内主要矛盾发生转化,深化改革的难度有增无减,新一轮技术革命造成传播生态剧变,公共话语及新闻舆论格局发生极大变化……在国内外复杂严峻的形势背景下,习近平从新时代治国理政大局的高度出发,发表了一系列重要论述,为新时期的新闻舆论包括新闻评论工作提供了基本遵循。

二、守正创新,新闻评论在融合中调适完善

　　和中国特色社会主义进入新时代同步,2012年后新闻传播业也发生了深刻剧变。坚守意识形态阵地,推动媒体融合发展和建设全媒体成为这一时期新闻界的最显著特征和最紧迫任务。经历了前一阶段巨大飞跃的新闻评论,在习近平"建设具有强大凝聚力和引领力的社会主义意识形态"思想的指引下,继续坚守传统舆论阵地并不断巩固完善,同时顺应媒体融合大势,主动变革创新,在时代巨变中调适完善,走向成熟。

(一)"互联网+"评论体系形成,以"融评"实现创新

　　随着新兴媒体的快速发展,基于移动互联网平台、以微博、微信、新闻客户端为代表的社会化媒体成为人们进行媒介接触和信息消费的主要渠道;其便利性、平权性、交互性的特征,使得网络新闻评论获得了更广阔的发展空间和更丰富的表现形式,在信息传播和舆论引导中的作用越来越重要,越来越显著。

　　报纸、广播、电视等传统媒体在拥抱互联网的过程中,对新闻评论的创作和表

---

① 黄坤明:《以党内法规建设新成效推动宣传思想工作开创新局面》,《求是》2019年第17期。

达方式进行了创新和完善,不断探索媒体融合背景下的新闻评论发展新路径,如进军"两微一端"开拓融媒评论、更新评论表达形式以吸引年轻受众等,建构于媒体融合基础上的"互联网+"评论体系逐步形成,新闻评论的全媒体传播格局得到完善。在此过程中,新闻评论的生产与传播方式也发生了根本性变革,评论主体大范围扩展,草根评论员大量涌现,全民评论潜力被激发,新闻评论的观点交流平台功能在社会化媒体时代得到了最充分体现。

融合赋予新闻事业更多可能性。传统的评论报道形式开始迈入"融评"时代:H5、长图、音乐、漫画、脱口秀……图、文、影、音等元素的全方位融入,打破了传统评论尤其文字评论的抽象、平面模式,为观点产品注入了活力,并通过移动端的传播,吸引了越来越多的用户和受众,实现了新闻评论的移动化、可视化创新。比较有影响力的"融评"实践有 2014 年凤凰视频时政新闻脱口秀节目《又来了》、2017 年央视网关于习近平活动系列"漫评"、2019 年人民日报创意视频《两会"石"评》、中央电视台《画里有话》栏目图解评论、人民网口述微评系列短视频《两会听我"蒋"》、"四川观察"竖视频栏目《快嘴幸儿 60 秒盘两会》、华龙网评论栏目"小屏论"、2021 年新华社全媒报道品牌栏目"新华全媒+"推出的"沉浸式听两会",以及蜻蜓 FM 张召忠《局座时评》、四川新闻频率观点栏目《声张》等音频评论节目等,都取得了不错的社会反响。①

传统的报纸端评论也在融合传播方面进行了有益探索,文字与视频融合呈现,使评论传播更加立体。如 2017 年香港回归 20 周年之际,人民日报首次尝试了"任仲平"文章与微视频的融合传播,开启了政论传播新形式的探索之路;新华社《学习进行时》专栏推出融媒体政论产品"辛识平",通过评论员评说、重要观点字幕视觉化表现、包含片头片尾的完整短视频制作等手段,实现了主旋律作品的生动表达。此外,近年来蓬勃发展的人工智能和大数据技术也给评论带来了更多可能性,如新华社在两会期间推出的 AI 主播、光明日报融媒体中心的虚拟主播"AI 小明"等。

(二)主流媒体巩固传统,拓展新媒体评论阵地

在新媒体迅猛发展、社会日益多元化的今天,新闻评论以其思想性和指导性,成为主流媒体重获影响力和公信力的重要选择。主流媒体持续开拓创新,加

---

① 章晨曦、董立林:《"融评",给评论更多可能性》,《传媒评论》2019 年第 4 期。

大评论力度,巩固传统舆论阵地,开拓全媒体发展新路径,推动新闻评论向前发展。

　　近年来,报纸广播电视等传统主流媒体不断强化和巩固新闻评论宣传阵地,推出评论专栏和专版。以《人民日报》为例,头版开设有"任仲平"评论、"今日谈"微评论,三版、四版开设有"钟声"和"人民论坛"专栏,2013年又在第五版开出其历史上第一个新闻评论版,在纸媒端形成了多元立体的新闻评论方阵。评论版的创办,使得党报评论的"量"和"质"获得了双重提升,多次获得中央领导的批示表扬,被读者评为"最受读者欢迎版面"①。在《人民日报》示范下,各省党报纷纷加强新闻评论版面和专栏的建设。广播电视等媒体对新闻评论同样也非常重视,如央视不断推出新闻评论名专栏,从"焦点访谈"和"新闻1+1"到"央视快评"和"中国舆论场";东方卫视于2019年元旦开播大型深度时事评论新闻直播节目"今晚60分"(后改名"今晚");浙江卫视2015年开播的新闻评论栏目"今日评说"专注于评说"中心工作中的中心工作"。

　　在中央提倡短、实、新,反对假、长、空的文风号召下,各级主流媒体纷纷改革评论生产机制,改进文风:人民日报提出"写好评论需要到现场去",人民网观点频道开创和打造"三评"品牌系列,深圳特区报要求评论员手拿话筒到一线。各家媒体还试行了"评论记者"工作机制和"现场评论"生产方式,通过让记者型评论员到需要关注和评论的事实现场,获得真实感受和对事实的正确把握,以形成、提升观点和思想。② 各级媒体的改革举措,提升了新闻评论的影响力和亲和力,更好地发挥了舆论引导功能。

　　面对新媒体的来势汹汹,传统主流媒体主动拥抱微博、微信、自有新闻客户端、聚合新闻客户端、抖音等新媒体平台,创新表达形式,开拓新媒体评论阵地。截至2021年7月,人民日报官方微博粉丝已达1.4亿,"人民日报评论"粉丝达492万。各传统主流媒体如新华社、央视新闻、光明日报、解放日报其官方微博粉丝均呈几何级数增长,微信公众号用户数量达到了百万甚至千万以上,涌现了如"侠客岛""光明论""观察者网""团结湖参考""澎湃新闻评论""新京报评论""红星评论"等一大批影响力巨大的评论公众号。据腾讯负责人在"2018年媒体融合发展论坛"上透露:在机构运营的微信公众号中,媒体号的粉丝总量高达23亿。主流媒体在微信

---

① 杨芳秀:《让党报评论引领主流舆论——范正伟访谈录》,《新闻战线》2016年第5期。

② 赵振宇、彭舒鑫:《新闻评论:新时代的新气象和新思考》,《新闻战线》2019年第5期。

公众平台上成功推进了媒体融合转型,取得了理想的信息传播与舆论引导效果。此外,各主流媒体的自有新闻客户端、聚合新闻客户端、抖音的覆盖率也不断上升:绝大多数党报的自有客户端均开设了言论或评论频道;在聚合新闻客户端(如今日头条、腾讯新闻等),377家党报的入驻率超过80%,党报头条号平均订阅量达17.7万;377家党报中有190家入驻抖音平台,其中人民日报抖音号粉丝量达到了1.2亿。①

在新媒体传播环境下,主流媒体利用"微评"、"快评"等形式,抢占舆论制高点,传递理性声音,在第一时间引导舆论。如新华社"新华时评"、《新闻联播》"本台短评"、中央人民广播电台"中国之声"等栏目,时发时评,时效之快比网络有过之而无不及。主流媒体还不断创新表达方式,利用各种新技术手段,使评论变得更生动、活泼、接地气,如前述的"融评"移动化可视化创新、央视短视频栏目《主播说联播今天我来说》等,开拓了新闻评论的新阵地。

(三)自媒体表达推动文体变革,建立"观点写作"新规范

网络公共表达的多元化和自媒体传播的激烈竞争,还推动了新闻评论的文体变革和写作创新。在由互联网创造的多元化传播结构中,各种写作式样、议题、作者和读者,在传统媒体、新媒体和自媒体广阔的空间中平行地生存和发展,创造了丰富的文体样式。在某种程度上,全媒体时代的多元化创新性写作已经突破了传统"新闻评论"默认的文体规范,向更广义的"观点写作"靠拢。

在传统的新闻评论生产机制中,作者和读者是相对固定和有限的。而门槛更低、更自由的互联网和自媒体空间创造了新的言论作者和言论读者。许多热门微信公号如"冰川思享号""思想潮""新少数派"等,它们所发表的文章是一种具有更长篇幅、更多史实和文献引征的文体,拥有自己稳定的读者或者用户群,哪怕这些读者过去并不读报纸评论。这些由于言论领域的创新所开发出来的新读者,必然与作者之间在写作方式上存在着不同于传统新闻评论的新默契——即写作规范。新的植入因素影响了评论文体形式,传统媒体评论的篇幅、论证方式、论据形态等约束条件被打破,一种接近科学规范的论证方式和更有专业特点的论据形式如数据图表和文献引注等,被置入文本之中,如腾讯网"今日话题"、凤凰网新闻客户端荣誉主笔"唐驳虎"的多篇评论作品。② 它们在互联网—自媒体评论普遍的修辞化

---

① 秦军:《融媒时代 新闻评论路在何方》,《传媒评论》2019年第9期。
② 马少华:《观点写作,在创新中建立新的文体默契》,《中国记者》2020年第7期。

倾向(网络"段子"是其典型)之外,为评论写作置入了严肃的专业化倾向,这是当代观点写作收获的理性进步因素。

专家群体在自媒体时代进入公共表达空间,也是影响文体规范的一个重要因素。他们以更独立、更自觉的姿态进行观点写作,在热点问题、争议性议题上形成影响舆论的力量,在成为舆论热点的学术规范议题上显示出专业的认识层次。此外,一些传统媒体人的个人公号如"刘备我祖""六神磊磊""短史记"等,从不同途径拓展了观点表达文体的文化含量,同时拓展了观点表达的受众。

第二节　新闻评论舆论引导力表现：从坚守阵地到融合创新

新时代中国社会的深刻变化,以及传播生态的融合剧变,使得新闻评论的舆论引导面临着全新的挑战和机遇。这一时期,按照习近平"建设具有强大凝聚力和引领力的社会主义意识形态"论断的要求,新闻评论尤其是主流媒体评论始终把坚守意识形态阵地摆在首要位置,坚持马克思主义新闻观和正确舆论导向,同时尊重新闻传播规律,创新方法手段,构建舆论引导新格局,充分发挥了举旗定向、凝聚人心的作用,其舆论引导力得到了强化与整合。

根据中共十八大后中国社会的主要特征和重大事件、互联网环境下新闻舆论工作的新情况新特点,以及新闻评论在贯彻习近平新闻舆论观中的作用表现,本节从思想价值引领、关注民生民情、培育社会理性及推进融合创新等方面,以"中国新闻奖"获奖评论作品(2013—2021)为重点素材,对新闻评论在这些重要任务中引导舆论的做法及代表性作品进行梳理和分析,探讨和总结新时代新闻评论舆论引导力的功能及成效。

一、坚持思想价值引领,壮大主流思想舆论

这一时期,根据习近平关于新闻舆论工作职责和使命的"48 字方针",以及新形势下宣传思想工作"举旗帜、聚民心、育新人、兴文化、展形象"的使命任务的要求,新闻评论尤其是主流媒体评论始终把举旗定向、凝聚人心摆在首要位置,贯彻马克思主义新闻观和社会主义核心价值观,围绕"五位一体""四个全面"等党和国家的重大战略规划进行思想价值引领,壮大主流思想舆论。

(一)围绕重大纪念日,集中推出主旋律作品

中共十八大以来,我国先后开展了纪念抗日战争胜利 70 周年、纪念改革开放 40 周年、庆祝中华人民共和国成立 40 周年、庆祝中国共产党成立 100 周年等重大纪念活动,涌现了一大批立意高远、催人奋进的主旋律评论作品。

2015 年是中国人民抗日战争暨世界反法西斯战争胜利 70 周年,当时日本右翼势力在历史问题上极力否认侵略罪行,中日关系高度紧张。9 月 3 日是抗战胜利纪念日,国家举办了一系列纪念活动。9 月 10 日新华社推出重要评论《中国故事,更精彩的书写还在后面》(第 26 届中国新闻奖一等奖作品),结合历史进程和"九三"大阅兵、宣布裁军 30 万等新闻事件,全方位深刻解析民族复兴的历程、和平正义的潮流、民族精神的壮歌,凸显了中国人民抗日战争胜利的历史意义,阐明了纪念活动的时代内涵。文章情理交融,是新闻宣传战线"讲好中国故事"的一个典范,被多家媒体刊载和转发,为纪念抗战胜利、弘扬抗战精神凝聚了社会共识,营造了良好的舆论氛围。① 此外,《人民日报》社论《凝聚和平与正义的磅礴力量》(2015 年 9 月 3 日)、《光明日报》社论《弘扬抗战精神 开创美好未来》(2015 年 9 月 3 日)等文章也取得了很好的社会反响。

2018 年是改革开放 40 周年,国家举行了隆重的纪念活动。12 月 14 日和 17 日,《人民日报》刊发两篇"任仲平"文章——《创造历史的伟大变革——纪念改革开放 40 周年(上)》(第 29 届中国新闻奖特别奖作品)、《亿万人民的共同事业——纪念改革开放 40 周年(下)》。上篇聚焦"国",下篇着眼"人",共同描绘出改革开放 40 年的壮丽画卷。《创造历史的伟大变革》以"在历史前进的逻辑中前进、在时代发展的潮流中发展"为切口,阐释改革开放的独特探索、独特道路、独特理论、独特制度,以及党的领导和人民的奋斗,试图触摸决定历史流向的规律河床。文章细节与说理紧密结合、分析与情绪互相感染,在读者的头脑、心灵中激荡起双重共鸣,引起各界高度关注:《新闻联播》摘播、新华社转发全文、全国各地省级党报转载,各新媒体平台在显著位置转载推送,单在人民日报"两微一端"点击量就近 2000 万。② 12 月 17 日,新华社发表评论员文章《向着更加壮阔的航程——致敬改革开放 40 周年》

---

① 中国记协网:《中国故事,更精彩的书写还在后面》,原文刊发于 2015 年 9 月 10 日新华社,http://www.xinhuanet.com//zgjx/2016-08/29/c_135641628.htm。

② 中国记协网:《创造历史的伟大变革——纪念改革开放 40 周年(上)》,原文刊发于 2018 年 12 月 14 日《人民日报》,http://www.zgjx.cn/2019-06/23/c_138139289.htm。

（第 29 届中国新闻奖一等奖作品），深入思考改革开放 40 年历程的成功经验和历史启示，以及新时代改革开放面临的现实问题，并通过融媒体报道拓展可视化传播渠道，配发微视频《改变中国影响世界的 40 年》，运用大量图片、动画、图表全景展现 40 年的发展变化，与文字报道相得益彰，进一步放大传播效果，是一篇体现融合发展和"四力"要求的精品力作。评论引起强烈反响，《光明日报》《解放军报》《经济日报》等 610 家媒体转载转发，总浏览量突破 3000 万。①

2019 年是新中国成立 70 周年，各大媒体纷纷推出评论，开展宣传庆祝活动，如《人民日报》10 月 1 日社论《奋斗的史诗 复兴的伟力——热烈庆祝中华人民共和国成立七十周年》、10 月 2 日评论员文章《为祖国自豪 为祖国祝福——论学习贯彻习近平总书记在庆祝中华人民共和国成立 70 周年大会上重要讲话》，新华社 9 月 30 日社评《铸就新时代中国的更大辉煌——热烈庆祝中华人民共和国成立 70 周年》、10 月 1 日至 6 日连续 6 篇"庆祝中华人民共和国 70 华诞"系列评论员文章《伟大祖国自豪吧！》《新的历史伟业在召唤我们》《在拼搏中绽放梦想》《爱国真情激荡爱党深情》《伟大祖国的前进步伐不可阻挡》《祝福中国！祝福世界！》，《光明日报》评论员文章《推动中华民族伟大复兴的航船乘风破浪扬帆远航》等。其中，发表于 9 月 29 日、30 日的两篇《人民日报》"任仲平"文章——《奋斗创造人间奇迹——为庆祝新中国成立 70 周年而作（上）》《初心铸就千秋伟业——为庆祝新中国成立 70 周年而作（下）》（第 30 届中国新闻奖特别奖作品）影响尤为突出。上篇围绕"三大规律"讲奋斗，总结 70 年辉煌成就的密码；下篇围绕"四个伟大"讲方法，阐述走向未来的路径。文章树起了一面建设新时代、共同创未来的精神旗帜，引发强烈反响。

2021 年是中国共产党成立 100 周年，中央举行了一系列重大活动。各大媒体纷纷发表推出重磅评论，如《人民日报》社论《铸就百年辉煌 书写千秋伟业——热烈庆祝中国共产党成立一百周年》与"任仲平"文章《百年辉煌，砥砺初心向复兴——写在中国共产党成立 100 周年之际》（第 32 届中国新闻奖特别奖作品）、新华社评论员文章《把握"九个必须"，开创美好未来——学习贯彻习近平总书记在庆祝中国共产党成立 100 周年大会重要讲话》与"钟华论"《百年风华·读懂你的样子——献给中国共产党百年华诞》（第 32 届中国新闻奖二等奖作品）、《光明日报》社论《千秋伟业还看今朝》、《求是》杂志社论《没有共产党就没有中国人民的幸福生

---

① 中国记协网：《新华社评论员：向着更加壮阔的航程——致敬改革开放 40 周年》，原文刊发于 2018 年 12 月 17 日新华社，http://www.zgjx.cn/2019 - 06/23/c_138139502.htm。

活》（第 32 届中国新闻奖一等奖作品）、《解放军报》社论《听党指挥 奋勇前进》、《第一财经日报》社论《以辉煌百年为起点 向民族复兴奋进》、"央视快评"《永远把伟大建党精神继承下去、发扬光大》、《经济日报》社论《矢志践行初心使命 奋力开创光辉未来——热烈庆祝中国共产党成立 100 周年》、《21 世纪经济报道》社论《江山就是人民，人民就是江山》、北京日报客户端评论《长风浩荡百年潮，砥柱人间是此峰》、《北京日报》社论《砥砺初心赢得民心 续写百年辉煌》、《南方日报》宏论《砥柱人间是此峰——写在中国共产党成立 100 周年之际》（第 32 届中国新闻奖一等奖作品）、《新华日报》社论《奋斗百年路 奋进新征程》、"澎湃新闻"社论《百年大党与这一天的中国》等。

其中，6 月 28 日《人民日报》"任仲平"文章《百年辉煌，砥砺初心向复兴》"从初心看复兴，向复兴砥初心"，主旨鲜明、立意高远、气势雄浑，既充分展现成就也深刻阐释经验，既有严密精当的逻辑结构，又有感性生动的创新表达，展现出"任仲平"这一大型政论品牌的眼界、格局和历久弥新的生命力。文章见报后引发强烈反响，新华社全文转发，《新闻联播》摘播，各大门户网站、微博、微信、新闻客户端等平台大量转载，仅在"学习强国"学习平台、人民日报"两微一端"的点击量就突破 1400万，人民日报客户端获得超 3000 条留言、10000 多个赞。[①]《人民日报》"七一"社论《铸就百年辉煌 书写千秋伟业》以慷慨激昂、充满感情的文字回顾了党的百年发展史，指出"中国共产党成立以来的一百年，是中国人民根本改变历史命运的一百年，是中华民族走向伟大复兴的一百年，是中国为全人类发展作出卓越贡献的一百年"；站在"两个一百年"的历史交汇点上……必须保持战略定力，增强忧患意识，保持斗争精神，在危机中育先机、于变局中开新局，锲而不舍向第二个百年奋斗目标胜利进军，以"赶考"的清醒和坚定答好新时代的问卷，在顺应世界大势中书写中华民族千秋伟业。文章大气磅礴、情感真挚，读来振奋人心，真切感人。

（二）加强正面宣传，弘扬社会主义核心价值观

党的十八大提出，倡导富强、民主、文明、和谐，倡导自由、平等、公正、法治，倡导爱国、敬业、诚信、友善，积极培育和践行社会主义核心价值观。这也成为新时代新闻评论大力宣传与弘扬的重要主题。《人民日报》2015 年 4 月 20 日推出的"任仲平"文章《凝聚当代中国的价值公约数——论培育和践行社会主义核心价值观》（第

---

① 中国记协网：《百年辉煌，砥砺初心向复兴——写在中国共产党成立 100 周年之际》，原文刊发于 2021 年 6 月 28 日《人民日报》，http://www.zgjx.cn/2022‑11/01/c_1310668477.htm。

图 4.1　《人民日报》社论《铸就百年辉煌　书写千秋伟业
——热烈庆祝中国共产党成立一百周年》
资料来源：《人民日报》2021 年 7 月 1 日第 1 版

26 届中国新闻奖特别奖作品），就是其中的一篇重磅力作。文章把社会主义核心价值观放在中国古代五千年文明、近代近 200 年奋斗、当代近百年求索的大背景下去理解，直面现实问题，写出了价值观层面的矛盾、困惑和纠结，从"文明折射国家发展的境界"，到视法治为"现代政治文明的核心"，再到以爱国为"公民与祖国最牢固的情感纽带"，写出了人们内心共同的追求和向往。时任中央政治局常委刘云山批示表扬文章"有深度、有新意"，对 24 字的阐释进一步丰富了核心价值观的内涵，"三个什么样"的结论提升了核心价值观的政治理论意义。新华社、央视、多家省级党报党刊全文转载或摘播该文，人民网、新华网、央视网、求是网在首页重要位置予以推介，370 多家网站跟进，微信公号转发共 1100 篇次，澎湃等新媒体平台全文转载并加编者按。①

　　党中央一贯重视青年人的成长和教育。2017年12月29日，《中国教育报》刊登评论《新时代呼唤蓬勃的青年精神》（第28届中国新闻奖一等奖作品），针对当时"佛系青年"这一充满消极色彩的亚文化现象，从社会、文化、价值三个维度剖析其成因及社会影响，指出其是当下部分年轻人缺乏理想信念、远大志向和奋斗精神的缩影，进而提出"新时代呼唤蓬勃的青年精神"的论点，呼应习近平2018年5月在北大与师生座谈时"每一个青年都应该成为社会主义建设者和接班人""立鸿鹄志，做奋斗者"的讲话精神。评论在廓清全社会尤其是教育界对这一问题的认识、营造积极向上的网络文化方面发挥了正确的舆论引导功能，被人民网、光明网、搜狐网、凤凰网、央广网等多家主流网站转载，多位教育界知名人士对本文公开表示支持。② 2018年五四青年节当天，《中国教育报》再次发表评论《让劳动光荣成为青年坚定信念》（第29届中国新闻奖二等奖作品），针对人们对劳动的误解甚至轻视这一社会热点话题，提出"让劳动光荣成为青年坚定信仰"的观点，呼吁全社会弘扬"劳动光荣"观念，践行"劳动精神"。文章表现出对时代趋势的精准把握，凝聚了社会共识，被人民网、光明网等多家主流网站转载，并获得《中国教育报》"2018年度十大教育锐评"③。

　　对伟大精神和先进人物的歌颂和宣传历来是主旋律评论的重要题材。2019年是大庆油田发现60周年，9月26日黑龙江电视台"新闻法治在线"播出电视评论《这个名字，绽放时代的光彩》（第30届中国新闻奖一等奖作品），指出大庆精神、铁人精神过去、现在、将来都是中华民族的宝贵精神财富，需要继承和弘扬，让其绽放出时代的光彩。评论立意高远，在黑龙江省上下再次掀起了学习大庆精神、铁人精神的热潮。2020年，云南华坪女子高中校长张桂梅的事迹感动大江南北，7月27日《中国妇女报》刊登评论《张桂梅为什么感动中国》（第31届中国新闻奖二等奖作品），深刻阐释了这位"燃灯校长"的奉献与坚守，传递出女性改变命运的执着信念及其生生不息的奋进力量。文章既饱含对张桂梅这位新时代女性的赞美，亦高度

---

① 中国记协网：《凝聚当代中国的价值公约数——论培育和践行社会主义核心价值观》，原文刊发于2015年4月20日《人民日报》，http://www.xinhuanet.com/zgjx/2016-08/31/c_135647537.htm。

② 中国记协网：《新时代呼唤蓬勃的青年精神》，原文刊发于2017年12月29日《中国教育报》，https://baikeshot.cdn.bcebos.com/reference/56199306/9f57b9481e563f8123896080f337b9eb.png@!reference。

③ 许向东、刘巧：《时代正气与观点精度的相遇——文字评论〈让劳动光荣成为青年坚定信念〉评析》，《新闻战线》2019年第21期。

肯定国家教育扶贫对改善贫困地区女性命运的重要性,情理兼备,引发广泛共鸣,仅微信微博阅读量就近百万。学习强国、人民网、光明网、澎湃新闻等平台进行了转载,引领效果极佳。①

(三)服务中心大局,探讨全面深化改革

2013年,党的十八届三中全会对全面深化改革作了全面部署。11月12日会议闭幕当晚,人民网观点频道"人民网评"栏目在第一时间刊发评论《中国改革"再出发"的总宣言》(第24届中国新闻奖一等奖作品),围绕"全面深化改革"这一主题,解读了全面深化改革的紧迫性,以及各界关注的改革方向、改革动力等问题,指出"今天的改革,正在以勇闯地雷阵的英雄气概冲破思想观念的障碍,以敢啃硬骨头的无畏精神突破利益固化的藩篱,以统揽全局的胸怀和眼光统筹规划、稳中求进"。评论时效性极强,富有感染力,被数百家网站转载,在BBS、微博、微信等新媒体平台引发热议,对引导公众正确领会三中全会精神、凝聚改革共识具有积极意义。②

以供给侧结构性改革为主线,推进简政放权、放管结合、优化服务改革,是当前中国在经济发展新常态下持续推进全面深化改革的重点。长期以来,政府部门尤其某些窗口行业"门难进、脸难看、事难办"是广大群众反响强烈的突出问题,这种官僚主义作风也是实施简政放权、转变政府职能过程中所着力解决的重点问题。2013年两部中央级媒体的获奖作品对此问题进行了关注和反映。10月11日,中央电视台《焦点访谈》播出节目《证难办 脸难看》(第24届中国新闻奖一等奖作品),记者通过大量深入细致的采访,生动记录了北漂小伙小周为办护照往返北京和河北老家六次、徐州大学毕业生小狄为办农业合作社执照跑了十几次办证大厅仍然无果的艰难过程,展示了一些窗口单位工作人员态度粗暴、苛刻刁难、相互推诿的傲慢嘴脸和官僚作风。节目播出后在社会上引起了强烈反响和共鸣,持续多日成为舆情热度最高的单条网络新闻,"办证难"成为热门话题。除了涉及的地方当事人被处理外,很多地方也把这期节目作为进行群众路线实践教育活动的活教材,下发文件组织收看,相关部门陆续出台了一系列规定,要求简化办证

---

① 中国记协网:《张桂梅为什么感动中国》,原文刊发于2020年7月27日《中国妇女报》,http://www.zgjx.cn/2021-10/29/c_1310277609.htm。

② 人民网:《中国改革"再出发"的总宣言》,http://media.people.com.cn/n/2014/0526/c384276-25065204.html。

程序,改进工作作风。①

2015 年 4 月 8 日,《人民日报》刊登评论《"怎么证明我妈是我妈!"》(第 26 届中国新闻奖二等奖作品),由北京市民陈先生办理出境旅游被要求证明其和母亲之间是母子关系的荒谬事件,联系当时各种奇葩证明、循环证明现象,提出"打破政府各职能部门之间的信息'壁垒',让公民基本情况实现共享"。文章契合了简政放权的时事热点,击中了人们办事难的社会痛点,引发了广泛共鸣,几乎所有国内新闻网站、客户端、微信公众号都进行了转载并跟进报道。李克强总理在国务院会议上专门讲述了这个故事,国务院两次召开专题座谈会讨论简政放权、规范证明,公安部、民政部、国家旅游局等数十个部委出台大量便民利民政策。"证明你妈是你妈"一词也因此被评为 2015 年十大网络热词之一。②

图 4.2 中央电视台《焦点访谈》节目《证难办 脸难看》画面
资料来源:中央电视台《焦点访谈》2013 年 10 月 11 日播出

随着改革的深化,政府在经济工作中的调控、监管等公共服务职能越来越重要,这也成为深入人心的一种现代政治共识。2015 年 10 月 16 日,新华网刊发评论《政府敢啃"硬骨头" 市场才能有"肉"吃》(第 26 届中国新闻奖一等奖作品),抓住企业注册中"一窗受理、一表申请、一照一码、一网互联、一照通用"这一登记制度改革新气象,用人们熟知的"五个一"来概括,重申了政府公共服务职能这一常识,语言

① 人民网:《第二十四届中国新闻奖获奖作品(一等奖)——证难办 脸难看》,http://media.people.com.cn/BIG5/n/2014/1020/c389973 - 25869238.html.
② 中国记协网:《"怎么证明我妈是我妈!"》,原文刊发于 2015 年 4 月 8 日《人民日报》,http://www.xin-huanet.com//zgjx/2016 - 08/30/c_135642364.htm.

平实生动，揭示出"政府啃骨头、市场吃肉"的改革本质。文章一方面让人们看到了简政放权取得的实际效果，另一方面也给政府职能部门和市场主体以"迎着晨光实干"的重要启示，得到广泛好评。

2016年1月27日，《甘肃日报》发表评论《供给侧改革需加减法并举》（第27届中国新闻奖一等奖作品），针对我国经济在供给侧存在的各种问题和短板，提出加减法并举的观点：在加法部分，要形成崇尚创新的宽松环境，要建立保护创新的法治环境和市场环境，尤其要保护知识产权；在减法部分，要减税减费，简政放权，去产能等。文章抓住了供给侧结构性改革中的重点和难点，发表时正值供给侧改革刚刚提出，有很强的时效性和现实意义，产生了很好的社会影响。同年，黑龙江广播电视台于12月28日播出的另一篇获奖评论——《以供给侧改革破解老工业基地"双重转型"之困》（第27届中国新闻奖一等奖作品），通过对东北最大煤炭企业——黑龙江龙煤集团发展困局的透视分析，关注地方去产能过程中的主要难题，深入探讨国企改革及老工业基地转型发展的焦点话题，为新一轮东北老工业基地振兴提供了有益借鉴和启示。节目播出后引发了黑龙江省发改委、国资委等部门关注与思考，把经济工作重心从需求侧转到供给侧，在更高层次上谋划长远发展，成为黑龙江这一老工业基地转型脱困的主旋律。

解决好"三农"问题是全面深化改革的重要内容。2015年12月13日黑龙江广播电视台播出《丰年更忧粮安》（第26届中国新闻奖二等奖作品），从当年中储粮黑龙江分公司粮食库存总量与全国前11个月粮食进口量同为1.13亿吨这一数字巧合出发，指出传统"广种多储"的粮食安全理念已很难适应市场化、国际化、产业化的新形势，"高产量、高库存、高进口"现状给中国粮食安全敲响了警钟，前瞻性地提出了"农业供给侧改革"概念，呼吁国家尽快调整农业发展战略，以新的粮食安全观引领农业转型，将农业发展方式由数量增长为主转到数量质量效益并重上来。评论分析透彻、立意深远，引发了社会高度关注与热烈讨论。随后的中央农村工作会议在国家层面首提"农业供给侧改革"，为"十三五"时期农业农村工作指明了出路，成为中国现代农业改革新理念。2015年8月，国务院开展"承包地有偿退出试点"工作。8月12日《农民日报》刊登评论《要帮进城农民算好三笔账》（第26届中国新闻奖二等奖作品），针对"进入城市的农民是不是应该放弃承包地？"这一重要改革课题，提出要注重农民权益保护，帮农民算好三笔账——进城账、离农账、后路账，应该坚持稳妥的原则，不可操之过急。文章将政策解析与民生关怀结合，理性论证与鲜活表达结合,被多家网站转载,在三农政界、学界和农村基层干部中产生良好反响。一年后,2016年9月23日,《农民日报》又发表评论《"农改居":农民的权益只能增不能减》(第27届中国新闻奖二等奖作品),针对户籍制度改革中取消农业户口和非农业户口区分这一打破城乡二元壁垒改革的标志性事件,阐明了"农改居"中维护农民权利的问题,表达了"农民的权益只能增不能减"的农民心声。文章贯穿着历史眼光与问题意识,见解深刻,对于凝聚改革共识、推动户籍制度改革健康发展、维护农民的合法权益有重要指导意义。

2016年8月3日,内蒙古电视台播出评论《收粮商贩王力军的尴尬》(第27届中国新闻奖二等奖作品),以巴彦淖尔市临河区农民王力军因无证收购玉米而被法院以非法经营罪判处有期徒刑一年的案件为样本,探讨了粮食流通领域该如何做好放、管、服的问题。节目为全国上百万从事农产品流通的农民表达了心声,指出农村农产品流通环节不畅的现实问题,政府应设计和运用好制度,能放能管,让"二道贩子"真正成为解决农产品售卖难的"二郎神"。节目播出后引起了强烈社会反响,在最高法再审决定下,法院改判王力军无罪。

营造国际一流营商环境,是中国实现高质量发展的重要基础和关键一环。2018年12月31日,山东电视台播出节目《何日"凤还巢"?》(第29届中国新闻奖一等奖作品),对一些创办于山东的互联网企业却"孔雀东南飞",在浙江等先进省份迅速发展壮大的现象进行了深入剖析。记者辗转多地展开调查,一步步揭示出两省营商环境的巨大差距,暴露出山东部分政府工作人员思想保守、观念落后、政策水平不高、服务意识不强等严重问题,呼吁转变政府职能,深化"放管服"改革,全力培植企业健康发展的沃土。节目直击政府部门痼疾,自揭短处,彰显了媒体的责任和担当,在山东掀起了一场关于营商环境的大讨论、大反思,对全国很多营商环境不良的经济欠发达地区也有着广泛的警示作用,全国多家媒体转载或评论,多篇相关文章阅读量突破十万。[①] 两年后,2020年12月23日山东电视台播出的另一部获奖评论《求才 莫让才求人》(第31届中国新闻奖二等奖作品)以青岛市人才公寓在市南区,户口落在市北区,引进人才的孩子上学只能舍近求远的问题为例,聚焦高质量发展和人才关切,采用电视问政+网络问政的监督方式,在直面问题中解决问题,体现了舆论监督和正面宣传的统一,引发舆论热议,青岛市随后通过6项人才

① 中国记协网:《何日"凤还巢"?》,原作品刊播于2018年12月31日山东广播电视台,http://www.zgjx.cn/2019 - 06/23/c_138158925.htm。

政策,改善人才发展环境。

(四) 紧跟主题教育,宣传学习型政党建设

中共十八大以来,党先后开展了多种主题教育活动,大力推进学习型政党建设,用党的创新理论武装全党,教育引导广大党员特别是领导干部提高认识,提升执政能力和治理水平,为中国特色社会主义建设奠定坚实的领导和组织基础。

2013年6月,中央开展了以"反四风"为主要内容的党的群众路线教育实践活动。10月14日,《人民日报》发表"任仲平"文章——《守护人民政党的生命线——论深入开展党的群众路线教育实践活动》(第24届中国新闻奖特别奖作品),从党的发展历史和当前国内外形势的需要出发,指出发展是解决当代中国一切问题的总钥匙,其中也包括群众工作的创新、执政能力的提升;"任何时候任何情况下,与人民同呼吸共命运的立场不能变,全心全意为人民服务的宗旨不能忘,群众是真正英雄的历史唯物主义观点不能丢","抓作风建设一丝都不能放松、一刻都不能停顿"。文章号召"与人民心心相印,与人民同甘共苦,与人民团结奋斗",在人民网强国论坛及各大网站引起强烈反响,被网友们赞道"思维有深度、文笔有力度、说理有温度",是"主流媒体正能量的发功"。①

**图4.3　《新闻联播》口播《人民日报》"任仲平"文章《守护人民政党的生命线
——论深入开展党的群众路线教育实践活动》画面**
资料来源:中央电视台《新闻联播》2013年10月14日播出

---

① 人民网:《守护人民政党的生命线》,原文刊发于2013年10月14日《人民日报》,http://media.people.com.cn/n/2014/1020/c389973-25866474.html。

2015 年 4 月,中央决定在县处级以上领导干部中开展"三严三实"(即严以修身、严以用权、严以律己,谋事要实、创业要实、做人要实)专题教育活动。6 月 30 日,《光明日报》发表评论员文章《"三严三实"体现执政为民的永恒价值》,指出"三严三实"体现着共产党人的价值追求和政治品格,明确了领导干部的修身之本、为政之道、成事之要;是中华优秀传统文化的传承和创新,是党与生俱来的"DNA",是推进"四个全面"的坚实保障;体现的是执政为民的永恒价值。评论号召全党坚定理想信念、增强实干精神,在更严更实的自我修养提升中不断推动"四个全面",为实现中华民族伟大复兴的中国梦而努力奋斗。评论立意深远,极具思想价值和教育意义。

2016 年,中央决定在全体党员中开展"学党章党规、学系列讲话,做合格党员"的"两学一做"学习教育活动,推动党内教育从"关键少数"向广大党员拓展、从集中性教育向经常性教育延伸。《人民日报》连发三篇评论《论扎实开展"两学一做"学习教育》(2016 年 4 月 7 日)、《领导带头 以上率下》(2016 年 4 月 8 日)、《带着问题学 针对问题改》(2016 年 4 月 9 日),新华社发表评论《确保"两学一做"学习教育取得实效》(2016 年 4 月 6 日),《求是》发表文章《把"两学一做"学习教育抓紧抓好》(2016 年 3 月 17 日),对活动进行了大力宣传和深入解读。6 月 29 日、30 日,建党 95 周年前夕,《人民日报》发表两篇"任仲平"文章《以信仰之光照亮奋斗之路》(第 27 届中国新闻奖特别奖作品)《以真理之光引领复兴征程》,将党的 95 年历史放到找到马克思主义的"信仰"与"真理"、并以之改变百年中国命运的光辉历程中考量,既有历史纵深,又有现实针对性,让读者感受到强烈触动。文章获得了习近平的肯定和表扬,24 小时内在微信平台被转载 1527 篇次,近 180 家网站进行了转载,《解放军报》《法制日报》《浙江日报》《南方日报》等报刊共转载 279 篇次。①

2019 年 5 月,中央决定在全党开展"不忘初心、牢记使命"主题教育活动。全国主要新闻媒体对活动给予了大力宣传和报道,发表了大量评论,如《人民日报》"社论+五论":《为新时代党的历史使命而努力奋斗》(社论)、《一论:正当其时的重大主题教育》、《二论:认真贯彻主题教育总要求》、《三论:坚持思想建党理论强党》、《四论:坚持效果导向 达到预期目标》、《五论:加强组织领导 确保教育质量》;《经济日报》"社论+四论":《牢记初心使命 再铸新的辉煌》(社论)、《一论:坚持用新思想

---

① 中国记协网:《以信仰之光照亮奋斗之路》,原文刊发于 2016 年 6 月 29 日《人民日报》,http://www.xinhuanet.com//zgjx/2017 - 06/15/c_136367154.htm。

武装头脑引领实践》《二论：确保党始终成为坚强领导核心》《三论：始终保持党同人民群众血肉联系》《四论：激发干事创业的昂扬斗志》；新华社"五论"：《一论：激发共产党人奋勇前进的根本动力》《二论：坚守初心不忘本》《三论：勇担使命敢作为》《四论：找准差距抓整改》《五论：狠抓落实见行动》；《学习时报》"三论"：《一论：准确把握主题教育的总要求》《二论：准确把握主题教育的目标任务》《三论：准确把握主题教育的方法步骤》。

为加强党的建设，迎接建党一百周年，2021 年 2 月，中央决定在全党开展党史学习教育活动。各级党报相继发表系列评论文章，如 4 月 10 日到 15 日《人民日报》连发六篇"论扎实开展党史学习教育"主题评论：《进一步感悟思想伟力》《进一步把握历史发展规律和大势》《进一步深化对党的性质宗旨的认识》《进一步总结党的历史经验》《进一步发扬革命精神》《进一步增强党的团结和集中统一》；4 月 5 日到 8 日新华社连发"四论"：《学习历史是为了更好走向未来》《从百年党史中感悟思想伟力》《切实为群众办实事解难题》《以昂扬奋斗姿态开拓发展新局》。大批优秀评论作品发挥了巨大的主题宣传和舆论引导作用，为建党一百周年庆祝活动营造了浓厚的社会氛围。

（五）呼应社会期待，大力宣传从严治党

党的十八大后，中央决定全面从严治党首先从人民群众反映强烈的作风问题抓起，通过了关于改进工作作风、密切联系群众的"八项规定"。新闻评论在其中表现突出，曝光和警示了一大批违规案件，有效疏解和引导了舆论。

2017 年全国"两会"后，当很多媒体都在盘点过去几年反"四风"、落实"八项规定"的成绩并为之点赞之时，3 月 21 日新华社发表评论《警惕形式主义披隐身衣卷土重来》（第 28 届中国新闻奖二等奖作品），作者结合大量一手素材，梳理了形式主义各种表现的"新变种"，如"贫困镇因不知具体检查时间，连续 20 多天组织群众扫垃圾"等鲜活事例，生动展现了形式主义的新表现，语言犀利，思考深刻。评论播发当天在社交媒体上刷屏，被 200 余家网站采用或转载，新华社客户端浏览量超 100 万人次。①

2018 年 11 月 27 日，中国江苏网刊登评论《在抓落实中重"绩"留"心"》（第 29 届中国新闻奖一等奖作品），对基层和群众反映强烈的重"痕"不重"绩"、留"迹"不

---

① 新华网：《警惕形式主义披隐身衣卷土重来》，http://www.xinhuanet.com/2017 – 03/21/c_1120663063. htm。

留"心"的形式主义、官僚主义作风进行了批评,指出领导干部要多到基层一线抓落实,要把"痕"留在推动高质量发展的务实举措中,把"绩"融于民生改善的切身感受中,把"迹"写在进企业解难题的调研行程中,把"心"用在感知百姓冷暖的小事实事中。作者以前一天中央政治局会议批评形式主义、官僚主义的讲话为切入口,在会议消息发布当晚即撰写评论,并迅速展开补充采访,深入阐释与响应了中央所提倡的为基层松绑减负、激励干部担当作为的实干精神,以正确导向引领了舆论。文章被近百家主流新闻网站、客户端转载,仅中国江苏网页面浏览量就有 35 万①,产生了积极而深远的影响。

2019 年是基层减负年,但一些困扰基层的形式主义问题依然存在,还出现了一些新动向新表现。12 月 26 日,湖北广播电视台播出节目《警惕"指尖上"的形式主义》(第 30 届中国新闻奖一等奖作品),聚焦形式主义新变种——"指尖上"的形式主义,揭露了社区工作人员通过"编故事""遛手机"来应付上级下达的必须通过多个政务 APP、微信群完成的工作的怪现象,揭示了这一形式主义新变种带来的种种危害及思想根源。节目具有非常强的监督性和建设性,武汉市随后强力整改,整合多个政务 APP,清查重复设置的各类工作群,对减轻基层负担起到了立竿见影的效果。2020 年 10 月 12 日,《新华日报》发表评论《警惕"精致的形式主义"》(第 31 届中国新闻奖一等奖作品),对市场管理人员蹲在菜摊前拉起直线以测量菜农的菜品是否摆放整齐等所谓"精细化管理"现象进行了揭批,指出其形式主义的本质。文章以"精致的形式主义"对当下我们身边出现的形式主义"新变"与"怪相"进行了准确概括,体现了强烈的现实针对性、敏锐的社会洞察力与责任感,有力彰显了党报正确的价值引领和评论的理性力量。文章被多家网站转载,各平台阅读量总计 10万+,引发了多家媒体对"精致的形式主义"这一话题的讨论。② 此外,还有一大批中国新闻奖获奖作品如 2013 年 10 月 8 日《大众日报》刊发的《心如容器》(第 24 届中国新闻奖二等奖作品)、2014 年 9 月 22 日甘肃广播电影电视总台播出的《对办事群众不妨多说一句话》(第 25 届中国新闻奖二等奖作品)、2018 年 1 月 17 日《湖北日报》刊发的《传达不过夜不如落实不打折》(第 29 届中国新闻奖二等奖作品)、2020 年 4 月 23 日《广西日报》刊发的《莫让驻村队员变演员》(第 31 届中国新闻奖

---

① 中国记协网:《在抓落实中重"绩"留"心"》,原文刊发于 2018 年 11 月 27 日中国江苏网,http://www.zgjx.cn/2019‐06/23/c_138161990.htm。

② 中国记协网:《警惕"精致的形式主义"》,原文刊发于 2020 年 10 月 12 日《新华日报》,http://www.zgjx.cn/2021‐10/25/c_1310261591.htm。

二等奖作品)等,都在社会上产生了积极反响,正确引领和疏导了民心民意,为改进党风、密切党群联系提供了舆论支持。

针对反腐问题,新闻评论同样起到了宣传教育与监督警醒作用。2013年2月初,围绕习近平十八届中央纪委二次全会讲话精神,《人民日报》连续推出"五论":《党要管党　从严治党》《深入反腐　取信于民》《铁的纪律　党的团结》《改进作风　踏石留印》《有腐必反　有贪必肃》,拉开了新时代反腐题材评论的大幕。随后,各大媒体连续发表评论作品,如《人民日报》的《铁腕反腐凝聚党心民心》(2015年7月31日)、《正风反腐,永远在路上》(2016年2月23日)、《反腐,"实干行动"再加力》(2018年3月16日)、《正风反腐没有"缓冲区"》(2019年8月20日);新华社的《打赢反腐倡廉攻坚持久战》(2014年1月15日)、《"任性"反腐,让"老虎""苍蝇"无处藏身》(2015年3月2日)、《让反腐利剑指向"蝇贪"》(2016年1月15日)、《标本兼治反腐败》(2018年1月14日)、《反腐败必须知难而进》(2021年2月2日)。地方媒体也纷纷就重大反腐事件或相关议题发声,如《新京报》2014年1月22日社论《驻京办痼疾难除,反腐败正当其时》、2017年10月20日社论《深化标本兼治,夺取反腐压倒性胜利》;澎湃新闻2019年12月11日社论《整治金融"土特产":反腐败不留死角》、2020年1月16日社论《反腐得人心,反腐有信心》;两篇同在2017年3月31日发表的、以热播反腐剧《人民的名义》为题材的评论:《人民日报》的《反腐,以"人民的名义"》、澎湃新闻社论《反腐败的大众视角》,等等。

这一时期,还产生了一批以反腐为题材的中国新闻奖获奖评论作品。2013年11月15日,中国经济网刊登评论《限制"公款消费"本质是制约权力寻租》(第24届中国新闻奖特别奖作品),评论员"子房先生"认为:在支出不是来源于个人收入而是由"公家报销"的情况下,"支出预算约束会软化"和"花钱的人未必追求最大效用"这两种情况必然会出现,"公家报销"会扭曲商品相对价格,引起物价总水平的上涨。文章从网民关注的热点话题切入,提出遏制"公款消费"不仅是"反腐败"的需要,还蕴含着深刻的"经济学"语义,其本质是为了制约权力而不是抑制消费,有力回应了质疑之声。文章获得了中国新闻奖特别奖,这是2012年中国新闻奖设立网络特别奖以来,网络作品首次获评该奖项。① 2021年2月2日,《湖北日报》第1版刊登评论员文章《决不允许"鸡脚杆子上刮油"》(第32届中国新闻奖一等奖作

---

① 人民网:《限制"公款消费"本质是制约权力寻租》,原文刊发于2013年11月15日中国经济网,http://media.people.com.cn/n/2014/1020/c389973-25867306.html。

品),从"坚决整治群众身边腐败和作风问题"这一主题切入,直言基层"微腐败"问题不容小视,痛陈有的群腐群"蛀"、有的"官"小"胃口"大,一些人"鸡脚杆子上刮油""鹭鸶腿上劈精肉"……为防止"堤溃蚁穴,气泄针芒",必须斩断伸向群众"奶酪"的各种黑手。稿件言辞犀利,将俚语"鸡脚杆子上刮油"直接上标题,新颖且有深意;全文仅594字却锋芒毕露,充分彰显了"坚持以人民为中心是全面从严治党的动力源泉"这一重大主题。文章被人民网、北青网等平台转载转发,累计阅读量百万余。①

此外,《今晚报》的《反腐是一种国家使命》(第25届中国新闻奖三等奖作品)、山西广播电视台播出的《反腐重在依法治权》(第26届中国新闻奖二等奖作品)、《中国纪检监察报》刊发的《问责不能泛化简单化》(第30届中国新闻奖二等奖作品)、《宝鸡日报》刊发的《为敢担当的干部担当》(第27届中国新闻奖二等奖作品)等一批作品分别从不同角度,对反腐及党风廉政建设问题进行了评论和分析,起到了较好的舆论引导效果。

二、关注民生民情,贯彻以人民为中心的发展思想

2015年中共十八届五中全会强调必须坚持以人民为中心的发展思想,把增进人民福祉、促进人的全面发展作为发展的出发点和落脚点,发展人民民主,维护社会公平正义。在全面建成小康社会的过程中,新闻评论以关注民生民情为重要内容取向,充分贯彻了以人民为中心的工作导向和发展思想。

(一)聚焦脱贫攻坚,歌颂与监督并行

全面建成小康社会,全面发展是核心,经济建设是基础,以人民为中心是根本,脱贫攻坚是重点,建成是关键。② 脱贫攻坚是新时代党中央作出的重大决策部署,是全面建成小康社会、实现第一个百年奋斗目标的标志性工程,也是这一过程中最重大、最艰巨的任务。2015年11月中央发布《关于打赢脱贫攻坚战的决定》,提出确保到2020年农村贫困人口实现脱贫;2017年11月习近平在党的十九大报告中指出要坚决打赢脱贫攻坚战;2021年2月习近平在全国脱贫攻坚总结表彰大会上

---

① 中国记协网:《决不允许"鸡脚杆子上刮油"》,原文刊发于2021年2月2日《湖北日报》,http://www.zgjx.cn/2022‐11/01/c_1310668223.htm。

② 张占斌、高立菲:《全面建成小康社会:衡量标准与科学内涵》,《人民论坛·学术前沿》2016年第18期。

宣告我国脱贫攻坚战取得全面胜利。围绕这些重要决策和讲话精神,新闻界掀起了宣传热潮,涌现出许多优秀的评论作品。

2015年11月,中央扶贫开发工作会议对"脱贫攻坚战"作出全面部署。从11月30日到12月2日,《人民日报》连续三天发表系列评论员文章:《坚决打赢脱贫攻坚战》《脱贫攻坚贵在精准重在实效》《把脱贫攻坚责任扛在肩上》,分别从重大意义、基本方略、精神意志等方面论述了脱贫攻坚对于全面建成小康社会的决定性作用,为打赢这场重要战役鼓舞了人心,明确了重点,指明了方向。全国各家媒体从多个角度发表评论文章,宣传和指导脱贫攻坚工作。新华社2016年7月22日发表评论员文章《携手担当脱贫攻坚的时代重任——学习贯彻习近平总书记在东西部扶贫协作座谈会重要讲话》,指出做好新形势下东西部扶贫协作工作,"需要加强领导,增强组织推动力;需要深化帮扶,提高脱贫精准度;需要真抓实干,激发攻坚执行力"。2017年3月8日、8月31日分别发表评论《坚定不移打赢脱贫攻坚战》《脱贫攻坚要实打实干》,指出脱贫攻坚必须牢牢牵住"精准"这个牛鼻子,做到工作务实、过程扎实、结果真实,必须重视农业,夯实农业基础。2019年9月1日发表评论员文章《打赢脱贫攻坚决胜之战》,指出打赢脱贫攻坚决胜之战,必须"严格质量标准,聚焦突出问题;下足绣花功夫,做好精准文章;发扬实干作风,激发内生动力"。在作风层面,也涌现了多篇具有针对性的评论,如《脱贫攻坚要补齐"精神短板"》(新华社评论员文章,2017年11月22日)、《脱贫攻坚"实"字着力"严"字当头》(《江西日报》社论,2017年5月11日)、《脱贫攻坚首先要作风攻坚》(《湖南日报》评论员文章,2018年5月2日)、《以作风攻坚促进脱贫攻坚》(《人民日报》评论员文章,2019年1月23日)等。即使在经济较为发达的东部地区,媒体也对脱贫攻坚主题进行了符合本地实际情况的宣传阐释,如2017年12月27日江苏《新华日报》社论《在新时代展现高质量发展新作为——开展扶贫领域作风问题专项治理系列评论之一》聚焦高质量发展,提出"开辟江苏高质量发展的新境界,让高质量发展成为'强富美高'新江苏建设的鲜明底色"。

在脱贫攻坚取得决定性胜利,全面建成小康社会目标顺利实现的历史性时刻,媒体评论更是激情满怀,如《大力弘扬脱贫攻坚精神——论学习贯彻习近平总书记在全国脱贫攻坚总结表彰大会上重要讲话》(《人民日报》评论员文章,2021年2月28日)、《大力弘扬脱贫攻坚精神——学习贯彻习近平总书记在全国脱贫攻坚总结表彰大会重要讲话》(新华社评论员文章,2021年2月28日)、《以脱贫攻坚精神推动民族复兴伟业》(求是网评论员,2021年2月26日)等文章从党的使命和民族复兴的高度,歌颂这一解决困扰中华民族几千年的绝对贫困问题的历史性成就。很多文章还站在新的历史起点上,以乡村振兴和共同富裕为新的目标,号召继往开来,接续奋斗,如《巩固脱贫攻坚成果,走向实现人民共同富裕的新征程》(《21世纪经济报道》社论,2020年10月17日)、《发扬脱贫攻坚精神,加速乡村振兴》(《新京报》社论,2021年2月26日)、《弘扬伟大脱贫攻坚精神,朝着共同富裕接续奋斗》(《南方日报》社论,2021年6月24日)等,指出要巩固脱贫攻坚成果,接续推进全面脱贫与乡村振兴的有效衔接。这些文章弘扬了主旋律,凝聚了人心,起到了很好的舆论引导效果。

除了党报评论之外,广播电视媒体也对脱贫攻坚给予了重点关注。2016年6月22日中央广播电视总台播出了驻山西记者站记者康维佳撰写的广播评论《脱贫攻坚摆不得半点"花架子"》(第27届中国新闻奖二等奖作品),针对山西省委书记在贫困县调研时发现的诸多问题,如一些地方扶贫停留在纸上扶贫、会议扶贫、电话扶贫、喇叭扶贫,专挑领导看得见的地方扶贫,把资金投到少数几个人身上,不了解贫困群众最想解决什么困难,拍脑袋想当然上项目,结果成了"花架子"的怪现象,尖锐指出其根源是"对'穷乡亲'没有真感情,缺乏责任感、紧迫感和担当意识",提出"各级政府、党员干部需要实打实地为困难群众办点实事,摆不得半点'花架子'"。[①] 2018年12月23日江西《分宜新闻》播出广播评论《搞一次卫生何需9份"痕迹"》(第29届中国新闻奖二等奖作品),针对脱贫攻坚工作中的过度"痕迹管理"的问题,指出重复的填表造册耗费了大量人力物力,造成基层疲于应付,阐明了基层工作应重实绩、做实效的道理。节目以小见大,切中时弊,当地干部群众纷纷为这种向扶贫领域"形式主义"亮剑的做法点赞。2019年12月2日宁夏广播电视台播出的广播述评《西海固能够如期脱贫吗?》(第30届中国新闻奖二等奖作品)以宁夏西海固回族自治区怎样如期脱贫为主题,从当地群众努力、政府部门部署、全国力量支援等角度进行了全方位的描述和分析,产生了良好的社会反响。2019年12月31日南京广播电视台播出电视评论节目《不要让群众在危房里奔小康》(第30届中国新闻奖二等奖作品),从群众关心的住房问题入手,深入一线采访,论述有力,推进了南京危旧房、棚户区改造工作。节目直击南京在全面建成小康社会过

---

① 央广网:《央广评论:脱贫攻坚摆不得半点"花架子"》,http://china.cnr.cn/news/20160622/t20160622_522461733.shtml。

程中的难点、痛点、堵点,自揭短处,引人深思,对各地解决类似问题具有借鉴意义。

(二)重视民生话题,立体反映和指导工作

全面小康,民生为先。有关保障和改善民生的舆论宣传与引导,也是新闻评论的重要任务。2014 年,中国粮食产量实现"十一连增",但在喜讯面前,黑龙江电台的广播评论《"藏粮于土"箭在弦上》(第 25 届中国新闻奖一等奖作品)却指出在增长背后,各地耕地总面积、高质量耕地和人均耕地面积逐年下降,中国农业远未摆脱粗放式生产模式,高增产背后是资源的高消耗。"评论通过对粮食产量增与优质土地减的强烈对比,指出了国家粮食安全正遭受着严重的威胁,呼吁国家尽快做出相关部署,由'囤粮于仓'转型为'藏粮于土'。"[1]评论分析透彻,立意深远,对农业发展具有很强的启示意义。

这一时期,新闻评论广泛涉及社会管理和民生领域各个方面,涌现出一大批优秀的获奖作品。2013 年 4 月四川雅安发生 7 级地震,《中国教育报》评论《把校舍真正建设成第一避难所》(第 24 届中国新闻奖一等奖作品)创造性地提出把校舍建设成"第一避难所",以校舍安全来思考学校在公共服务领域的功能识别和重新定位;2017 年 2 月 24 日《新华日报》头版发表评论《民生实事莫沉迷于"数字突破"》(第 28 届中国新闻奖一等奖作品),针对"为何家庭医生签约率如此之高,却没享受到服务?"的质疑,指出失真、失准的"数字突破"即使看起来再美,也难以给群众带来实实在在的获得感。文章深入到对"数字政绩"的批判,抓住了百姓关注的热点,契合中央防止"数字脱贫"、杜绝"层层加码"的精神,在基层引发强烈反响。2017 年 2 月 27 日上海新闻广播播出评论《带着感情去拆违》(第 28 届中国新闻奖一等奖作品),以上海黄浦区小东门街道在拆违过程中"一户一策",用心用情,帮助居民先做好改善工作再拆违的事迹为评论对象,指出城市管理应"刚性执法、柔性操作",展现政府与百姓之间的血肉关系。文章饱含深情,充分体现了媒体的社会责任感,赢得了各方赞赏。

2013 年 3 月南京广播电视台播出的《民生工程为何不得民心》(第 24 届中国新闻奖二等奖作品)以南京"雨污分流"这一民生工程遭到群众强烈质疑和声讨为评论对象,指出施工过程中的管理问题实际上是官僚主义和形式主义的典型表现,进而探讨了城市建设和管理应如何坚持科学的领导方法和工作方法,如何真正贯彻

---

[1]　李盼、黄梅芳:《赏析两则第二十五届中国新闻奖获奖作品》,《新闻研究导刊》2016 年第 10 期。

图 4.4　《新华日报》评论《民生实事莫沉迷于"数字突破"》

资料来源：《新华日报》2017 年 2 月 24 日第 1 版

群众路线的问题。2018 年 6 月《湖南日报》发表《坚持"房子是用来住的，不是用来炒的"定位》（第 24 届中国新闻奖二等奖作品）等系列评论，针对房地产市场投机炒作的乱象，提出要打赢"反炒房"攻坚战，让更多有真正刚需的市民受惠，引发新华社、人民日报、央视、"侠客岛"公众号等央媒关注。2020 年 10 月 18 日无锡新闻综合广播"新闻周记"播出评论《智能时代，如何让老年人跨越"数字鸿沟"？》（第 31 届中国新闻奖二等奖作品），关注了老年人在智能时代被抛弃这个社会话题，提出不能把老年人看作社会发展的负担，要帮助他们跨越"数字鸿沟"，触觉敏感、分析透彻，现实意义重大。

安全生产和保护人民群众生命安全是民生保障的重要内容。2019 年 3 月四川木里县发生森林大火，30 名扑火队员不幸殉职，澎湃新闻及时刊发评论《没有一条生命是为了牺牲而存在》（第 30 届中国新闻奖二等奖作品），针对连续森林火灾造成扑火队员牺牲,指出"英雄值得被歌颂,也需要被保护",呼吁消防专业化、职业化。文章强调了生命的价值,标题"没有一条生命是为了牺牲而存在"被众多媒体引用,引发了全社会的反思。① 2020 年国庆节期间太原市台骀山景区发生重大火灾事故,《山西日报》推出评论《发现不了问题就是最大问题》(第 31 届中国新闻奖一等奖作品),提出安全检查最大的问题是"发现不了问题",并发出疑问、剖析原因、提出建议:在各类检查已经常态化、制度化的今天,事故为何屡有发生,主要原因在于责任心不足、形式主义作怪、发现问题的能力不高等;建议安全生产检查既要压紧压实责任,又要遵循专业精神。文章及时回应了社会关切,起到了凝聚共识、引导舆论的效果,被多家媒体转载引用。

(三)呼唤公平正义,维护民众权益

中共十八大后,全面依法治国成为基本方略。各大媒体均及时予以关注和评论,呼吁在法治框架下落实公平正义,维护民众权益。如两篇中国新闻奖获奖作品——2014 年 10 月 24 日《中国青年报》刊发的《让法治托举起青年梦想》(第 25 届中国新闻奖二等奖作品)、2014 年 10 月 20 日中央电视台播出的《让法治成为一种信仰》(第 25 届中国新闻奖二等奖作品)充满正能量、十分鼓舞人心。另外还有2017 年 3 月 15 日新华社报道全国人大通过民法典《民法总则》这一重大事件的评论员文章《法治中国建设的重要里程碑》,2018 年 8 月 31 日《人民日报》围绕中国法治发展道路问题推出的专版"中国法治何以强起来"(含《沿着中国特色社会主义法治道路阔步前进》《党的领导是鲜明优势》《发展中国家要走出自己的法治道路》3篇文章),2020 年元旦《法制日报》的社论《续写法治中国新华章》,2020 年 12 月 3 日新华社纪念第七个国家宪法日的评论员文章《弘扬宪法精神,建设法治中国》等。

在党的十八届三中全会作出全面深化改革的决定之后,2013 年 12 月 9 日,《法制日报》发表评论员文章《突破法律的改革需授权》(第 24 届中国新闻奖二等奖作品),针对社会上存在的"一讲改革就要突破法律禁区"的思想进行了教育和纠正,指出虽然改革有风险,但"依法进行的改革会使风险大大降低,减少由于改革盲目性带来的各种损失,使改革在合法、理性的轨道上进行",强调依法、依规全面深化改革,任何突破现行法律的改革都要得到法律授权,这是新时期改革应当遵守的基本原则。文章将全面深化改革和全面依法治国两项重大战略决策有机统一起来,

---

① 中国记协网:《没有一条生命是为了牺牲而存在》,原文刊发于 2019 年 4 月 2 日澎湃新闻网,http://www.zgjx.cn/2020‐10/16/c_139444008.htm。

有效地矫正和引导了社会舆论。

近年来，"996"现象和劳动者权益保护话题是媒体关注焦点，屡屡引发舆论热议。两篇中国新闻奖获奖作品对此予以了及时关注和评论。2019年4月11日，《工人日报》发表评论《别把超时加班美化为"拼搏和敬业"》（第30届中国新闻奖二等奖作品），针对网络社区"996.ICU"（即工作996、生病ICU）项目引发热议的现象，指出一些企业以收入和职业发展为筹码，迫使员工超时加班并美其名曰"拼搏和敬业"的做法违法，强调"'为幸福而奋斗'不应成为企业逾越法律红线、忽视员工健康权休息权的代名词"。文章直面社会热点，坚定维护广大劳动者权益，澄清了公众的模糊认识，兼具批评性和建设性，体现了媒体为构建和谐劳动关系的责任担当。此后多家主流媒体发出了类似的"996与奋斗无关"的观点。2020年11月10日，《工人日报》发表评论《"自愿"不能成为职场伤害的"美丽借口"》（第31届中国新闻奖二等奖作品），从一家游戏公司"员工自愿降薪10%"的新闻切入，指出员工"自愿"表象之下"被自愿"的弱势地位，批判职场PUA套路，呼吁有关部门"及时为劳动者撑腰，为健康、和谐的劳动关系保驾护航"。文章被多家媒体网站和移动端转发，全网阅读量达51万余次，并被喜马拉雅《拾文集》收录，合肥电视台还以此文为脚本制作了视频节目，引发了广大网友的热烈共鸣，实现了全媒体传播效果。①

（四）围绕全面发展，宣扬美丽中国建设

生态文明和美丽中国建设是中国推动现代化、实现全面发展的重要内容。围绕这一重大战略，新时代新闻评论给予了重点关注和宣导。

《人民日报》、新华社等各级党报及时传达中央方针和精神，创作了大量主旋律评论文章，凝聚民心共识，指导实际工作。如《人民日报》的《美丽中国 有你有我》（2012年11月14日）、《为美丽中国筑牢大地之基》（2016年6月1日）、《人不负青山 青山定不负人——共同建设我们的美丽中国》（2020年8月10日）等评论，新华社的《还青山绿水 建美丽中国》（2013年6月16日）、《坚持绿色发展 建设美丽中国》（2015年11月1日）、《厚植生态文明 耕耘美丽中国》（2018年4月24日）等评论，《光明日报》的《"美丽中国"的美学内涵与意义》（2013年2月25日）、《携手迈向和和美美的美丽中国》（2018年4月25日）、《凝聚建设美丽中国的制度力量》（2019年11月10日）等评论，《经济日报》的《建设"美丽中国"须攻坚克难——从三个"严

---

① 中国记协网：《"自愿"不能成为职场伤害的"美丽借口"》，原文刊发于2020年11月10日《工人日报》，http://www.zgjx.cn/2021-10/29/c_1310277600.htm。

峻形势"谈起》（2012 年 11 月 22 日）、《持之以恒建设美丽中国——七论学习贯彻党的十九大精神》（2017 年 11 月 3 日）、《中国青年报》的《"美丽中国"的美丽内涵"美丽"要有高质量》（2012 年 12 月 3 日）等评论。

这一时期，关于环境问题涌现了一批优秀的广播评论作品。2013 年底中国中东部地区发生严重雾霾事件，这是新中国成立后影响范围最大的环境危机。12 月 29 日北京交通广播播出评论《扫清雾霾，亟需创建绿色考评体系》（第 24 届中国新闻奖二等奖作品），扣住"治理雾霾、改善环境"这一重大问题，指出"绿色考评体系"在企业、地方和政府三个方面的缺失，提出只有建立、完善绿色考评体系，才能避免中央指示沦为空谈，确保公众期待不再落空。节目获得市民和专家的肯定，认为这样具有顶层设计视角的建言体现了作者的专业性和前瞻性。[①]

2017 年冬，有志愿者利用鄱阳湖周边藕田为越冬白鹤"建食堂"，不仅解决了白鹤觅食栖息问题，也吸引了不少游客前来观鸟，"藕遇白鹤"引发一片喝彩。12 月 26 日，江西广播电视台播出广播评论《"藕遇白鹤"是喜是忧》（第 28 届中国新闻奖二等奖作品），没有一味追捧热点，而是冷静思考事件背后的生态保护问题，着眼长远，从市场运作的层面提出了未来候鸟保护的新思路。节目角度新颖独特，被央广等中央级媒体持续关注并报道，对全国生态保护工作有较高的参考价值。同年年末，我国首次生态文明建设年度评价结果公布，生态资源大省黑龙江排名倒数。12 月 31 日黑龙江广播电视台播出广播评论《生态资源大省的尴尬与抉择》（第 28 届中国新闻奖二等奖作品），敏锐抓住统计数字背后折射的老工业基地转型过程中的现实矛盾，直指资源型地区发展的瓶颈困局，采访权威专家，探讨破解矛盾与困局的具体路径。作品围绕如何实现生态与经济发展的渐进式平衡、怎样解放和发展绿色生产力的重大主题展开深入剖析，主题重大、立意深远，富有启示意义。

2018 年，中央环保督察组发现广东汕头的河流污染治理存在严重的弄虚作假问题。6 月 23 日广东《全省新闻联播》打破常规在节目中播出 8 分钟重头评论《治污必须要治官》（第 29 届中国新闻奖二等奖作品），指出污染治理弄虚作假是漠视中央指令的行为，是严重的形式主义、官僚主义，必须从政治高度上认识其危害性。评论提出"治污必须要治官"，应改革官员政绩考核机制，观点富有建设性，体现了党媒的舆论监督力。节目播出后获得大量点赞，汕头市进行了深刻反思，采取实际

---

① 赵玉明主编：《2015 中国广播电视年鉴》，北京：中国广播电视年鉴编辑部，2015 年，第 129 页。

措施全面整改环境污染问题,使得河流水质逐步好转。①

三、培育社会理性,实践建设性舆论监督

这一时期,社会不良情绪呈现易发多发趋势,通过社交网络聚集发酵放大,影响社会和谐稳定。党的十九大报告提出"加强社会心理服务体系建设,培育自尊自信、理性平和、积极向上的社会心态"②。对新闻评论来说,必须善于洞察和引导情绪,着力解疑释惑,在舆论监督时注重建设性和实效性,从而塑造理性平和、开放包容的社会心态,营造团结奋斗的社会风尚。

(一)倡导理性交流,在热点事件中凝聚党心民意

中共十八大以来,众多主流媒体的新闻评论从建设和谐社会的高度出发,充分发挥自身思想性、专业性突出的优势,在引导社会舆论的过程中注重理性培育和建设性表达,以权威声音和创新精神在新时代践行自身的职责与使命。

2013 年 5 月 20 日《人民日报》刊登评论《有"问题意识",也要有"过程意识"——辩证看待社会发展与问题之一》(第 24 届中国新闻奖二等奖作品),针对当代中国"发展很快,矛盾高发,问题不少"的现状,指出社会如被"问题焦虑症"裹挟,将会驱逐自信心,抵消正能量,吞噬幸福感;用辩证法的方式考量社会进程,既有"问题意识",也有"过程意识",会更有利于看到主流、形成共识,才能让改革者有更多回旋余地,对未来更有信心。文章体现了极强的历史眼光和理性精神。2014 年 7 月 28 日《人民日报》刊登评论《公共辩论,求真比求胜更重要》(第 25 届中国新闻奖一等奖作品),从方舟子和崔永元互诉名誉侵权事件出发,探讨公共辩论的规则和价值,剖析"雄辩"与"事实"的关系,指出尊重事实应该是辩论最基本的规则,在公共辩论中比输赢更重要的是"求真"。文章直指互联网环境下公共辩论走偏、情绪争吵激化的反常现象,观点富有深刻性和前瞻性,充分体现了党报评论的高度和引导力。文章发表后引发了广泛讨论,近百家报纸和网站转载,还入选了凤凰网发起的八大名校新闻学院院长评选的"2014 年影响中国的十大评论"。③

---

① 中国记协网:《治污必须要治官》,原文刊发于 2020 年 11 月 10 日《工人日报》,http://www.zgjx.cn/2021 - 10/29/c_1310277600.htm。

② 新华网:《习近平:决胜全面建成小康社会 夺取新时代中国特色社会主义伟大胜利——在中国共产党第十九次全国代表大会上的报告》,http://www.xinhuanet.com//politics/2017 - 10/27/c_1121867529.htm。

③ 王润泽主编:《中国百年新闻经典·评论卷》,北京:人民出版社,2016 年,第 338 页。

2015 年全国各地"两会"期间，许多省份下调 GDP 增长预期，人们在肯定这种科学发展精神的同时，也产生了"GDP 是否可以一去了之了"的疑虑。2 月 11 日《经济日报》发表评论《不"唯 GDP"并非"去 GDP"》（第 26 届中国新闻奖二等奖作品），指出不"唯 GDP"与"去 GDP"的区别与表现，提出应理性看待 GDP 的波动，盲目攀比、"唯 GDP"是误区，任由下滑、完全不讲 GDP 同样是误区。文章立意深远、逻辑严密，入选当年"经济日报十大精品"，各大媒体纷纷转载，起到了引领导向、澄清谬误的作用，为全国"两会"顺利召开营造了良好的舆论氛围。随后《政府工作报告》特别强调要化解各种矛盾和风险，跨越"中等收入陷阱"，实现现代化根本要靠发展，发展必须有合理的增长速度。

针对这一时期社会上出现的一些不正常文化现象或道德问题，众多获奖评论也从多个角度进行了解读和剖析。2015 年 10 月 8 日《科技日报》评论《别拿屠呦呦说事儿》（第 26 届中国新闻奖三等奖作品）针对许多人因为诺贝尔医学奖获得者屠呦呦无博士学位、无留洋背景、无院士头衔的所谓"三无"身份，以此否定现有人才和学术评价体系的观点进行了批评，体现了理性、客观的精神。2016 年 8 月 21 日"浙江在线"发表评论《展现大国风范　不妨多一份理解和宽容》（第 27 届中国新闻奖二等奖作品），针对 G20 杭州峰会加强安保是否扰民的问题，提出开放包容的胸怀是应有的大国心态。2016 年 9 月 14 日《北京日报》刊登评论《不能以极端个案指责社会否定时代》（第 27 届中国新闻奖三等奖作品），批驳了社会上所谓的"盛世蝼蚁论"论调，提出应警惕舆论场中"用个案否定整体"的偏激声音，客观理性地认识中国发展中的一些问题。2017 年 8 月 22 日"中青在线"发表评论《极恶！拿慰安妇头像做表情包，良心何在！》（第 28 届中国新闻奖一等奖作品），对将慰安妇头像做成表情包的恶行进行了严厉批判，指出"在娱乐化、碎片化的社会表达环境之中总有一些底线不可触碰"，为了捍卫整个社会的良知不受解构与侵蚀，必须让这种消费他人苦难的东西绝迹。

此外，2015 年 12 月 11 日《衡阳晚报》评论《漠视生命是最可怕的沉沦》（第 26 届中国新闻奖一等奖作品），对震惊全国的"邵东少年杀师案"校园悲剧提出在学生群体中开展生命教育刻不容缓，具有很强的建设性和现实意义，引发读者强烈共鸣。2016 年 12 月 5 日广东新闻广播《今日观察》播出《"罗尔捐款门"，到底谁更受伤》（第 27 届中国新闻奖二等奖作品），对当年互联网领域影响力巨大的深圳"罗尔捐款门"事件进行了反思，指出"如果没有公开透明的信息支撑，没有专业的互联网募捐平台,没有对待慈善更加理性的态度,罗尔事件将不会画上句号",说理论证充分有力。2017 年 2 月 20 日《北京青年报》评论《不因唱衰而忧 不因看涨而乐》(第28 届中国新闻奖二等奖作品),深入地分析了近年来西方舆论或唱衰或看涨中国经济的原因,指出其"要么以点概面,要么过度解读,甚至带着不可告人目的为资本市场推波助澜",中国经济对此必须保持警惕,专注做好自己的事。文章冷静理性,富有警示与启迪意义。

2018 年 7 月 2 日人民网发表《三评浮夸自大文风之一:文章不会写了吗?》(第29 届中国新闻奖二等奖作品),严厉批评了当时网络上流行的"跪求体、哭晕体、吓尿体"等浮夸文风,指出其"对内造成国民对国情误解、误判,助长民粹主义情绪;对外为'中国威胁论'提供口舌;同时严重伤害媒体公信力,危害极大"。文章对净化网络环境、恢复国民理性、消除外界误解具有积极意义,全网共转载 1016 篇次,总阅读超 1123 万,还登上新浪话题热搜榜,近 30 万网友同步参与话题讨论①,多家主流媒体刊发评论,形成批评热潮,充分发挥了主流媒体舆论引导与凝聚共识的功能。文章引起了多家外媒关注并转评,对中国国家形象起到了良好的宣传效果。

2021 年 1 月 26 日,解放日报社新媒体平台"上观新闻"发表新媒体评论《到处人脸识别,有必要吗?》(第 32 届中国新闻奖一等奖作品),抓住新技术发展过程中的衍生问题,探讨如何遏制"负的外部性",真正以人为本,促进新兴技术健康有序发展。文章结合大量现实案例,剖析了"发展"和"边界"的关系,指出划边界是为了更好地支撑技术发展、推动数字化转型。这是舆论场上较早针对这类技术提出的反思和批评,传递出热潮中的清醒冷静,语气平和,娓娓道来,体现了党报评论理性、建设性的特点,以及主流媒体的前瞻视野、深度思考和人文关怀。文章获学习强国、今日头条、腾讯、网易等新媒体平台和多家主流媒体转载,引发热烈反响。之后有关方面多次强调要在数字化转型推进中加强隐私保护、伦理道德等方面制度规则的创设,也从侧面佐证了此文的前瞻性。②

(二) 注重建设性、实效性,疏导公众情绪

中共十八大以来,围绕着让"人民群众在每一个司法案件中都感受到公平正

---

① 中国记协网:《人民网三评浮夸自大文风之一:文章不会写了吗?》,原文刊发于 2018 年 7 月 2 日人民网,http://www.zgjx.cn/2019 - 06/23/c_138161982.htm。

② 中国记协网:《到处人脸识别,有必要吗?》,原文刊发于 2021 年 1 月 26 日《解放日报》,http://www.zgjx.cn/2022 - 11/01/c_1310668219.htm。

义"的目标,对一些有影响的重大案件,新闻评论同样给予了有力关注和耐心引导,并实施了建设性舆论监督。

2014年11月14日,光明网刊登评论《法律如不能保民,同样不能保官》(第25届中国新闻奖二等奖作品),针对贵州一县委副书记因被误判受贿而导致恢复工作和名誉遥遥无期,当地无视司法程序急于盖棺定论,甚至在上级法院裁定撤销一审判决后依然将其作为反腐典型大加批判的事件,揭露了中国基层法治的现状和普遍问题,指出即使是基层干部中"最有实权和资源的科层,一旦与权力相剥离,就会立马还原为权益脆弱的普通公民,并反过来受到权力的挤压,独自承担执法、司法漏洞带来的成本",强调"一个社会如果法治不彰,每个社会成员的生存环境长久看来都是一致的",提醒各级地方干部自觉推动改革,限权尊法。文章视角独特,立意深远,具有很强的教育和警示意义。

2016年"五一"长假期间,一则21岁大学生魏则西因病不幸去世的消息引爆网络,其长达两年的求医过程被翻出,引发以知乎为首的网络社区对于百度竞价排名和莆田系医疗机构的持续讨伐,迅速发酵为网络热点事件。面对极端的非理性舆论,5月8日《福建日报》发表评论《魏则西事件下的污名化狂欢要不得》(第27届中国新闻奖二等奖作品),着重论述了这种现象对整个社会造成的撕裂、危害,在群情喧嚣中发出了理性声音。作为全国首家就此事发声的主流媒体,文章被福建省内主要新闻网站、微信公众号以及人民网、新华网、凤凰网等转载,百度搜索网络转载数量超过20万次①,取得了良好的舆论引导效果。

几天后,另一则"人大硕士涉嫌嫖娼死亡"事件再次引爆网络。面对公众质疑,警方先是回避自身责任,继而在调查报告中极力突出当事人当天确实接受了色情服务、警方执法有据的细节,而对公众真正关注的"是否存在暴力执法"的关键情节语焉不详,导致舆论沸腾。5月10日,人民日报评论微信公众号发表了题为《以公开守护公正》的文章,指出司法机关只有给出令人信服的解答、作出经得起核查的结论,才是对死者及其亲属最负责任的交代,也才能从根本上疏导公共空间的不信任情绪。5月12日新华社在1小时内连发两篇评论追问"雷洋案"——《一评雷某案:以有力信息公开取信于民》《二评雷某案:权威发布不能落在舆情后面》,指出对这种涉及公民死亡的事件,信息公开需要准确及时,需要令人信服,需要经得起检

---

① 中国记协网:《魏则西事件下的污名化狂欢要不得》,原文刊发于2016年5月8日《福建日报》,http://www.xinhuanet.com//zgjx/2017 - 06/19/c_136367136.htm。

验,才能让人们从中都能感受到公平正义;即便一个人私德不检,哪怕是犯罪嫌疑人,其基本的人身权利和生命安全也应受到保护。热点事件的权威信息发布,不能落在舆情后面,更不能落在舆情的对面;公众需要的是"经得起检验和追问的真相"①。媒体和广大网民的关注和追问造成了强大的舆论压力,检查机关介入并调查本案,当事警察最终受到了严肃处理。

2017 年 3 月 23 日,《南方周末》发布深度调查性报道《刺死辱母者》,报道了发生于山东省聊城市的"丁欢案",该事件进入公众视野并引爆舆论场。面对群情激愤的汹涌舆情,5 月 27 日,山东省高院通过微博对于欢案二审庭审过程进行了直播。《大众日报》记者在收看直播过程中,快速成稿《于欢案直播,让公众在身临其境中感受到公平正义》(第 28 届中国新闻奖二等奖作品),从舆论民意的需求和依法治国的进步角度,阐明坚持依法办案、坚持司法独立与回应社会舆论之间的平衡,点明司法公开对于建设法治社会、推动依法治国的重要作用。文章在庭审结束后半小时在大众网发布,是关于此案直播的全国主流媒体首篇评论,第一时间把握了舆论主动权,充分体现了网络评论快速反应的特点,凝聚了共识,安定了人心。文章被新浪、凤凰等网站转载 80 余次,作者微博阅读量达 1400 余万。② 6 月 23 日,在法院作出"于欢行为属于防卫过当,判处有期徒刑五年"的终审判决后,最先报道于欢案引发舆论关注的《南方周末》发表评论《评于欢案二审宣判:公平正义提升法治成色》,指出"真相的立体呈现是一个在不懈探求中逐渐接近的过程,远非记者报道所能独立承担",媒体不能代替司法,必须尊重司法与程序正义,"期待司法与舆论的良性互动,共同促进法治中国建设,不断提升法治中国成色",为这一现象级的舆情热点事件作了富有建设性和启发性的总结。根据"人民网研究院"的舆情分析,于欢案二审结束后,社会情绪发生了巨大逆转,负面舆情从原本的 82% 降至32%,正面舆情从 8% 升至 60%,新闻媒体的持续报道和理性评论在其中起到了重要作用。

---

① 新华网:《权威发布不能落在舆情后面》,http://www.xinhuanet.com/politics/2016－05/12/c_1118854762.htm。

② 中国记协网:《于欢案直播,让公众在身临其境中感受到公平正义》,原文刊发于 2018 年 5 月 27 日,http://www.pingjiang.zgjx.cn/NewsAwardingSys/WksPublicNetworkAction/todetails.do?id=8a89901063b795680163 bd52a2d7028e。

于欢案直播，让公众在身临其境中感受到公平正义

2017-05-27 20:20:00 来源：大众网 作者：朱德泉

于欢案直播，让公众在身临其境中感受到公平正义

大众网评论员 朱德泉

备受公众瞩目的于欢案今天在山东省高级人民法院进行公开二审。这是全国省级高院首次在微博上对敏感刑事案件的终审环节进行"图文+视频"直播，可谓开先河的大胆之举。

毋庸讳言，于欢故意伤害一案一审后，由于派生出处警不力、高利贷、涉黑等高度敏感议题，围绕着人伦亲情与定罪量刑的博法之辩，引发舆论场各种观点激烈碰撞，在这种情况

图 4.5 大众网评论《于欢案直播，让公众在身临其境中感受到公平正义》①
资料来源：大众网时评

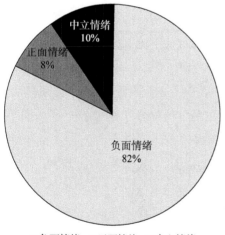

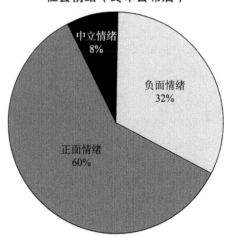

图 4.6 "于欢案"终审发布前后社会情绪对比图②
数据来源：人民网研究院

---

① 大众网：《于欢案直播，让公众在身临其境中感受到公平正义》，http://www.dzwww.com/2011/zgxwj/28/yh/dldctp/201811/t20181102_18023042.htm。

② 人民网：《"于欢案"舆论背后的社会心态及媒体引导研究》，http://media.people.com.cn/n1/2018/0205/c416774-29806543.html。

（三）有理有节，有效引导中美贸易战国内外舆论

2018 年 3 月 22 日，美国公布对中国发起的"301 调查"结果，并对中国出口美国商品加征关税，中国发起反制，中美贸易战爆发。在这场世界最大两个经济体的贸易争端中，中国媒体以高质量的报道和评论，在舆论场上开展了既针锋相对又有理有节的斗争，对外向世界传递了中国声音，坚定维护了国家利益，对内培育理性精神，有效引导了舆论，保障了社会的和谐稳定。

2018 年 7 月 6 日至 15 日，《人民日报》连续刊发 10 篇评论员文章，被称为"中美贸易战十评"。这些文章从多个角度揭露和批判了美方的蛮横做法和错误论调，指出了其贸易霸凌主义的本质，表明了中方坚定维护国家利益和经贸多边体制的决心和立场，引发了国内外舆论的广泛关注。随着贸易战的深入，2019 年 5 月 14 日至 22 日，《人民日报》"钟声"专栏以"九连评"的形式，连续发表评论，批判了诸如"加重关税有利于美国""中国技术有害""中国出尔反尔"的错误观点，时间之集中，批判力度之深刻，实属罕见。"九连评"引发广泛热议，在人民日报微信公众号上，每篇评论的阅读量都达到 10 万以上。[①]

2018 年 6 月 20 日，中国国际广播电台"国际锐评"播出广播评论《"贸易恐怖主义"救不了美国》（第 29 届中国新闻奖二等奖作品），针对美国扬言要对所有中国商品加征关税的声明，一针见血地指出其背后是遭到中方强硬反击后的恼羞成怒，以及无法啃下中国"硬骨头"的气急败坏，所以意在向中方极限施压，以示强来博取选票。国际社会应该携手共同打赢这场贸易领域的"反恐之战"！评论将美方不断升级的制裁措施称为"贸易恐怖主义"，这是中国媒体在国际舆论场上的一次主动亮剑，改变了过去被动回击美媒给中国"贴标签"的局面，有效提升了中国媒体的国际传播话语权和影响力，是国际传播领域的一个典型范例。评论通过国际台 65 种语言、网站及社交平台发出后，被美国之音、《非洲时报》、欧联华文网、日本华商网、葡新网等海外媒体转载，引发广泛讨论。[②]

2019 年 5 月 13 日，在美方再次扬言要对中国加征关税的时刻，《人民日报》发表"国纪平"（"国际评论"谐音）文章《任何挑战都挡不住中国前进的步伐》（第 30 届中国新闻奖一等奖作品），有力揭批了美国的单边主义、霸权主义做法，充分展示了

---

① 乔一洺：《"中美贸易战"报道的议题设置分析——以〈人民日报〉为例》，《记者观察》2019 年第 8 期。
② 中国记协网：《"贸易恐怖主义"救不了美国》，原作品刊播于 2018 年 6 月 20 日中国国际广播电台，http://www.zgjx.cn/2019 - 06/23/c_138143776.htm。

中央捍卫国家和人民根本利益的坚定姿态,同时理性表达了中方"办好自己的事"的原则立场。文章是中美经贸摩擦升级后中国媒体唯一的长篇深度评论,站位高、格局大,是中美贸易战舆论斗争中的标杆性作品,引发了强烈的社会反响。国内主要新闻媒体和新媒体悉数转载,仅在人民日报客户端阅读量就达 259 万次。[①] 同期发表的其他影响较大的评论还有《人民日报》评论员文章《中美开展经贸合作是正确的选择,但合作是有原则的》(2019 年 5 月 13 日)、新华社评论员文章《无惧风雨,砥砺前行》(2019 年 5 月 12 日)、央视《新闻联播》播出的《国际锐评:中国已做好全面应对的准备》(2019 年 5 月 13 日),充分展示了中方坚定捍卫国家利益,沉着应对挑战的决心和意志。

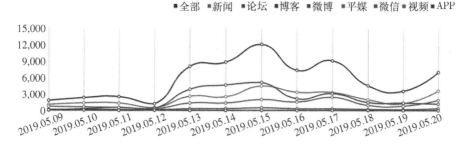

图 4.7 《任何挑战都挡不住中国前进的步伐》发表后关于"中美贸易战"话题舆情走势图
数据来源:谷尼舆情,2019 年 5 月 9 日至 2019 年 5 月 20 日

此外,部分评论以中美贸易战为背景,从其他角度论述了自立自强、破解危局的策略和方法,如黑龙江广播电视台的两篇中国新闻奖获奖广播评论,从农业角度对国家粮食安全这一重大战略问题给予了关注。2018 年 10 月 19 日播出的《开辟中国大豆"第二战场"》(第 29 届中国新闻奖一等奖作品)在中美贸易摩擦导致国内大豆供给遭遇风险的关键时刻,深入关注跨境大豆种植与回运模式的龙江实践,指出"中国大豆外国生长"、开辟中国大豆"第二战场"的做法可以化解粮食风险隐患、摆脱过度依赖进口,具有重要现实意义。2020 年 12 月 31 日播出的《守住农业"芯片",端牢中国饭碗》(第 31 届中国新闻奖一等奖作品)在对洋种子的高度依存影响我国粮食安全,中央提出"开展种源'卡脖子'技术攻关,打一场种业翻身仗"的背景下,对种业危机危在何处、种业变局路在何方等焦点问题进行了深入剖析,探讨了

---

① 中国记协网:《任何挑战都挡不住中国前进的步伐》,原作品刊播于 2018 年 6 月 20 日中国国际广播电台,http://www.zgjx.cn/2020-10/14/c_139434396.htm。

确保重要农产品种源白主可控,"让中国人的饭碗里装上更多中国粮"的具体路径,立意深远,富有启示意义。

四、推动融合创新,构建全媒体舆论引导新格局

推动媒体融合发展,把握好"时度效",构建舆论引导新格局,是新时代新闻评论提高舆论引导力的基本路径。在传统媒体面对新兴媒体冲击的形势下,主流媒体想做大做强主流舆论,就要"加强传播手段和话语方式创新,让党的创新理论'飞入寻常百姓家'"①,占领互联网舆论阵地,提高传播效果。

前文介绍了近年来涌现的"互联网+"评论体系形成、以"融评"实现移动化可视化创新、开拓新媒体评论阵地等融合创新现象及做法,本节主要从重大事件及热点问题等具体情况出发,通过两起有代表性的全媒体评论实践案例,探讨新闻评论以融合手段有效引导舆论的表现和经验。

(一)以全媒体传播化解"民营经济离场论"舆情

2018 年是中国民营企业战略突围的关键之年。因为国内外因素的综合影响,广大民营企业所面临的形势极为严峻。有些民营上市公司由于经营困难或资金紧张,纷纷质押股权,被国有资本接手。部分群众由于不明原委,加之受到某些偏激言论的影响和误导,认为资本市场开始"国进民退"、民营企业正在"离场"。

2018 年 9 月 12 日,一篇署名"吴小平"的《私营经济已完成协助公有经济发展应逐渐离场》的文章流传网上,舆论哗然。针对社会不安情绪,经济日报社新媒体部以《经济日报批驳"私营经济离场论":对这种蛊惑人心的奇葩论调应高度警惕!》为题,当天下午第一时间由报社新媒体"两微一端"和中国经济网发出;次日,总编室又以《对"私营经济离场论"这类蛊惑人心的奇谈怪论应高度警惕——"两个毫不动摇"任何时候都不能偏废》(第 29 届中国新闻奖一等奖作品)为题,在报纸"时评"版头条刊文。评论经过网络和报纸平台的连续传播,赢得社会广泛关注,迅速起到正本清源的作用,13 日网上点击率突破 3000 万。文章是针对社会错误思潮予以有力批驳的评论力作,受到中央领导充分肯定,社内外专家学者和新闻界给予高度赞誉。评论创作与传播过程,是对习近平关于"加快推动媒体融合发展,使主流媒体具有强大传播力、引导力、影响力、公信力,形成网上网下同心圆"重要讲话精神的

---

① 习近平:《论党的宣传思想工作》,北京:中央文献出版社,2020 年,第 340 页。

生动实践。① 评论作品荣获 2018 年经济日报十大精品与中国新闻奖一等奖,作者也荣获 2018 年度十佳记者。

图 4.8　《经济日报》评论《对"私营经济离场论"这类蛊惑人心的
奇谈怪论应高度警惕——"两个毫不动摇"任何时候都不能偏废》
资料来源:《经济日报》2018 年 9 月 13 日第 9 版

此后一段时间,《经济日报》编委会继续部署后续评论,不断巩固正面舆情。9 月 25 日,另一篇标题为《党要领导工人共同管理民企、共享民企发展利润》的文章在网上迅速流传。面对新的舆情,经济日报迅速推出系列评论《经济日报详解企业民主管理制度:别让网络"标题党"牵着鼻子走》《"第二次公私合营"是某些"标题党"唯恐天下不乱》《曲解企业民主管理实属别有用心》。27 日习近平在辽宁考察时强调"毫不动摇地发展公有制经济,毫不动摇地鼓励、支持、引导民营经济发展"后,经济日报发表评论《坚定维护基本经济制度不动摇》,有力呼应了讲话精神。此外,10 月 14 日,经济日报新媒体刊发评论《国企在股市接盘民企能说明"国进民退"吗?》,后在"时评"版头条刊出,指出要为广大民营企业开辟更为广阔的市场空间,提供更加宽松的政策环境。在习近平作出肯定民营经济的历史贡献、地位作用的指示后,报社又以《"两个毫不动摇"任何时候都不能动摇》为题发表评论,及时进行解读。

① 吕立勤:《难忘 50 天——批驳"私营经济离场论"创作谈》,《新闻战线》2019 年第 21 期。

2018 年 11 月 1 口,习近平主持召开民营企业座谈会,强调大力支持民营企业发展壮大,重申"两个毫不动摇"。经济日报及时撰写《我国民营经济要走向更加广阔舞台》《为民营企业发展注入强大信心——倾听民营企业座谈会上企业家代表的心声》等评论员文章,再次以主流声音有效引导舆论,也为《经济日报》批驳社会错误思潮的这场论辩画上了圆满句号。

(二)把握"时度效",全方位应对和矫正"新冠"舆情

2020 年初,新冠肺炎疫情在武汉爆发,继而蔓延全国乃至全球。作为新中国成立以来防控难度最大的一次重大突发公共卫生事件,新冠肺炎疫情成为当前中国经济社会发展面临的重大威胁和严峻挑战。在抗疫战斗中,新闻媒体表现突出,以高质量的报道和评论及时传递讯息,有效引导舆论,在安定民心和推动疫情防治工作方面发挥了积极作用。

虽然非常时期谣言盛行、信息泛滥,给舆论引导工作带来了诸多不利,但整体而言,疫情期间主流媒体评论发挥了正面宣导的作用,为疫情防控营造了良好的舆论基础。如《人民日报》充分发挥中央机关报的优势,在理性权威中诉诸感性表达,在疫情不同阶段分别推出内容、风格各异的系列评论员观察,为安抚民心、部署工作起到了"强信心、暖人心、聚民心、筑同心"[1]的有力效果。

2020 年 3 月 26 日,在我国疫情防控取得显著成效、各地复工复产按下"快进键"的特别时刻,《人民日报》在头版推出"任仲平"文章《风雨无阻向前进——写在中国人民抗击新冠肺炎疫情之际》(第 31 届中国新闻奖特别奖作品)。这是主流媒体在抗击疫情中推出的首个长篇评论。"文章以充满感情、饱含哲思的话语,全方位回顾了在习近平总书记的亲自领导下,全国人民团结一致共克时艰的感人过程,系统回顾了新冠疫情中中国所彰显出的制度优势和所取得的伟大成就,深刻反思了抗击疫情带给我们国家和社会的启示,成为主流媒体在报道抗疫中的重量级、标志性作品。"[2]文章兼具宏大叙事和故事细节,既有严谨深入的理性思考,又有感人至深的细腻表达,被新华社、多家省级党报党刊全文转载,央视《新闻联播》摘播,各大网站及自媒体平台大量转载,全网阅读量超亿次。

---

① 刘明洋、吴洁:《在理性权威中诉诸感性表达——基于新冠肺炎疫情期间〈人民日报〉疫情评论的舆论引导分析》,《中国出版》2020 年第 17 期。

② 李拯:《让大型政论彰显"时代温度"——第三十一届中国新闻奖特别奖〈风雨无阻向前进〉写作体会》,《新闻战线》2021 年第 23 期。

图 4.9　《人民日报》"任仲平"文章《风雨无阻向前进——写在中国人民抗击新冠肺炎疫情之际》
资料来源:《人民日报》2020 年 3 月 26 日第 1 版

图 4.10　《风雨无阻前进——写在中国人民抗击新冠疫情之际》媒体报道来源占比图
数据来源:谷尼舆情,2020 年 3 月 20 日至 2020 年 3 月 31 日

在全球疫情不断恶化、感染人数不断增加的危急时刻,以美国为代表的部分西方政客和媒体将矛头指向中国,企图妖魔化、污名化中国来混淆视听、转嫁责任。2020 年 4 月 18 日,《中国日报》美籍撰稿人伊谷然发表英文评论文章"'Cover-up' claims from US are all sound and fury"(谎言:美国最新一轮阴谋论的源头)(第 31 届中国新闻奖一等奖作品),通过对比中国的积极抗"疫"之路和美国政府应对不力、造成防疫失控的情况,有力展现了疫情防控的中国经验和"中国之治",揭露美国一些政客和媒体的险恶用心,指出美国应该学习中国经验,而不是用谎言来转移公众视线。文章站位高、发声快、语言表述贴近西方受众阅读习惯,是驳斥污名化言论方面的一篇英文评论佳作,也是《中国日报》充分发挥国际传播优势和特色,传递中国声音,有效引导国际舆论的一次成功案例,引发海外网民热烈反响和共鸣,海外

阅读和点击量超过 60 万次。①

2020 年 5 月 10 日,在疫情防控阻击战取得重大战略成果之际,新华社推出重磅评论《钟华论:在民族复兴的历史丰碑上——2020 中国抗疫记》(第 31 届中国新闻奖二等奖作品),全面回顾中国抗疫的艰辛历程,总结党的领导和中国特色社会主义制度巨大优势,展现新时代中国人民自强不息、甘于奉献、胸怀仁爱、担当负责的精神品格。评论从抗疫之初就开始谋划,由新华社领导亲自指挥,成立写作专班,先后十易其稿,创作过程历时 3 个多月;采取融媒体报道组织和生产传播机制,同一主题通过不同方式进行呈现和表达,文字版、视频版和观点海报同步制作、多元生成、多次传播。评论影响巨大,仅在学习强国阅读量就超过 2700 万、点赞量超过 48 万。人民日报、光明日报等 2550 家媒体采用,网络总浏览量超过 3.3 亿,转评赞等互动量超过 100 万,创造了新华社评论采用和传播新纪录,受到领导机关、业界和受众的普遍好评,许多单位、学校将其作为思想政治学习的重要材料。②

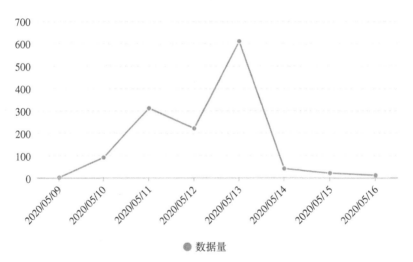

图 4.11 《钟华论:在民族复兴的历史丰碑上——2020 中国抗疫记》发表后舆情走势图
数据来源:分布式爬虫数据采集平台,2020 年 5 月 9 日至 2020 年 5 月 16 日

在疫情暴发之初,很多国家对中国施以援手,其中日本友人在援助物资包装箱上写下"青山一道同云雨,明月何曾是两乡""山川异域,风月同天""岂曰无衣,与子

---

① 中国记协网:"'Cover-up' claims from US are all sound and fury"(谎言:美国最新一轮阴谋论的源头),原文刊发于 2020 年 4 月 18 日中国日报网,http://www.zgjx.cn/2021‐10/25/c_1310261528.htm.
② 中国记协网:《钟华论:在民族复兴的历史丰碑上——2020 中国抗疫记》,原文刊发于 2020 年 5 月 10 日新华社,http://www.zgjx.cn/2021‐10/29/c_1310277591.htm.

同裳"等古诗词句,引发了舆论关注。2020 年 2 月 12 日,湖北《长江日报》刊登评论《相比"风月同天",我更想听到"武汉加油"》,认为这是"语言上的形式主义"。作者甚至引用抗日战争、奥斯维辛等惨痛历史记忆来影射中日历史矛盾。在抗疫最紧张的关头,这篇带有明显倾向性、煽动性的文章在舆论场引发轩然大波,各大媒体和理性网民纷纷对其偏激观点进行驳斥。其中,光明网评论《疫情当前,怎么火了一句唐诗?》将物资上寄语古诗的做法与国内抗疫期间出现的种种粗暴乱象作对比,认为一句唐诗让人"看到了一种文明感。这种文明感,在乎语言的体面、情感的深刻、行为的得体";"是对法治的信仰,与同胞的共情,对个体权利的尊重"。文章指出:"文明是精致的……美好的事物自有它的韧性与穿透力,在疫情仍在持续之际,我们一定不能放松文明社会必须坚持的价值。"文章思考深刻,富有人文关怀精神,具有很强的现实意义,对当时喧嚣的舆情起到了矫正视听、理性引导的作用。

　　疫情蔓延全球,引发世界粮食市场波动,甚至出现多国囤粮的情况,这引起国内舆论的担心。2020 年 4 月 3 日,《农民日报》发表文章《多国囤粮:一堂活生生的粮食安全"警示课"》(第 31 届中国新闻奖二等奖作品),聚焦社会关切,以事实和翔实数据论证了此次国际粮食出口限制不会影响我国粮食安全,深入阐述了"底线思维必须始终坚持""以我为主永远是对的""吃饭问题始终是头等大事"等道理。文章对于各地扎实做好粮食安全工作具有积极的借鉴意义,被各大媒体平台广泛转载,实现了稳定社会公众预期、增强抗疫保供信心的舆论引导效果,在"三农"战线及理论界也产生了良好的社会反响。①

第三节　引导力在新时代变局中强化整合

　　中共十八大后,面对时代巨变给舆论引导带来的严峻挑战,新闻评论坚守传统舆论阵地,积极变革创新,持续唱响主旋律,传播正能量,以主流声音强力引导舆论,贯彻和落实了新时代"建设具有强大凝聚力和引领力的社会主义意识形态"的战略任务,为实现第一个百年奋斗目标统一了思想,凝聚了力量,并在强化导向、整合社会的过程中使得自身舆论引导力走向成熟。

---

① 中国记协网:《多国囤粮:一堂活生生的粮食安全"警示课"》,原文刊发于 2020 年 4 月 3 日《农民日报》,http://www.zgjx.cn/2021‐10/29/c_1310277622.htm。

一、引导力的凝聚性和引领性持续深化

面对新时代中国社会及传播生态的深刻变化,新闻评论以围绕中心、服务大局为根本任务,以思想共识凝聚行动力量,以正确舆论引领前进方向,为全面建成小康社会、实现第一个百年奋斗目标提供了有力的舆论支持和良好的社会氛围。新闻评论的议题设置力、导向把控力、思想穿透力和传播表现力等引导力评价指标得到了进一步提升和完善,开创了党的新闻舆论工作的新局面。纵观这一时期的新闻评论的综合影响和表现,其舆论引导力呈现出追求导向强化和社会整合,凝聚性、引领性持续深化的特征。

(一)引导力方向:以习近平新时代中国特色社会主义思想为引领

中共十八大以来,新闻评论尤其是新型主流媒体评论始终把"举旗定向"摆在首要位置,坚持马克思主义新闻观和正确舆论导向,以权威主流声音占领舆论阵地,体现出强大的导向把控力。

首先,以新时代党的创新理论为指导,巩固壮大主流思想舆论。中共十八大后,中国特色社会主义进入新时代,党和国家事业取得历史性成就、发生历史性变革。新理论、新思想为舆论引导工作指明了方向,新闻事业包括新闻评论适应形势变化,积极作为,围绕"四个全面"战略布局,坚持马克思主义新闻观,坚持党性原则和正确舆论导向,坚持团结稳定鼓劲、正面宣传为主的基本方针,确保新闻舆论工作始终沿着正确轨道向前推进,使得中国特色社会主义和中国梦深入人心,主流思想舆论巩固壮大。

例如,围绕"脱贫攻坚"这一新时代重大主题,《人民日报》连续三天发表的系列评论员文章,以及新华社、《求是》、央视及各地党报都市报的评论作品;围绕"美丽中国"以及生态文明建设,《人民日报》、新华社的系列评论以及《扫清雾霾,亟需创建绿色考评体系》等一批获中国新闻奖的广播评论,就是围绕党和政府的中心工作、服务"全面建成小康社会"战略目标所创作的优秀作品。在纪念改革开放 40 周年、庆祝中华人民共和国成立 70 周年、庆祝建党 100 周年等重大活动中,在党的群众路线教育实践等各种"学习型政党"建设主题教育活动中,以《人民日报》"任仲平"文章、新华社全媒体评论为代表的,以及《光明日报》《求是》《经济日报》等媒体发表的一批评论文章,都是高举马克思主义和中国特色社会主义旗帜,坚持正面宣传所创作出来的充满正能量的主旋律作品。此外,围绕八项规定、简政放权等重要

举措所推出的《在抓落实中重"绩"留"心"》《供给侧改革需加减法并举》等评论，也具有极大的社会影响力，有效指导了工作。

习近平在2018年全国宣传思想工作会议上指出，新形势下宣传思想工作的使命任务是"举旗帜、聚民心、育新人、兴文化、展形象"，成为新闻评论做好舆论引导工作的基本遵循和重要着力点。如在培育和践行社会主义核心价值观工作中所涌现出的《凝聚当代中国的价值公约数——论培育和践行社会主义核心价值观》《新时代呼唤蓬勃的青年精神》《这个名字，绽放时代的光彩》《张桂梅为什么感动中国》等一批优秀评论作品，有力发挥了"团结人民、鼓舞士气，成风化人、凝心聚力"的作用，为推动新时代各项事业的进步发展贡献了精神力量。

其次，新型主流媒体表现突出，导向把控力得到强化。在新时代舆论场上，虽然面临着新兴媒体的挑战和竞争，但传统主流媒体凭借长期以来形成的资源整合能力和社会公信力，在舆论引导上依然有着先天优势。根据习近平"打造一批形态多样、手段先进、具有竞争力的新型主流媒体"[①]的要求，近年来传统媒体大力加强内容建设、推动媒体深度融合，传播力引导力影响力公信力显著增强，一批新型主流媒体正在形成，成为重大信息发布的主渠道、宣传思想文化的主阵地、社会舆论的主控室。

凭借着品牌和公信力优势，以及媒体融合形势下的坚守拓展和积极创新，传统媒体的新闻评论在新时代依然拥有强大的传播力和引导力，具有自媒体无法企及的权威性和影响力。2013年以来的中国新闻奖获奖评论作品，大多为党报、党台或其所办网站发表，如为推动简政放权而播出的中央电视台《焦点访谈》节目《证难办脸难看》，以及《人民日报》评论《"怎么证明我妈是我妈！"》；人民网的网络评论《三评新经济》《三评浮夸文风》；反对形式主义之风活动中的新华社评论《警惕形式主义披隐身衣卷土重来》、湖北台广播评论节目《警惕"指尖上"的形式主义》及《新华日报》文章《警惕"精致的形式主义"》；中美贸易战期间《人民日报》的"中美贸易战十评"及"钟声"栏目"九连评"等。经过融合转型的新型主流媒体所拥有的权威性和号召力，使得其在引导舆论方面较之其他媒体或自媒体具有压倒性优势，表现出强大的导向把控力。

---

① 中国共产党新闻网：《习近平：共同为改革想招 一起为改革发力》，http://cpc.people.com.cn/n/2014/0818/c64094 - 25489502.html。

(二)引导力大小：创新传播手段、提升内容品质，保证引导力强度

首先，善用"微评"与"融评"，丰富传播表现力。面对传播格局的深刻变革，做好宣传思想和舆论引导工作，比以往任何时候都更加需要创新。近年来，在中央和地方主流媒体的积极带领下，我国媒体融合进入新阶段，"中央厨房"、全媒体平台、大数据应用、新闻客户端等项目取得重大进展，创造了许多具有广泛影响力的新兴媒体品牌，全媒体传播矩阵基本成型，平台辐射面更广，舆论引导力更强，融合传播力更加突出。在全媒体平台上，新闻评论创新传播方式手段，充分发挥"微评"的快与"融评"的活的特点，在引导舆论的时效性及形象性上取得了很大突破，丰富了传播表现力。

如在新传播格局下，一向以高质量政论见长的人民日报评论部专门成立了"新媒体评论室"，在微博上撰写微评论，语态活泼、观点有力，收获了大批粉丝；号称"网上第一评"的"人民网评"对舆论热点事件及时进行追踪和评论，努力实现时效性和专业性相平衡、相统一。传统主流媒体的"触网""入微"，有效增强了新闻评论的时效性，在抢占舆论制高点、掌握话语权方面占得了先机。随着媒体融合程度的加深，部分媒体对新闻评论进行移动化、可视化创新，吸引了更多用户及年轻受众。如前述"两会"期间人民日报新媒体端和新华社"新华全媒+"推出的创意视频评论及虚拟人民大会堂场景节目、央视新闻打造的以"网言网语"、轻松活泼为主要特征的《主播说联播》，以及其他融入漫画、音乐、H5等跨界元素的"融合评论"节目广受好评，取得了很好的舆论引导效果。

在全媒体传播体系之下，新闻评论的传播方式也变得更加综合和多元。在新媒体评论第一时间发声吸引关注、抢占话语阵地之后，传统媒体继续跟进报道，充分发挥资源及机制优势，进行更加深入的分析评论，新老媒体分工协作，形成合力。如2018年经济日报对"私营经济离场论"的批驳文章《对"私营经济离场论"这类蛊惑人心的奇谈怪论应高度警惕——"两个毫不动摇"任何时候都不能偏废》，最早是在相关言论出现的当天下午由报社新媒体"两微一端"和中国经济网发表，第二天才在《经济日报》纸质版刊登；随后面对社会上接连出现的借民营经济问题否定、怀疑改革的舆情，先由报社新媒体刊发评论在第一时间稳定社会情绪，随后纸媒刊登经过润色完善的文章；在习近平重申关于民营经济"两个毫不动摇"的讲话后，《经济日报》又连续发表系列评论文章，以跨越新老媒体的主流声音有效引导舆论，多方合力打赢了这场针对错误思潮的论辩。再如2020年新冠肺炎疫情期间新华社

推出的重磅评论《钟华论：在民族复兴的历史丰碑上——2020 中国抗疫记》采取融媒体报道组织和生产传播机制，以文字版、视频版和观点海报等多种形式进行呈现和表达，通过报纸、电视台、电台、网站、客户端、微信公众号、微博等平台和渠道广泛传播，引发受众强烈共鸣，影响巨大，创造了新华社评论采用和传播新纪录。

近年来，在诸多热点事件如雷洋案、于欢案中的报道与评论中，利用新媒体打头，传统媒体压阵，新老媒体共同构建舆论场，形成网上网下同心圆，已经成为很多媒体的共同选择，有力推动了引导效果的最大化和最优化。此外，在与新媒体融合的同时，传统媒体也在努力巩固和完善传统评论阵地，如 2013 年初《人民日报》创办了其史上第一块新闻评论版，各省党报也纷纷整合评论资源推出评论版，这股党报办评论版的热潮，有力提升了新闻评论舆论引导力的强度。

其次，以内容创新和理性精神提升品质内涵，增强思想穿透力。为适应新时代用户阅读习惯的变化，主流媒体不断探索新闻评论内容及生产机制创新路径，如在新媒体平台改进新闻评论写作方式，打破传统的"要你看"的八股腔模式，实施跨文体写作以满足受众"我要看"的需求，占据舆论引导先机。例如已完全实现网络转型的上海"澎湃新闻"，其丰富的评论作品就是适应互联网特征的文体创新的典型，有效提高了作品的认识价值。[①]

此外，越来越多的评论栏目将新闻报道和评论相结合，推行"评论记者"工作机制，提倡评论员到现场去，获得真实感受和对事实的正确把握。这种新的评论创作模式，不但可以使评论内容更加鲜活，提升观点的思想性，而且保证了评论对象及事实来源的真实性，防止出现新闻反转现象。例如，在 2018 年 7—8 月间中宣部组织的"大江奔流——来自长江经济带的报道"主题采访活动中，人民日报开设了《现场评论·我在长江》专栏，根据"写好评论需要到现场去"的思路，4 名评论员深入一线，在采访中体悟和思考，采写了大量"沾泥土、带露珠、冒热气"，"有高度、有温度、有厚度"的现场评论，被网友称赞为"就像看一部高品质的长江经济带的'连续剧'"。[②] 随后，"人民日报评论"微信公众号也推出了一系列融文、图、影、H5 于一体的新媒体评论稿件。《现场评论·我在……》现已成为人民日报评论的品牌栏目。

新闻评论的力量根源于理性思维和逻辑论证。这一时期，主流媒体评论除了坚持事实第一的评论伦理外，在论证中也注重逻辑性和建设性，增强思想穿透力，

---

① 马少华：《观点写作，在创新中建立新的文体默契》，《中国记者》2020 年第 7 期。
② 赵振宇、彭舒鑫：《新闻评论：新时代的新气象和新思考》，《新闻战线》2019 年第 5 期。

以理性精神疏导社会情绪,塑造平和心态。如《有"问题意识",也要有"过程意识"——辩证看待社会发展与问题之一》《公共辩论,求真比求胜更重要》《不能以极端个案指责社会否定时代》《不因唱衰而忧 不因看涨而乐》等获奖评论引导公众理性看待社会问题,有效平息了网络偏激情绪。围绕"法治中国"主题的《突破法律的改革需授权》、围绕"国家治理现代化"主题的《不"唯 GDP"并非"去 GDP"》,以及中美贸易战中的《任何挑战都挡不住中国前进的步伐》等作品,以理性冷静的观点、严密细致的论证,在复杂多变、暗流涌动的网络舆论场上掌握了主动权和主导权,起到了正本清源、整合社会的作用。理性、权威、专业的声音,不但可以正向疏导舆论,还提升了媒体公信力,打造了评论栏目的品牌效应,使得新闻评论的舆论引导力获得了坚实的思想基础和逻辑支撑。

（三）引导力作用点:围绕中心工作策划选题,整合凝聚社会共识

纵观 2013 年以来新闻评论的发展轨迹,新闻评论服务党和国家事业大局,坚持正确舆论导向,围绕中心工作和重要题材进行分析评论,较好地回应了公众期待,并通过精准、有序的选题策划,灵活主动的设置公共议程,议题设置力极大增强。如在"全面建成小康社会"战略目标下,围绕保障和改善民生的话题,《民生实事莫沉迷于"数字突破"》《带着感情去拆违》《民生工程为何不得民心》《智能时代,如何让老年人跨越"数字鸿沟"?》等评论作品聚焦和群众利益密切相关的民生话题,充分体现了媒体的社会责任感;在"全面深化改革"战略举措下,围绕简政放权、"三农"问题等重要话题,《证难办 脸难看》《"怎么证明我妈是我妈!"》《要帮进城农民算好三笔账》《"农改居":农民的权益只能增不能减》等评论以维护群众利益为导向,主动设置议题吸引舆论关注,通过精准、有效的选题策划,引导舆论走向,产生良好反响。

虽然在民生及主旋律题材方面,当前新闻评论尤其是主流媒体新闻评论的选题具有较强的现实针对性;同时,借助大数据、人工智能技术,新闻评论在进行舆情监测、灵活设置议程方面手段也更加纯熟。但在面对一些特殊社会议题特别是舆论监督类题材时,由于主管部门的监管和"一刀切"式集体禁言,导致话语权被掌握了互联网运作规律的自媒体人士所把控,不利于新闻评论为弱势群体发声。此外,主流媒体的强势,新闻评论对意识形态的敏感和阵地意识的强化,在有效保障了主流声音及价值观的正向引导作用的同时,也在一定程度上弱化了新闻评论的舆论监督功能,导致部分社会矛盾被掩盖,未及时得到反映。如近年来有关反腐败题材的新闻评论作品,基本都是从加强思想教育、改进工作作风的角度进行分析解读,局限于宏观层面的指导和警示,而对群众关注的大案要案及突发敏感事件则缺少第一时间的直接关注和揭露点评。对舆论监督"建设性"的过度重视和强调,一定程度上使得新闻评论的批判性和锐度被淡化,无形中削弱了舆论引导力的效度,主流媒体的舆论主导权也因此受到影响。

此外,随着移动数字技术的广泛应用,新闻评论在加强和公众互动,营造公共话语空间方面进行了诸多有益实践。如《人民日报》评论版的作者队伍除专职评论员及记者外,群众、干部、学者发稿各自占比为 25%、19%、11%,通过多元化的选题和对话形式,打造了一个多元性公共话语空间,较好地实现了其创办时作为"干部论政的平台,学者争鸣的空间,群众议言的广场"①的构想;国内首档融媒体新闻评论节目《中国舆论场》实时关注全网新闻热点,创造性引入"在线观众席",网友可以通过手机实时抢票,成为当期节目的"现场参与者",直接向嘉宾提问;著名栏目《焦点访谈》近年来也不断适应网络传播环境的变化需求,在新媒体平台上探索与公众的互动合作,寻找新闻线索。此外,主流媒体在网络平台上推出的种种"融评"产品,不仅具有趣味性和新鲜感,还具有即时传播性与互动性,形成了高效的传播形态。

虽然主流媒体新闻评论的互动尝试取得了很多成绩,但整体上侧重于以主流声音引导公众舆论,在创新发展中统一思想、凝聚力量、整合社会,以服务于党和政府的中心工作,而对社会问题的揭发,以及不同意见的反映并非其首要任务,加之近年来国家以唱响主旋律、传播正能量为目标,从维护国家政治安全、文化安全、意识形态安全的高度,大力开展"净网"行动和网络综合治理,使得网络话语空间呈现出"主流化"的特征。面向公共话题的不同意见的呈现和交锋虽然时有出现,部分还相当激烈,但在整合社会、凝聚共识的治理思路下,此类交流被严密监控,题材选择和传播范围受到很大限制,甚至转入地下,从而导致新闻评论的意见互动与交流功能被弱化。不同群体、不同阶层之间缺少常态化的沟通交流手段,容易产生群体内部的抱团取暖、信息茧房效应,造成舆论场的分化和对立,而农民等弱势群体的话语权更是面临被掩盖和边缘化的危险。

新闻评论在平台交流功能上的停滞,一定程度上使其舆论引导力的效度失去

---

① 张心怡、赵振宇:《渐趋开放的公共空间——〈人民日报〉新创评论版特色研究》,《新闻大学》2017 年第 3 期。

了原生态的支撑和多样化的验证,影响了引导效果和社会整合的完全实现。如何在坚持正确导向的前提下,有效保障公众话语权,营造活泼多元的舆论场生态,使得主流化与多样性并行不悖、相得益彰,这对当前主流媒体新闻评论的舆论引导提出了新要求、新思考。

二、新型主流媒体举旗定向、塑造认同,但整合效果有待完善

中共十八大以来,新闻评论的守正创新使得其舆论引导功能得到了进一步强化,方法与手段更加成熟、灵活,开创了党的新闻舆论工作的新局面。在"建设具有强大凝聚力和引领力的社会主义意识形态"战略任务的指引下,新闻评论尤其新型主流媒体评论作用于公众情感、意见和信念的力度显著增强,提升了公众对主流思想舆论和中国特色社会主义道路的政治文化认同,充分发挥了统一思想、凝聚力量的作用。但由于舆论监督批判性的淡化以及新闻评论平台交流功能的弱化,其社会整合效果尚未臻至完善。

(一)引导力作用机制积极主动,有力塑造公众认同

中共十八大后,习近平关于新闻舆论工作的系列论述,丰富了舆论引导理论的内涵,其关于意识形态阵地的论断,以及在融合创新、方式方法等方面的观点,为新时代主流媒体新闻评论提升引导能力、有效引导舆论指明了方向。和前一阶段新闻评论黄金时期的盛况相比,虽然 2013 年后的新闻评论在数量上呈现出下降趋势,意见表达的批判性和尖锐度也有所减弱,但在中央建设新型主流媒体的战略部署下,新闻评论的舆论引导表现更加积极主动,手段更加灵活多样,方向愈加坚定自信,强化导向、整合社会的引导实践也产生了更加突出的效果。

在前一阶段新闻评论繁荣发展,舆论引导力获得多元提升的基础上,这一时期,根据习近平"48 字方针"中"高举旗帜、引领导向",以及"举旗帜、聚民心、育新人、兴文化、展形象"的论述精神,新闻评论尤其是主流媒体评论始终把"举旗定向"摆在首要位置,坚持马克思主义新闻观和正确舆论导向,坚守传统舆论阵地并不断巩固完善,其引领导向功能得到进一步强化;同时,新闻评论适应媒体融合时代的新情况新变化,积极创新表达方式,使得新闻评论的全媒体传播格局更加完善,凝聚人心的效果更加明显。新闻评论在强化导向、整合社会方面的突出表现,使得其舆论引导力得到进一步提升,作用机制更加成熟完善、积极主动,为全面建成小康社会、实现第一个百年奋斗目标发挥了巨大的思想引领和保障作用。

在以创新发展提升品质、引导舆论的过程中,新闻评论对公众心理的作用力和影响力也不断增强,有效提升了公众对主流思想舆论和中国特色社会主义道路的政治文化认同。这一时期,新闻评论因为在思想路线上获得了坚实的理论支撑,新型主流媒体坚守传统舆论阵地,创新和拓展传播手段,新闻评论的舆论引导力呈现出高信度特征,使得新闻评论在全媒体时代依然拥有极高的权威性和公信力,并获得了新的发展机遇和生命力。新型主流媒体在全媒体传播矩阵构建、"微评""融评"等传播手段创新、新老媒体共建舆论场等方面的探索和实践,极大提升了新闻评论舆论引导力的强度,适应了媒体融合背景下的形势发展,满足了公众需求;其在内容方面的表达创新,以及理性精神的塑造传播,有效疏导了社会情绪,提高了公民素养,提升了评论的品牌效应,推动了和谐舆论场的构建。此外,新型主流媒体在选题方面的精准策划与主动设置议程,对网络话语空间的重视和主导,也在一定程度上回应了公众期待,在复杂多变的互联网舆论场上坚持了正确导向,有力服务和推动了第一个百年奋斗目标的实现。

(二)监督批判性淡化与平台交流功能弱化,影响社会整合

虽然新时代新闻评论的舆论引导力更加成熟完善,引导效果更加突出,但在全媒体时代的新传播格局下,由于舆论场的复杂多元,以及主流媒体新闻评论自身存在的一些问题,使得引导力整合效果未臻完善,仍有许多亟待改进之处。

和前一阶段相比,这一时期新闻媒体的舆论监督报道数量有所减少,且在报道思路和风格上更追求一种"发现问题——进行预警——寻找方案——解决问题——形成共识"的"建设性舆论监督"[①]。从哲学意义上讲,建设性舆论监督是一个否定之否定的扬弃过程,通过持续的发现问题、解决问题、发现新问题、解决新问题,推动经济社会螺旋式上升,通过正面引导的报道取向来实现当前新闻舆论工作"48字方针"中"成风化人、凝心聚力"的任务要求。由于批评报道的稀缺,面对当前国家治理尤其基层治理层面存在的问题,新闻评论更多肩负起了过去舆论监督报道所扮演的角色,近年来涌现了一批针对作风问题及社会不良现象进行揭露批评的中国新闻奖获奖作品,部分作品能直面热点,批判尖锐。虽然主流媒体新闻评论代替调查报道履行舆论监督职能,可以以理性思想引导舆论,有效避免舆情激化。但总体看来,由于评论文体主观说理的固有特征,较之客观报道缺少事实材料

---

① 　郭贵虎:《舆论监督重在建设》,《新闻采编》2020年第5期。

的充分支撑,监督类评论的直观性和冲击力有所不足,不利于给读者留下深刻印象;加之敏感题材的限制,以及主管部门对"正面宣传为主"导向的强调,新闻评论的批判性和锋锐度被淡化,其引导力的准度和舆论整合效果无形中被削弱。如何在保持建设性和正面导向的同时,让新闻评论的舆论监督功能得到更充分发挥,不失其战斗性的传统风格,从而更加有效地回应社会关切和公众期待,把握舆论主导权,这是新时代对新闻评论舆论引导力建设提出的新课题、新要求。

此外,虽然新型主流媒体在创新传播方式手段,以主流声音强势整合互联网空间、形成网上网下同心圆方面取得了突出成绩,但网络空间"主流化"所造成的新闻评论平台交流功能的弱化,加上社会阶层分化所造成的网络舆论场的多元化现实,以及移动互联时代公众碎片化、浅阅读习惯的养成,还是给新闻评论的舆论引导带来了巨大挑战。一是以算法推荐为底层逻辑的新闻聚合类传播平台如今日头条、一点资讯、ZAKER 等,由于其信息推送机制建立在用户兴趣和需求之上,因此造成了不同群体间的"信息茧房"和"回声室"效应,导致舆论场的分化和对立;二是短视频的兴起与广泛使用,使得越来越多的信息表现出平民化、多元化的圈层传播模式和叙述视角,情绪化的解构与娱乐化叙事大行其道,从而消解了以理性分析为主要特征的新闻评论舆论引导力,其理性指向和实际效果之间存在落差;三是当前多数主流媒体新闻评论仍习惯于使用严肃的精英话语,虽然在一定程度上体现了主流媒体的权威性和公信力,但也会因为过高的话语壁垒而导致受众尤其是青年群体的流失。上述种种舆论场分化现象,使得主流媒体的舆论引导受到多重限制,平台交流功能被弱化,整合社会的效果存在诸多不尽人意之处。此外,主流媒体新闻评论长期存在的一些弊端如以主旋律应景文章为代表的"假、长、空"形式主义文风;新闻评论真实性和专业性缺失、公共议题的同质化现象严重;"融评"、可视化等创新转型虽然使得评论形式变得生动活泼,但造成了内容的思想性、深刻性、抽象性流失或淡化⋯⋯如此种种,同样需要引起警惕。

新时代下的国家治理现代化,是公共权力和公民权利各安其分、国家社会个人三方利益有机结合的现代化。保障社会大众尤其是弱势群体的言论自由权,营造多元、活跃的公共话语空间,推进和完善社会主义民主政治,是国家治理现代化的重要内容与应有之义。新闻评论的话语交流平台功能,可促进社会不同群体之间多种意见的全方位的沟通、互动与对话,有利于激发公民的自我管理和公共意识、责任意识,培养更多积极参与社会事务治理的现代公民,从而为推进治理能力现代化奠定坚实的"软实力"基础。而融会贯通了强势引导与包容性整合的新型主流媒体新闻评论，在主流化与多样性兼备的舆论场环境中，其引导力举旗定向、塑造认同的舆论引导效果也将臻于完善。

虽然尚有进步和提高空间，但整体而言，在新时代建设中国特色社会主义的历史征程中，新闻评论继往开来、守正创新，发挥了巨大的舆论引领和保驾护航作用。通过持续的强化与整合，新闻评论尤其新型主流媒体新闻评论的舆论引导力逐渐走向成熟，为践行"建设具有强大凝聚力和引领力的社会主义意识形态"的战略任务奠定了基础，为全面建成小康社会、实现第一个百年奋斗目标贡献了力量。

第五章　新时期中国新闻评论舆论引导力变迁的历史逻辑与现实启示

在对改革开放后 43 年间各阶段新闻评论贯彻党的新闻舆论思想、服务于中心工作、进行舆论引导的主要表现，以及新闻评论舆论引导力的主要特征及效果进行全面梳理和分析之后，可以看出在不同历史阶段，新闻评论舆论引导力既有不同的特征效果和实践经验，也有共通的内在机制和目标追求。总结新时期新闻评论舆论引导力变迁的演化规律和历史逻辑，剖析其价值理念与现实启示，可在认识论层面对新闻评论进行舆论引导的历史脉络及发展趋势进行宏观把握，并为当前及未来新闻评论舆论引导力建设的探索实践提供理论指导和经验借鉴。

第一节　新时期中国新闻评论舆论引导力变迁的历史逻辑

马克思主义唯物史观认为，社会发展的进程具有其客观必然性，总是受内在的一般规律支配，总是要合乎历史逻辑的，如马克思所言："一个社会即使探索到了本身运动的自然规律……它还是既不能跳过也不能用法令取消自然的发展阶段。"[1] 新闻评论舆论引导力是在具体的历史环境中，根据时代特征和党的指导思想、中心任务，遵循历史发展与新闻传播的规律而变迁和演进的。因此，在当前新闻舆论工作中推进"四力"建设、提高新闻评论舆论引导力的同时，从理论上总结和概括当代新闻评论进行舆论引导的历程、脉络、经验和规律，分析和探讨当代新闻评论舆论引导力变迁的历史逻辑，是极为必要的。

新闻评论舆论引导力变迁的历史逻辑，指的是新闻评论舆论引导力发展演进的历史必然性和内在规律性，包含两层意蕴：第一，作为党的新闻舆论工作的重要

---

① 　马克思恩格斯选集(第 2 卷)，北京：人民出版社，2012 年，第 83 页。

内容,为提升舆论引导能力,改进舆论引导效果,新闻评论舆论引导力在各历史时期不断发展和完善具有必然性;第二,作为一种长期存在的新闻活动和传播现象,新闻评论舆论引导力的变迁和发展具有"不变"与"变"两种内在逻辑,遵循一定的运行机制和客观规律。本书将从这两方面对新时期新闻评论舆论引导力变迁的历史逻辑进行总结和概括。

一、变迁轨迹及其历史必然性

矛盾是事物发展的源泉和动力。唯物辩证法认为,从宇宙天体到微观粒子,从整个社会到各种组织,都是其内部对立的各个要素按一定秩序、结构组成的矛盾集合体,矛盾无时不在无处不有。事物发展是矛盾的同一性和斗争性共同作用的结果,社会发展的源泉和动力也是其内部生产力和生产关系、经济基础和上层建筑之间的矛盾运动。[①] 矛盾规律(对立统一规律)的作用和意义,就在于它揭示了事物"自己运动"的根本原因、动力和内容:"事物只因为在本身之中包含着矛盾,所以它才能运动,才具有趋向和活动",肯定的事物中包含有否定性因素,因此事物才能超出自身转化为他物,有事物的"自己运动"发展、变化。[②]

矛盾的对立统一规律同样适用于党的新闻舆论工作。舆论场是一个多种因素相互影响、多种意见相互作用的复杂的时空环境。如果把舆论场视为一个系统,那么社会的舆论引导需求与新闻评论舆论引导力便是其中的一对矛盾:如果新闻评论舆论引导力的议题设置力、导向把控力、思想穿透力、传播表现力等评价指标齐备,方向、大小和作用点等引导力三要素能够满足社会的舆论引导需求,那么新闻评论舆论引导力就会有效作用于公众心理,塑造和提升公众舆论在观点、价值观和政治文化等层面的认同,从而产生正面的舆论引导效果,营造积极向上、和谐有序的舆论场生态;反之,新闻评论的舆论引导功能受限,新闻事业对社会的指导和整合作用得不到完全实现,极端情况下甚至产生负面后果。

纵观新中国成立后 43 年间新闻评论的舆论引导实践,可以发现不同的时代背景下社会舆论有着不同的引导需求,党的新闻舆论思想也处于不断的发展演进过程中,这要求新闻评论的舆论引导力持续发展完善,以与各阶段时空环境以及党和国家的中心工作相适应。两者的有机运动,构成了新时期新闻评论舆论引导力变

---

① 阮青、叶胜红:《社会基本矛盾理论与全面深化改革的方向》,《科学社会主义》2016 年第 3 期。
② 林渊:《论唯物辩证法理论发展的层次》,《南京师大学报(社会科学版)》1986 年第 2 期。

迁的历史轨迹。

(一) 第一阶段:在历史转折中回归拓展

从 1978 年到 1991 年底的 13 年间,是开创中国特色社会主义道路的关键时期,也是新闻评论舆论引导力的转折期。这一时期,在邓小平"思想中心论"和"社会效益首要论"的指引下,新闻评论重回正轨,其内在传播规律与论证表达功能重新受到重视,被"文化大革命"霸权言论压抑已久的舆论引导迎来了功能释放。

如在真理标准大讨论、批判极左思想、经济体制改革、姓"资"姓"社"争论、舆论监督的恢复突破等重要事件或话题中,新闻评论坚持解放思想、实事求是的思想路线,屡屡在重要关头挺身而出,答疑解惑,为经济建设和国家发展创造了良好的舆论环境。因为指导性、服务性突出,理性精神与监督功能回归,这一阶段新闻评论的议题设置力、导向把控力和思想穿透力明显增强,舆论引导力作用机制得到重建,增强了公众对改革开放的道路认同,社会效益显著,为 1992 年后社会主义市场经济体制下新闻评论黄金时期的到来做了良好的过渡和铺垫。

但囿于时代条件及认识水平的限制,这一阶段新闻评论的舆论引导尚未脱离舆论宣传框架,灌输式色彩较浓,在选题丰富性、题材时效性和形式多样性方面存在着不足,一定程度上影响了引导力的效果实现。随着改革开放步入新阶段,新闻评论舆论引导力也必将继续加强和完善,实现更全面、深刻的多元提升。

(二) 第二阶段:在改革奋进中多元提升

从 1992 年到 2012 年的 20 年间,是全面推进改革开放、中国特色社会主义建设取得重大成就的重要时期,也是新闻评论舆论引导力的发展期。这一时期,在江泽民"坚持正确的舆论导向"及胡锦涛"提高舆论引导能力"思想的指引下,新闻评论的舆论引导功能获得了更高程度的重视和更充分的释放,在转型期社会发挥了巨大的思想引领及舆情疏导作用。

时代和社会的发展进步,使得新闻评论拥有了更深厚的受众基础、更丰富的内容资源和更多样的实现途径;而认识的深化以及理论的成熟,使得新闻评论的舆论引导拥有了明确方向和具体路径。从市场经济变革到树立科学发展观,从民主法制建设到构建社会主义和谐社会,从贯彻以人为本到加强舆论监督,这一时期的新闻评论坚持正面宣传,注重实效,深度阐释政策和指导工作,充分发挥观点平台的交流功能,及时反映社会热点,回应公众期待。在不断突破与创新中,新闻评论的议题设置力、方向把控力、思想穿透力和传播表现力均大大增强,其舆论引导力实现了多元提升,时效性、多样性和包容性全面突破,"以人为本"价值理念深入人心,在公民意识培养和发展道路认同方面取得了巨大成功。

但在取得显著效果的同时,新闻评论的舆论引导也存在着一些问题与不足,如评论作品的两极走向、网络言论的非理性表达、舆论监督效果不完善不稳定等等。随着新时代的到来,中国社会继续发生深刻变革,新闻评论的舆论引导力也亟须强化和整合,实现更高水平的守正和创新。

(三)第三阶段:在新时代变局中强化整合

2012年中共十八大后,中国特色社会主义进入新时代,党和国家事业取得历史性成就,新闻评论舆论引导力也进入了成熟期。习近平关于新闻舆论工作的系列论述,以及"建设具有强大凝聚力和引领力的社会主义意识形态"战略任务的论断,为新时代新闻评论做好舆论引导工作、提升舆论引导力明确了方向和目标。

这一时期,新闻评论响应党的新闻宣传及意识形态工作要求,坚守传统舆论阵地并不断巩固完善,同时顺应媒体融合大势,主动变革创新,以主流声音强力引导舆论,为全面建成小康社会、实现第一个百年奋斗目标统一了思想,凝聚了力量。新闻评论尤其新型主流媒体新闻评论的舆论引导功能得到了强化,方法与手段更加成熟、灵活,议题设置力、方向把控力、思想穿透力和传播表现力进一步完善,在思想价值引领、关注民生民情、培育社会理性、推动融合创新等方面表现突出。在持续强化导向、整合社会的过程中,新闻评论舆论引导力不断调适完善,作用机制更加积极主动,有力塑造和提升了公众对主流思想舆论和中国特色社会主义道路的政治文化认同。

虽然主流媒体的强势引导效果突出,但在全媒体时代新传播格局下,由于舆论场的复杂多元以及主流媒体新闻评论自身存在的一些问题,如舆论监督批判性的淡化与平台交流功能的弱化,使得其社会整合效果未臻完善,新闻评论的舆论引导力仍存在许多有待改进和提高之处。

通过上述对当代新闻评论舆论引导力变迁历史轨迹的梳理分析,可以发现,随着时代的转换,党的新闻舆论思想在不断发展演变,对新闻评论在各阶段的舆论引导也提出了不同的任务和要求。作为党的新闻舆论工作的重要内容,持续增强和完善新闻评论舆论引导力并实现其有序变迁,以服务不同时期党和国家的中心工作大局,是矛盾运动发展、对立统一规律的体现,也是历史发展的必然。

二、变迁之"不变"的逻辑

辩证唯物主义认为,事物的"变"与"不变"是一对相互制约、相互转化的矛盾。一方面,事物是不断变化的,这是物质存在的规律和社会发展的基础;另一方面,事物本身内在的规定性是不变的,只有坚持这个"不变",事物的变化才能沿着正确的方向前进。事物发展是变与不变的统一。任何事物都有一个质的规定性,其发展变化不能超出质的规范,否则便是事物的灭亡。辩证唯物主义真理观认为,真理的发展就是一个从相对真理不断接近绝对真理、又变又不变的过程。[①] 我国思想文化领域一贯所坚持的"批判与继承""古为今用、洋为中用"等方针,就是对思想文化发展过程中又变又不变的事实的正确反映和科学利用。

在新闻评论舆论引导力的变迁过程中,同样包含"变"与"不变"两种因素:既有空间、作为和结构等方面丰富而活跃的发展变化,也有某些思想和经验层面的稳定传承和延续。这种现象符合事物发展的辩证法。本书将从"不变"与"变"两个角度,对新时期中国新闻评论舆论引导力变迁的内在逻辑进行提炼和总结。因为意识形态、价值理念方面的"不变"因素是变迁过程中种种"变"的因素的指导性思想和经验总结,是新闻评论坚持正确引导方向、实现舆论引导功能的基本保障,故本书先论述引导力变迁过程中的"不变"逻辑,后介绍"变"的逻辑。

从新中国成立后的舆论引导实践来看,虽然新闻评论与时俱进,在指导思想、传播内容、论证方式和表现手段上一直处于动态的发展演变过程中,引导效果也各不相同,但蕴含其中的对意识形态、指导方针、价值导向和发展理念等思想内核的坚持却是一以贯之的。这是新闻评论舆论引导力保持正确方向和基本效果的重要保证,也是做好各时期党的宣传思想工作的必然要求和宝贵经验,是引导力变迁过程中的"不变"因素。

(一)意识形态:坚持马克思主义的指导地位

从历史上看,新闻评论尤其党报评论的命运,从来都是同党的思想路线、政治路线联系在一起的。党的路线正确,党报新闻评论基本正确;党的路线发生偏差,党报评论也会走入歧途。从民主革命到社会主义革命,从"大跃进"到"文化大革命",概莫能外。这条路线,就是马克思主义的思想政治路线。纵观当代新闻评论

[①]　韩民青:《发展是变与不变的统一》,《学术论坛》1982 年第 3 期。

的舆论引导实践,虽然在不同历史时期有不同的指导性理论,历届领导人也提出了各自的新闻舆论观,但坚持马克思主义在意识形态领域的指导地位是各阶段新闻舆论思想共同的本质特征,也是新闻评论具有强大舆论引导力的最重要保障。

改革开放后,马克思主义在意识形态领域的指导地位曾一度被忽视,面对否定社会主义制度和资产阶级自由化的思潮,邓小平提出必须坚持四项基本原则,其中一项就是要坚持马列主义、毛泽东思想,这也成为其报刊"思想中心论"以及解放思想、实事求是思想路线的核心内涵,为新闻评论发挥思想引领和路线指导作用、实现舆论引导力的回归拓展指明了方向。

进入 20 世纪 90 年代,江泽民提出了宣传思想工作的"四以"方针,其中"科学的理论"就是指马克思主义,这也成为其"舆论导向"论的思想基础。新世纪后,胡锦涛提出要"把坚持正确导向放在新闻宣传工作的首位",把马克思主义理论和中国实际相结合。两位领导人提出的舆论导向"福祸论"和舆论引导"利误论",虽然所强调的具体问题不同,但都指出新闻舆论工作关系到党和人民的前途命运,以及坚持马克思主义的极端重要性。在其指引下,世纪之交的新闻评论弘扬主旋律、增强实效性,在转型期社会的特殊形势下发挥了巨大的思想引领和舆情疏导作用,引导力实现了多元提升。

中共十八大后,面对百年未有之大变局,意识形态工作被提升到极其重要的位置。习近平提出建设"具有强大凝聚力和引领力的社会主义意识形态""宣传思想工作就是要巩固马克思主义在意识形态领域的指导地位,巩固全党全国人民团结奋斗的共同思想基础。"[1]党的十九届四中全会从制度层面对马克思主义在意识形态领域的指导地位予以了确认和保障。在"高举旗帜、引领导向"方针的指引下,新时代新闻评论坚持思想价值引领,壮大主流思想舆论,充分发挥了坚守意识形态阵地和塑造公众道路认同的作用,其引导力也在此过程中得到了强化和整合,展现出强大的凝聚力和引领力。

综上所述,马克思主义是新闻评论舆论引导力建设的根本指导思想。只有坚持马克思主义的指导地位,才能保证舆论引导的正确方向,为社会主义事业发展提供坚实的思想根基、精神之源、信仰之本。[2]

---

[1]　国务院新闻办公室、中央党史和文献研究室、中国外文局编:《习近平谈治国理政》,北京:外文出版社,2014 年,第 153 页。

[2]　余双好、汤桢子:《中国共产党百年宣传思想工作发展历程与基本经验》,《江南大学学报(人文社会科学版)》2021 年第 6 期。

(二) 指导方针:坚持围绕党的中心工作

任何一种目标行为都以某种思维为出发点,并成为思维的指向和目的。党的宣传工作理念作为观念的产物,既对现实起到教育和指导作用,也从属于现实的政策、策略之中,这决定了宣传思想工作必须围绕党的中心工作和阶段性目标赋予的具体内容开展。坚持围绕中心、服务大局的职责使命,是党的宣传思想工作的一个优良传统,也是新闻评论舆论引导力建设的目标任务和指导方针。

党的中心工作是根据不同时期的时代特征和社会主要矛盾而制定的,并根据形势的发展变化而不断调整和修订。党的十一届三中全会后,人民日益增长的物质文化需要同落后的社会生产之间的矛盾成为中国社会的主要矛盾,党的工作重点也随之转移到经济建设上。顺应形势发展,新闻舆论工作在解放思想、实事求是路线的指引下,服务经济建设,指导教育大众,起到了"安定团结的思想上的中心"作用。新闻评论在拨乱反正、批判极左思想、经济体制改革、姓"资"姓"社"争论和舆论监督等重要事件和话题中,充分发挥了思想引领、路线指导的作用,维护了安定团结的政治局面,为改革开放提供了良好的舆论环境,其舆论引导力的指导和服务功能得到了充分释放。

1992 年后,随着建设社会主义市场经济体制目标的确立,宣传思想和新闻舆论工作的主要任务是为市场经济建设、全面推进改革开放提供精神动力、思想保证、智力支持。在邓小平理论、"三个代表"重要思想和科学发展观等理论的指导下,新闻评论紧跟潮流,突破创新,在重大思想理论问题、市场经济变革、民主法制建设、构建社会主义和谐社会、加强舆论监督等重大主题方面弘扬主旋律、增强实效性,在转型期的中国社会起到了巨大的思想引领和舆情疏导作用,有力地为中国特色社会主义建设事业保驾护航。世纪之交的新闻评论迎来了黄金期,其引导力得到了全面、多元的提升。

中共十八大后,中国特色社会主义进入新时代,党的十九大报告指出我国社会主要矛盾已经转化为"人民日益增长的美好生活需要和不平衡不充分的发展之间的矛盾"[①]。习近平提出"宣传思想工作一定要把围绕中心、服务大局作为基本职责,胸怀大局、把握大势、着眼大事"[②],包括"围绕中心、服务大局"在内的"48 字方针"是当前新闻舆论工作的职责和使命。围绕"四个全面"战略布局和"五位一体"

---

① 韩艳红:《中国共产党百年来把握社会主要矛盾的三重逻辑》,《马克思主义研究》2021 年第 12 期。
② 习近平:《论党的宣传思想工作》,北京:中央文献出版社,2020 年,第 14 页。

总体布局,新闻评论在思想价值引领、关注民生民情、培育社会理性和推动融合创新等方面表现突出,以主流声音强力引导舆论,为全面建成小康社会、实现第一个百年奋斗目标统一了思想,凝聚了力量。在守正创新的舆论引导实践中,新闻评论引导力走向成熟,充分发挥了强化导向、整合社会的作用。

纵观新时期新闻评论舆论引导实践的历程,可以看出其在"围绕中心、服务大局"方针的指引下,始终围绕国家建设中的核心问题所进行:从党的十一届三中全会把中心工作转移到经济建设上来,到建立社会主义市场经济发展战略,再到推进科学发展、促进和谐社会,再到新时代确立"两个一百年"奋斗目标。新闻评论始终围绕党的中心工作确立自身思想内容,进行舆论引导;既抓住了时代特征、体现了工作上的与时俱进,又从整体上阐释了中国道路和中国特色,为中国特色社会主义建设事业提供了思想动力和舆论支持。

(三)价值导向:坚持以人民为中心

坚持以人民为中心,全心全意为人民服务,是中国共产党的根本宗旨和初心。坚持"以人民为中心"的工作导向和发展思想,是我国各项事业取得成功的重要法宝,是新闻舆论工作永葆生机与活力的源泉。

以人民为中心是新闻舆论工作始终坚持的基本工作理念和价值导向。改革开放后,舆论宣传工作坚持循序渐进原则,把报道内容的先进性同影响效果的广泛性相结合,邓小平还特别批评了党内少数同志"在党性和人民性的问题上提出违反马克思主义的说法"[1]。20世纪90年代进入拓展中国特色社会主义道路时期后,江泽民指出"宣传思想工作担负着宣传群众、动员群众、教育群众和提高群众的责任"[2],胡锦涛基于"以人为本"理念提出"贴近实际、贴近生活、贴近群众"的"三贴近"原则,党的新闻舆论工作呈现出明显的重心向基层下移的特点。中共十八大后,习近平把"以人民为中心"作为宣传思想工作的重中之重,指出要"树立以人民为中心的工作导向,把服务群众同教育引导群众结合起来,把满足需求同提高素养结合起来,多宣传报道人民群众……丰富人民精神世界,增强人民精神力量,满足人民精神需求"。[3]

纵观当代新闻事业的发展历程,"以人民为中心"是党的新闻舆论工作的根本

①　《邓小平文选》,北京:人民出版社,1993年,第42页。
②　《十四大以来重要文献选编(中)》.北京:中央文献出版社,2011年,第628页。
③　习近平:《论党的宣传思想工作》,北京:中央文献出版社,2020年,第15页。

遵循,也是新闻评论引导力建设的价值导向。党的十一届三中全会后随着解放思想、实事求是思想路线的重新确立,新闻评论以平等交流的行文风格,贴近生活的选题立论和对社会问题的监督批评,重新获得了群众的信任和拥护,引导力获得了坚实的民意基础。20世纪90年代新闻评论进入黄金期,时评文体兴盛,数量极大丰富,选题贴近受众,监督功能强化,言论空间开放,注重理性探讨平等交流,传播手段多样……新闻评论以"以人为本"为核心内涵,影响力和引导力全面提升,获得了公众的深刻认同。中共十八大后,"以民为本、人民至上"成为指导性理念,新闻评论引导舆论更加积极主动,呼应了民众期待,疏导了社会情绪,引导力走向成熟完善,有力塑造了公众认同。可以看出,新闻评论在不同阶段始终将以人民为中心作为舆论引导力建设的价值导向,服务与教育引导相结合,产生了突出的社会影响,获得了群众的充分支持。

(四)发展理念:坚持与时俱进创新发展

创新是国家和民族进步的灵魂,也是各项事业兴旺发达的动力源泉。虽然创新活动的结果是变化和突破,但蕴含其中的思维基础和发展规律是不变的,即对外部世界的主动适应和积极干预。党的新闻宣传实践表明,新闻舆论工作绝不能因循守旧、止步不前,只有不断改革创新,才能真正构建党的新闻舆论工作发展的新局面。与时俱进、创新发展是党的新闻舆论工作永葆生机的活力源泉。

新闻舆论工作的创新发展包理念创新和实践创新两个层面。在舆论引导过程中,以理念创新为先导,根据时代变化和形势发展需要,不断创新和完善新闻舆论工作的群众观、引导观、建设观,推动马克思主义中国化,使舆论引导始终在科学理念的指引下,保持正确的发展方向;以实践创新为路径,根据不同时期的宣传任务及要求,积极适应、调整,创新传播手段和方式方法,提升引导能力,增强引导效果,拓展公众认同,使舆论引导工作不断成熟完善。实践创新将在之后论述"变迁之'变'的逻辑"有关传播系统、手段、方式演变等内容时进行介绍,现对新闻评论舆论引导的理念创新的当代历程作一梳理分析。

改革开放以来,党的新闻舆论思想大致经历了邓小平的"党的报刊成为全国安定团结的思想上的中心"、江泽民的"坚持正确的舆论导向"、胡锦涛的"提高舆论引导能力"、习近平的新闻舆论"四力论"这一演进轨迹,这也成为各时期新闻评论引导舆论的指导性理念。

改革开放后,解放思想、实事求是、拨乱反正成为思想文化战线的主调。邓小平审时度势,提出报刊要成为"安定团结的思想上的中心"和"社会效益第一"的论断,在其指导下,新闻评论围绕经济建设这一中心任务,坚持正确路线,批判错误思潮,发挥了思想引领和政治保障功能。但这一时期的舆论引导理念尚处于舆论宣传阶段,更多显现出自上而下的灌输式宣传的色彩,引导力效果受限。

20世纪90年代后,随着社会主义市场经济体制改革的深入,各种价值观和社会思潮之间的矛盾冲突开始加剧,基于"稳定压倒一切"的方针,江泽民提出了"坚持正确的舆论导向"论断,对新闻舆论工作做出了新的理论阐释。新闻评论在弘扬主旋律、坚持正面宣传方面发挥了重要的导向作用,但这一时期的舆论导向理念的重心在于强调方向的正确,并未脱离传统宣传思维,依然有着较浓厚的传者本位,视公众为教育对象。

进入21世纪后,针对互联网环境下新闻舆论领域斗争更加激烈、复杂的形势,胡锦涛站在繁荣国家、团结人民的高度,提出"提高舆论引导能力"的论断,为新闻舆论发挥社会转型时期的引领作用提供了理论指导。新闻评论在此过程中强调引导艺术,注重引导实效,使得"以人为本"的价值认同深入人心,舆论引导理念也显示出对新闻传播规律及公众主体性的尊重,但主体多元化和网络无序化一定程度上影响了引导效果。

中共十八大后,面对转型期中国社会的深刻变革,以及全媒体时代舆论环境及传播生态的巨大变化,习近平从治国理政的高度提出了"提高党的新闻舆论传播力、引导力、影响力、公信力"的论断,为新时代党的新闻舆论工作指明了方向。主流媒体新闻评论在"引导力"这一全新理念的指引下,持续强化导向、整合社会,为全面建成小康社会、实现第一个百年奋斗目标统一思想、凝聚力量,有力贯彻和落实了"建设具有强大凝聚力和引领力的社会主义意识形态"的战略任务。

从上述过程可以看出,当代党的新闻舆论思想的演进轨迹,同时也是新闻评论舆论引导理念创新发展的体现。这一过程具有双重逻辑驱动,一是对传播环境和舆论生态的精准把握和主动适应,二是对党的执政理念和目标的坚决贯彻落实。①这一双重逻辑既印证了当代新闻评论舆论引导理念创新发展的必要性,也预示了将来新闻评论舆论引导力建设继续坚持创新发展理念的必然性。

---

① 吕文宝、雷跃捷:《新中国成立以来党的新闻舆论理念的演进与逻辑》,《中国广播电视学刊》2021年第7期。

三、变迁之"变"的逻辑

与时俱进,在历史演变中不断发展和完善,是当代新闻评论舆论引导力变迁的基本面貌和主要特征。纵观新时期中国新闻评论舆论引导力变迁的三个历史阶段,从改革开放初的回归拓展,到世纪之交的多元提升,再到新时代的强化整合,新闻评论的舆论引导力始终处于不断的发展和演变过程之中。在各阶段引导力所表现出的特征及效果背后,由封闭走向开放、自被动转为主动、从单一进而多元是其变迁过程中"变"的内在逻辑,也是其在空间、作为及结构维度所分别遵循的运行机制和客观规律。

(一)引导力空间:由封闭走向开放

一是在思想认识方面。新闻评论舆论引导力的效果,与党对舆论引导的认识,即党的新闻舆论理念密切相关。凭借其科学内涵和系统论述,党的新闻舆论理念可以指引新闻媒体包括新闻评论正确发挥舆论引导功能。各阶段领导人的新闻舆论观,都是在不同的时代背景下,根据党的执政思路和中心工作所形成并付诸实施,在各个历史时期发挥了或正面或负面、或方向引领或能力建设、或实践指导或情绪疏导等不同作用,并随着时代发展而不断丰富和深化。在与时俱进、创新发展的思路指导下,党的新闻舆论理念,包括对舆论引导以及新闻评论舆论引导力的认识,也呈现出从封闭到开放的特征。

二是在意见来源方面。新闻评论的意见来源是否具有多样性,是决定新闻评论舆论引导力是否具有活力与生命力的关键因素。纵观改革开放后新闻评论的演化历程,其意见来源随着传播平台的拓展而逐渐多样化,呈现出从舆论一律到百花齐放的转变特征。改革开放后,公众言论走上媒体,各种小言论、社会评论和杂文等评论专栏兴起,新闻评论的品种及数量大幅增加。从20世纪90年代后期开始,随着报纸时评版的兴盛以及广播电视谈话类评论节目的大量开办,新闻评论的意见来源加速多样化,越来越多的公众言论以各种形态走上媒体,新闻评论拥有了更广阔的话语空间和平台,功能从也从观点表达拓展至意见交流与整合。网络新闻评论更是彻底改变了传统媒体言论一统天下的局面,公众意见表达更为多元化,思想碰撞更为激烈,在多元包容的"观点市场"中成为民情民意最直接的反映,也使新闻评论舆论引导力拥有了开放而充满活力的平台和资源。

三是在题材选择方面。新闻评论的题材及内容的丰富程度,决定了新闻评论舆论引导力的影响和覆盖范围。党的十一届三中全会后，随着经济建设成为党的中心工作，涉及经济和市场以及百姓生活的话题成为新闻评论的选题。法治评论、社会评论、文化评论、体育评论等各类专栏评论纷纷开办，进入 20 世纪 90 年代后更是大量涌现，聚焦热点事件和重要题材，关注民生，突出服务性和实用性，广受群众好评。进入新世纪特别是中共十八大后，随着互联网的普及，在中央关于新闻宣传工作"三贴近""走转改"要求的指引下，新闻评论通过精准、有序的选题策划，灵活主动的设置公共议程，进一步增强了题材的丰富性和开放性。伴随着评论范围的不断扩展，诸多言论禁区被逐步打破，新闻评论的舆论监督功能明显增强，转型期中国社会出现的诸多矛盾和问题成为新闻评论关注的重点，在都市报时评、"焦点类"广播电视评论以及网络言论中得到了充分体现。舆论监督功能的强化，维护了公平正义，呼应了民众心声，较好地保证了新闻评论舆论引导力效果的全面性和针对性。

四是在论证风格方面。新闻评论舆论引导力的开放性特征还体现在思维方式与论证风格上。改革开放后，新闻评论开始求真务实，风格从强制式的灌输说教转为耐心的交流说服，重视说理的平易性和形象感，理性精神和科学论证方法得以体现，形式上也呈现出由大趋小、由长趋短的态势，取得了良好的舆论引导效果。新世纪前后，新闻评论贯彻科学发展观中"以人为本"的理念，创新出讨论式、交锋式等议论方式，开放式结论开始增多，通过理性沟通和平等交流实现了对公众和舆论的有效引导，体现出从灌输教育到引导整合的风格转变。进入新时代后，新闻评论尤其主流媒体新闻评论在论证说理中更加重视思维的逻辑性和观点的建设性，注重理性疏导，提倡平和交流，使得新闻评论的舆论引导力获得了坚实而严谨的思想基础和逻辑支撑，呈现出更明显的理性风格与平等交流的开放性特征。

（二）引导力作为：自被动转为主动

一是在指导思想方面。纵观新时期新闻评论进行舆论引导的历程，尤其在进入 20 世纪 90 年代后，可以发现其在指导思想上呈现出一条由被动到主动的演进轨迹。改革开放初期，新闻评论在引导舆论方面效果显著，为经济建设提供了良好的舆论环境，但从根本上说还处于以传者为中心的舆论宣传阶段，更多体现的是"喉舌"和"工具"功能，和新世纪后逐步成熟的受众本位的新闻舆论引导思想存在着很大差别。进入 20 世纪 90 年代后，党对"舆论"的认识进一步深化，江泽民的"舆论导向"思想强调新闻舆论正确导向的重要性，保证了全国上下在"稳定压倒一切"的前提下推进社会主义现代化建设的思想统一；胡锦涛的"舆论引导"思想强调引导的艺术性、实效性和合规律性,以及引导者自身的引导能力和水平,体现出党的新闻舆论工作从"被动应对"到"主动引导"的更高层面上的自觉。中共十八大后,习近平提出新闻舆论"四力"论断,"引导力"概念正式出现,成为新时代做好舆论引导工作的指南,其关于建设新型主流媒体、创新传播方式手段、以主流声音占领舆论阵地等重要论述,进一步丰富了舆论引导的内涵,对媒体融合背景下新闻评论增强引导能力具有重要启示。从"舆论宣传"到"舆论导向"到"舆论引导"再到"新闻舆论引导力",这一演进过程标志着党的新闻舆论思想渐趋成熟,体现了新闻评论舆论引导力在指导思想上从被动到主动的进步和完善。

二是在选题策划方面。从舆论引导本身的含义来说,其是行为主体主动介入和干预社会舆情发展态势与走向的一种积极行动,体现了主体对客体有意识的影响、指导和劝服。随着媒介格局和舆论生态的发展改变,利用多种传播手段进行灵活、主动的选题策划,已经成为新闻事业和新闻评论进行舆论引导的重要方法。新闻评论中蕴含的时效性与创造性,是决定其舆论引导效果的重要因素。新中国成立后及改革开放之初,新闻评论的选题偏重于时政、思想理论等传统型评论领域,时效性不强,言论方面起主导作用的是政论、思想言论和杂文,新闻评论尚未形成自主策划选题的意识,一定程度上影响了舆论引导力的效果实现。进入20世纪90年代后,"时评"的回归与网络评论的兴起,使得新闻评论的时效性和现实指向性大大增强,聚焦热点事件和人们关心的重大话题,及时主动地回应公众关切。伴随着对舆情演变规律认识的深化,新闻媒体除了被动反映和疏解社会舆论外,还主动设置议程,通过策划来主导舆论聚焦与走向,舆论引导的创造性和主动性不断提高。中共十八大后,随着媒体融合程度的加深,新闻评论在全媒体平台上充分利用"微评""融评"等新传播手段,第一时间引导舆论、吸引用户,同时借助大数据、人工智能技术,在进行舆情监测、灵活设置议程方面手段也更加纯熟。新型主流媒体在选题方面的精准策划与议程设置,以及对网络话语空间的重视和主导,使得新闻评论舆论引导力的主动性和前瞻性得到极大提升,较好地回应了公众期待,实现了引导目标。

三是在引导方式方面。20世纪80年代之前,由于技术条件的限制,新闻评论基本上只有报刊评论一种形式,传播渠道较为单调。虽然在20世纪80年代广播电视评论有了一些发展,但承担主要宣传任务的仍然是各级党报,一元主体的传播力量略显单薄,表现形式也不够丰富,优秀评论作品的数量明显不足。20世纪90年代中后期广播电视评论的繁荣,使得新闻评论的传播和表现形式开始变得丰富、生动。随着网络时代的到来,传统媒体积极转型,创新传播方式和手段,新闻评论进行舆论引导的方式也变得更加综合和多元。中共十八大后一批新型主流媒体的出现,有效整合了各种媒介资源和传播手段,放大了全媒体传播的一体效能,形成了差异发展、协同高效的立体传播格局:在诸多热点事件的评论中,先由"两微一端"等新媒体平台第一时间发声吸引关注、抢占话语阵地,之后传统媒体跟进,充分发挥资源及机制优势,进行更加深入的分析评论,并在全媒体平台上同步推出。新老媒体分工协作,合力引导舆论,保证了新闻评论舆论引导力时效性和深刻性的统一,实现了引导效果最大化。传播资源的主动整合,以及传播方式的积极创新,使主流媒体的权威声音占据了新的舆论场,扩大了主流价值观的影响力版图,使得新闻评论拥有了更多的舆论场主动权和主导权。

(三)引导力结构:从单一进而多元

一是在创作主体方面。评论主体多元化是当代新闻新闻评论发展的重要特征,也是影响其舆论引导力的重要因素。20世纪80年代初出现的专栏小言论,使得公众言论走上媒体,新闻评论主体的范围开始扩大。进入90年代后,随着传播技术的进步以及言论空间的逐渐开放,新闻评论开始由职业化写作向大众化、普及化创作转变:广播、电视述评以及演播室谈话类节目的大量涌现,使得普通公众有机会面对话筒或镜头表达看法;而报纸言论版的出现及时评文体的兴盛,使得"公民写作"成为现实,越来越多的专家、学者和社会精英人士走上台前,对热点事件或社会问题做出专业点评。互联网的出现,吸纳了空前庞大的意见表达群体,移动互联时代社会化媒体的兴盛更是激发了全民评论潜力。新闻评论创作主体的多元和分化,使得评论样式更加丰富多彩,社会声音的表达更加全面、完整,拓展了舆论引导力的来源范围,充实了其民生意涵;但评论主体的"下沉"也一定程度上导致了作品质量的良莠不齐,这也成为新时代中央决定打造新型主流媒体、壮大主流思想舆论、占领互联网舆论主阵地的重要原因。

二是在传播系统和手段方面。伴随着传播主体的多元拓展,新闻评论的传播系统和传播手段也日益丰富和完善。20世纪90年代以前,虽然广播和电视新闻评论已经出现并初步展现了影响力,但从整体上来说还是报刊评论占据了绝对主导地位。进入20世纪90年代尤其新世纪前后,媒体的市场化改革推动了广播、电视评论的真正繁荣,加上网络评论的兴起,新闻评论的传播系统得到极大扩充,横跨平面、电子及网络媒体,覆盖多种体裁与节目样式。随着新兴媒体的快速发展,新闻评论的传播手段和表现形态也不断创新和完善,将时效性和丰富性推向了新高度。基于移动互联网平台,以微博、微信、新闻客户端为代表的"两微一端"成为网络新闻评论的新载体、新平台;而建构于媒体融合基础之上的,融文、图、影、音于一体的"互联网+"评论体系的形成,更是使得新闻评论的生产和传播形式发生根本性变革,全媒体传播格局更加完善。以"微评""融评"为代表的新评论方式,打破了传统评论模式,实现了新闻评论的移动化、可视化创新,增强了舆论引导的时效性和形象性。传播系统和样式的多元演进和完善,有力提升了新闻评论舆论引导力的强度,使其获得了强大的载体和资源支持。

三是在文体与内容创新方面。新闻评论舆论引导力的多元化变迁,还体现在文体与内容的创新上。改革开放后,新闻评论重回群众路线,文体开始从"意见性信息为主"向"事实性信息与意见性信息相结合"转变,如新闻述评文体出现、访谈式评论节目中插入新闻短片、组合式报道中评论员即席评点等。进入20世纪90年代后,随着社会生活的进一步活跃以及言论空间的进一步开放,越来越多的事件性新闻成为评论的选题,报刊评论文体迎来了更深刻的创新和变化,其代表就是时评和言论版的出现和勃兴。广播谈话、音响评论、直播互动谈话节目等广播评论,以及电视述评、演播室现场评论等电视评论类型的创新,使得新闻评论样式更加丰富多彩。新世纪后大量涌现的网站、论坛、跟帖、博客及微博言论等新媒体评论形态,除了载体形式创新之外,还推动了新闻评论的文体变革和多元化创新性写作。基于自媒体平台的网络公共表达,使得传统新闻评论向更广义的观点表达转变,在提高理性色彩和文化含量的同时拓展了观点表达的受众:跨文体写作打破了传统评论"要你看"的八股腔模式,满足了受众"我要看"的需求,占据了舆论引导先机。此外,评论记者、现场评论等工作机制和内容创作模式的创新,以及论证说理中对逻辑性和建设性的重视,不但使评论内容更加鲜活生动,还提升了评论的品质内涵,使新闻评论的舆论引导力获得了充分的群众基础和坚实的思想支撑。

第二节　新时期中国新闻评论舆论
引导力变迁的现实启示

实践是认识的目的和归宿。习近平强调,我们党领导人民干革命、搞建设、抓改革,从来都是为了解决中国的现实问题。而为了解决问题,正确的态度是直面矛盾,在解决矛盾的过程中推动事物发展。[①] 认识和把握新时期中国新闻评论舆论引导力变迁的历史逻辑,在矛盾演化规律中总结其经验和教训,以此指导实践和解决问题,这是新时期中国新闻评论舆论引导力变迁的现实启示,也是未来引导力建设的基本路径。

需要指出的是,我们在肯定新闻评论对社会舆论具有巨大的引导作用时,也不能盲目地将这种功能无限拔高。从新中国成立后新闻评论发展历程的正反两方面经验中可以看出:新闻评论是社会舆论的集中反映,它担负着引导社会舆论的重任,可以在很大程度上影响和引导舆论,但不可能凭空制造社会舆论。新闻评论者尤其党报评论工作者,应该从唯物论的反映论角度,来认识新闻评论的来源和作用,即新闻评论来自社会舆论又作用于社会舆论,从群众中来又到群众中去,其舆论引导功能和社会发展方向及民众心理密切相关,必须"因势而谋、应势而动、顺势而为"[②],万不可随意操纵甚至炮制舆论;评论者不能脱离群众,只有深入社会实际,重视传播规律和引导艺术,将"上面的精神"和"下面的情况"有机结合,积极、能动地反映和指导社会舆论,才能准确反映人民心声,更好地宣传和贯彻中央的意图,从而实现和提升自身的舆论引导力。

根据新时期中国新闻评论舆论引导力变迁的历史逻辑与经验教训,我们可从价值理念、话语建构、目标指向三个方面,思考和探讨新闻评论舆论引导力未来建设的基本路径。

一、价值理念:坚持以人为本,服务中心工作

坚持正确舆论导向,是党的新闻舆论工作的核心,也是提升新闻评论舆论引导力、做好舆论引导工作的前提和着力点。作为"48字方针"的重要内容,"高举旗帜、引领导向,围绕中心、服务大局"是包括新闻评论在内的新闻事业在新时代做好新闻宣传和舆论引导工作的价值理念和基本遵循。

在新闻评论舆论引导力建设中坚持正确导向,必须坚持群众路线和"以人为本"的发展理念。群众路线是我党一切工作的根基,也是党的新闻事业的优良传统,是党的"全心全意为人民服务"根本宗旨在新闻工作中的直接体现。改革开放

---

① 李楠明:《学会用辩证方法去观察处理实际问题》,《奋斗》2015年第4期。

② 新华网:《做好宣传思想工作,习近平提出要因势而谋应势而动顺势而为》,http://www.xinhuanet.com/politics/2018-08/22/c_1123307452.htm。

前后,尤其在提出"以人为本"的科学发展观之后,新闻评论在舆论引导中的不同表现,以及正负效果的巨大反差,充分说明了坚持群众路线的极端重要性。"党的最大政治优势是密切联系群众,党执政后的最大危险是脱离群众。"①当前,面对移动互联时代网络舆论场的多元分化及圈层传播模式下情绪化解构与娱乐化叙事大行其道的现状,新闻评论应牢记以人为本、促进和谐的理念,以维护人民利益为依归,坚持内容为王,以内容优势赢得发展优势,以更高的站位和理性的力量凝聚共识,推动社会整合;面对全媒体时代短视频、沉浸式等新传播模式的广泛运用,以及公众碎片化、浅阅读习惯的养成,新闻评论应在传播手段与表现形式方面与时俱进,积极创新,贴近和顺应互联网受众尤其是青年群体的需求,坚持"走转改",倡导新文风,以形象化、接地气的主流声音占领舆论阵地,在此过程中有效引导公众舆论。此外,新闻评论在坚持正面导向的同时,还应充分发挥意见平台的交流功能,给群众一定话语空间,容许不同意见的存在,以开放包容的胸怀全面了解群众心声,回应社会期待,从而更好地把握舆论主导权,提升舆论引导力。

新闻评论坚持正确舆论导向,还应围绕党的中心工作和国家发展大局开展宣传,进行舆论引导。改革开放以来,党的新闻事业包括新闻评论在阐释中央重大决策和工作部署、反映人民伟大实践和精神风貌、凝聚和鼓舞民心、推动中国特色社会主义建设方面所取得的巨大成绩,充分说明了服务中心大局开展舆论引导的重要意义。在当前及今后相当长的时期内,按照"五位一体"总体布局和"四个全面"战略布局,决胜第二个百年奋斗目标,实现中华民族伟大复兴,是党的中心工作,也是国家发展的大局。新闻评论应围绕这个中心大局进行舆论引导工作,将其作为引导力建设的着力点和任务目标,从全局出发把握舆论导向,持续唱响主旋律、传播正能量,化解各类矛盾,以评论特有的思想性、深刻性和指导性,将作为"治国理政、定国安邦的大事"的新闻舆论工作落到实处。

二、话语建构:健全评论生产机制,完善媒介框架

话语是特定社会语境中人与人之间从事沟通的具体言语行为。话语在人们认识和理解事物的过程中起着至关重要的作用,因为它交换了意义,传递了语言(文

---

① 新华网:《中共中央关于党的百年奋斗重大成就和历史经验的决议(2021年11月11日中国共产党第十九届中央委员会第六次全体会议通过)》,http://www.news.cn/politics/2021‐11/16/c_1128069706.htm。

本或者口语)。话语具有建构性,不仅建构信仰体系和知识,也建构社会主体。新闻报道包括评论中受众对作品主旨的认知、理解,会受到新闻文本中话语语义及生产结构的影响。作为传播学研究中的一个重要方向,狭义的话语研究着眼于分析微观层面的媒介文本、修辞手法及语词的使用,而更宽泛的话语分析则超越文本,关注政治文化环境和话语实践两者之间的互动交际、话语内含的权利结构、发言者的社会身份等问题。

作为针对公共话题的议论文体,新闻评论话语在舆论引导实践中具有重要意义,建构了事件意义,影响着公众认知和社会意识形态。和话语分析的宏观、微观层面相对应,新闻评论的话语建构机制可以通过传播学中媒介框架理论进行观照和剖析,即宏观层面的"生产框架",以及微观层面的"文本框架"。

戈夫曼在《框架分析》中指出:"框架指的是人们用来认识和阐释外在客观世界的认知结构,人们对于现实生活经验的归纳、结构与阐释都依赖一定的框架,框架使得人们能够定位、感知、理解、归纳众多具体信息。"[①]20 世纪 80 年代,框架理论开始引进到新闻传播研究领域,由此诞生了"媒介框架"(media frame)和"新闻框架"(news frame)两个学术概念。媒介框架即媒介机构信息处理的组织框架,它适用于多种类型的媒介信息生产和传播过程的研究。媒介框架概念应用于新闻的选择、加工、新闻文本和意义的建构过程的研究,则称为新闻框架。"媒介框架就是进行选择的原则——是强调、解释与表述的符码。媒介生产者常用它们构建媒介产品与话语,不管是文字还是图像的。……在对大众媒介的文本进行编码的过程中,这些框架就成为一个重要的制度化环节"[②],根据这一论述,可以看出新闻框架是新闻媒体对新闻事实(或者评论事实)进行选择性处理的特定原则,其通过一定的符号体系(即"话语")表现出来,形成对新闻事件意义的建构(framing)。

在新闻报道及新闻评论中,框架的存在是一种必然。基于新闻事件的复杂属性,以及时效性和新闻文本的特性,传播者不可能在其报道中事无巨细的罗列所有这些事实及属性,只能抓住部分事实及其中的若干主要属性,将其纳入一定的框架之中。所谓新闻框架建构,就是"采取集中的组织思路,通过选择、强调、排队和精

---

① E.Goffman, Framing Analysis: An Essay on the Organization of Experience, New York, Harper and Row, 1974, p.21.

② [美]约翰・费斯克等:《关键概念:传播与文化研究辞典》,北京:新华出版社,2004 年,第 111 页。

心处理等方式对新闻内容提供背景,并提出中心议题的活动"①。其作用机制叫分为宏观的媒介生产框架以及微观的新闻文本框架两个层面。

(一)宏观:正确认识议程设置,完善媒介生产框架

在宏观层面,有关媒介生产框架的研究,主要包括媒介新闻框架生产背后的制约因素,如媒介的新闻立场、新闻事件的利害关系、专业人员的新闻价值观、社会文化价值取向、受众市场需求等,都是影响媒介生产框架的重要因素,其作用机制主要通过大众传播的议程设置功能体现出来。

新闻评论的舆论引导包含了对社会认知、价值、态度和行动的全面引导,"议程设置"是舆论引导的第一个阶段,主要考察作为整体的大众传播在较长时间跨度所产生的中长期的、综合的、宏观的社会效果。在全媒体时代,新闻评论的这种舆论引导力不但体现在具体评论作品的微观影响层面,更体现在社会环境中的议程设置总体趋势对公众的宏观影响层面。这一作用效果,取决于媒介生产框架对新闻评论主体立场、意识形态及价值观的建构和塑造。如同人们按照自己的认知框架去采取行动,新闻评论也是按照媒介生产框架去设置议程,对评论事实进行选择,对其属性进行解读和分析,以在此基础上产生的评论话语来建构受众对于世界的理解和认知。

在中央高度重视新闻舆论工作和新型主流媒体强势崛起的形势下,当前新闻评论在运用议程设置、引导社会舆论方面经验日益丰富,较好地实现了以主流声音占领舆论阵地的目标。但在面对一些特殊社会议题特别是舆论监督类题材时,由于外部控制及自身导向意识的影响,导致部分社会话题和矛盾被遮蔽和掩盖,未能及时得到反映和解决,一定程度上影响了主流媒体的舆论主导权,削弱了新闻评论引导力的效果。面对社会利益群体分化以及舆论场多元化的现实,新闻评论应在媒介生产框架层面加强认识,树立科学引导理念,在正面导向中全面均衡的设置议程,提高舆论引导能力,增强舆论引导效果。

作为大众传播,新闻评论有监测环境的功能,通过对评论题材的选择和强调,为人们生存发展提供方向性指导以及必要的预警。弘扬主旋律、坚持正面宣传为主,是中国新闻舆论工作的经验和传统,也是新时代构建新闻评论生产框架的基本

① [美]沃纳·塞弗林、小詹姆斯·坦卡德:《传播理论:起源、方法与应用》,北京:华夏出版社,2000年,第312页。

要求和应有之义。"如果过度强调危险和威胁,便可能导致社会的恐慌。……过多地接触那些不寻常、不正常、极特殊的'新闻',还会导致受众毫不了解社会上平常、正常、普通状况的后果。"①这一点对于大众传媒坚持正确导向、把握报道平衡具有警示意义。然而,"弘扬主旋律、传播正能量"并不意味着生产框架的单一化,更不意味着议程设置功能的功利化。

"议程设置"假设在提出之初,论述的是大众传播的一种客观功能,而不是传媒自身的主观功能。在传入中国之后,"议程设置"却经常被用来证明"主动设置议程"引导舆论的成功与合理,被视为人为的、有计划的,可以随心所欲的宣传技巧,而这是有悖于议程设置理论假设提出的初衷的。虽然我国的新闻体制决定了新闻评论选题过程中存在人为因素的必然性,但从舆论引导的规律与新闻事业群众路线的角度来看,新闻评论的议程设置应以回应公众期待、服务公共利益为最大目标,充分考虑评论对象的评论价值以及长远效果,在正面导向中做到全面均衡。唯宣传导向、过于功利化的议程设置和舆论引导,遮蔽了某些社会公认的重要议程,回避了某些应该得到关注的问题矛盾,是对议程设置理论的误读,也有违引导舆论的伦理,因为并非有效的就是道德的。此外,虽然新闻评论议程设置所产生的媒介事件能够赋予它所关注的问题以特殊的重要性,甚至遮蔽其他问题,一定程度上发挥了社会整合功能,但这种无形的控制不是绝对的,一旦媒介生产框架和受众接受框架发生明显冲突,大众可能会对其进行另类解读或反向解读,产生负面后果。

传播效果有短期效果与长期效果之分。科学、合理的议程设置,在实现当前的说服性目标之外,更应着眼于知识教育、政策宣传及提升公众素养,培育社会理性等长期效果。这是完善新闻评论生产框架,提高新闻评论舆论引导力和公信力所必须重视的关键要素。

(二)微观:受众本位与规范表达相结合,完善新闻文本框架

在微观层面,有关新闻文本框架建构的研究,是通过系统的文本内容分析来考察特定的新闻框架是通过什么机制和策略建构和呈现出来的,研究的目的是揭示新闻框架的客观存在及特点。新闻文本框架的作用机制主要是通过文本文体、修辞和语词使用来影响受众认知,产生舆论引导效果。

新媒体时代,随着技术手段的进步,受众阅读和接受信息的方式也发生了颠覆

---

① 〔美〕沃纳・塞弗林、小詹姆斯・坦卡德:《传播理论:起源、方法与应用》,北京:华夏出版社,2000年,第348页。

式改变,活泼的文体风格、便捷的读取方式以及多元阅读体验,成为大众阅读取向。传统新闻评论作为一种主要新闻文体,以概念、判断、推理为主要论证手段,包括论点、论据、论据等要素,要求直面对象、明确表达,具有清晰、规范的结构特征。在全媒体时代,网络公共表达的多元化和自媒体传播的激烈竞争推动了新闻评论的文体变革和写作创新,使得传统"新闻评论"向更广义的"观点写作"靠拢。参与公共表达的各种写作式样、议题、作者和读者,在传统媒体、新媒体和自媒体广阔的空间中平行地生存和发展,涌现和创造了丰富的文体样式。对新闻评论者来说,顺应当代受众从"读者"到"用户"的转变,调整和改变表达方式,对评论文体进行创新,以更灵活、专业、便捷的文体形式完善评论文本框架,以建构融媒时代的新闻评论舆论引导力,实现对受众的有效引导,是新闻评论与时俱进发挥舆论场影响力的必然选择。当前一些新媒体评论中植入图表或视频、以文学笔法点评新闻事件、突破篇幅约束进行全方位综合解析等做法,就是新闻评论所进行的话语实践创新,是提高新闻评论舆论引导力的有益尝试。

修辞被称为"说服的技艺"(the art of persuasion),亚里士多德将其定义为"在任何问题上找出说服方式的功能,是一种通过有技巧的演讲对听众产生说服力的行动",其核心在于听众,论证成立与否就在于"是否能被听众所接受"。[①] 新闻评论作为一项意见表达和观点论证活动,就传播者进行舆论引导的主观意图而言,也可被视作一种说服活动,其旨在针对具有可商议性的新闻事件,以各种可接受的论据和协商手法,使传播者与受众之间达成某种一致性。从这个角度来说,新闻评论是一种修辞实践,一种非形式论证,传播者通过对语言的安排,修正与受众之间的距离,在可商议问题上达成同一性。当代新闻评论在平等交流的论证风格、传播载体的丰富多元,以及全媒体平台的融合创新等方面的表现,就是一种以受众为导向的修辞实践,有助于完善新闻评论的文本框架和话语体系,提升对社会舆论的引导力。但是,以说服为目的的新闻评论的修辞实践,在贴近生活、服务大众的同时,应该坚持思想引领的主体性,遵循基本的评论伦理和行文规范。

修辞虽然是一种说服技巧,但新闻评论作为公共话语,其伦理价值包括好的动机、对他人的善意、话语内容的真实,离开或背弃了这样的伦理价值,话语技巧就会成为一种不正当的诡辩或巧言,一种为达目的可以无所不用的手段。当前众多自媒体言论为追逐利益与流量,跟风炒作煽动情绪,理性精神和社会责任感严重缺

---

① 刘冠才:《先秦诸子与古希腊哲学家修辞观之比较》,《南京师大学报(社会科学版)》2017年第4期。

失,近年来被人民网"三评浮夸自大文风"系列评论狠批的"厉害体""哭晕体""吓尿体"等畸形文章即是负面典型,这股风气甚至蔓延到了部分主流媒体。在舆论场多元分化、圈层式传播及公众浅阅读现象盛行的当下,新闻评论更应牢记"旗帜"定位,着眼国家发展和社会进步的长远目标,坚持议论文体公正、专业、平和的内涵品质,面对热点事件不失语、不迎合,以规范的话语和严谨的论证表达观点,以深刻思想和理性精神引导舆论,在接地气的表达中保留批判性话语,在群情喧嚣中坚守公信力底线,通过建构科学合理的文本框架,保障和完善自身的舆论引导力。

三、目标指向:塑造公共理性,推动社会整合

在本书第一章介绍舆论引导力的"纯效果"特征时,曾特别指出:对于新闻评论来说,其舆论引导力虽然带有明确的目的性和指向性,但并不限于短期的、外在的即时性效果,它既包括具体事件的微观解读,也包括价值观念的宏观塑造。新闻评论舆论引导力所追求的目标涵盖范围很广,既包括当下某一新闻事件的分析解读,或者某一重要工作的宣传鼓动,即具体的、即时的"纯效果",也包括通过长期持续的报道活动,实现塑造社会价值观、凝聚共识和推动社会整合的长远目标,即宏观的、长远的"纯效果"。以"围绕中心、服务大局"、"成风化人、凝心聚力"为职责使命的新闻事业和新闻评论,在日常宣传报道之外,进而追求凝聚民心、推动社会进步的宏观效果,这应该成为新闻评论舆论引导力建设的目标指向和自觉意识。

起源于 20 世纪 60 年代的"培养分析"(cultivation analysis)理论认为,社会要作为一个统一整体存在和发展下去,就需要社会成员对该社会有一种"共识",在此基础上,人们的认识、判断和行为才会有共通的基准,社会生活才能实现协调。"共识"是社会作为一个统一整体存在的前提。在当代中国社会深度转型、自媒体兴盛所形成的多元舆论生态下,为保持社会持续、稳定、健康发展,更需要重视共识的重要价值。自由表达虽为舆论形成的前提,但不应沦为虚耗、撕裂性的观点混战,而无真正的讨论和共识。[①] 在现代社会,提供这种共识的主要载体是大众传媒:一是通过在新闻报道中提供"象征性现实",影响人们认识和理解客观世界;二是通过新闻评论进行论证和引导,形成对新闻事件和客观事物的统一认知。

新闻评论以逻辑思维和推理论证为本质特征,而公共的、理性化的逻辑,正是人类在思考和交流中所共同接受的思维规律,具有很高的确定性和可交流性。在

---

① 胡百精:《中国舆论观的近代转型及其困境》,《中国社会科学》2020 年第 11 期。

新闻评论所在的公共意见交流领域中,特别需要这种确定性。只有蕴含了理性精神的逻辑思维,才最有可能在多元意见的沟通交流中形成共识,并在共识基础上推动社会整合。"倡导逻辑论证——塑造公共理性——凝聚社会共识——推动社会整合",这样的作用过程,是新闻评论引导舆论应该遵循的基本理念,也是符合传播规律及社会整体利益的有效途径。在新时代复杂多变的社会形势和舆论格局下,面对网络舆论的勃兴,立足国家安全和根本利益,以公共性为原则,以"协商——参与"为路径,促进多元交往的理性融合,是现阶段新闻评论舆论引导观的逻辑自洽。

前述媒介框架理论指出大众传媒的新闻框架对受众认识、理解新闻事件具有重要影响,但这种效果并不是绝对的。媒介框架只有在与受众框架的互动过程中,透过受众框架的过滤才能发挥效果。所谓受众框架(audience frame),即受众个人接触和处理大众传播信息的认知结构和诠释规则,这种结构和规则来自受众过去生活经验的积累、既有的价值观和态度、行为取向,并导引着受众个人处理新的信息。受众框架具有多样性,应用不同的框架会出现对新闻信息的"同向解读""对抗式解读""妥协式解读"①等各种情况。因此,围绕不同事件所发生的各种各样的舆论反应,实际上是大众传播的新闻框架与受众的解读框架相互作用的结果,主流媒体的主导性新闻框架必须经过与受众框架的互动才能对受众认识现实产生作用。新闻报道和评论的舆论引导效果,取决于媒体新闻框架与受众框架之间的"化学反应",如果传受双方"意义共通",有着相同的价值观和思维方式,则引导效果良好;如果双方素养相差过大,甚至互相排斥,引导效果必然受限,甚至适得其反,出现"对抗式解读"的负效应。在新闻评论中贯彻理性精神,以逻辑思维影响和熏陶受众,使传受双方在思考方式上趋于一致,进而塑造公共理性,凝聚社会共识,实现社会整合的目标,这是有效引导舆论、提高和完善新闻评论舆论引导力的基本思路。

大众传媒有主观性的信息导向,如果一味强调"舆论一律"和"意见一致",长此以往不利于培育理智的公众,一定程度上可能压抑或弱化受众的创造性,造成思维僵化和"知沟"扩大。传播学研究认为,"知沟"是造成社会分化的重要原因。相较于新闻报道,新闻评论在不同阶层间的传播更容易产生知沟效应,因为意见信息比事实信息在接触和理解上更有难度,到达率和接受程度天然受限。因此,新闻评论舆论引导力建设应高度重视受众理性精神和思维能力的培育,弥合传受双方的"框

---

① 郭庆光:《传播学教程》,北京:中国人民大学出版社,2011年,第214页。

架"分歧,防止"知沟"扩大而影响社会整合。此外,在价值取向多元化的时代,新闻评论的舆论引导想在所有议题上都取得统一意见是不可能的,但如果传受双方在主流价值观的大框架下,对新闻事件或重要话题都能以理性包容的态度、严谨求真的思维、逻辑推理的方式进行分析解读,则可以使双方的"框架"取得最大程度的理解和共鸣,即使不完全赞同,但也给予尊重和理解。从这个意义上说,新闻评论所追求的"社会共识"在更高层面上已经达成,其舆论引导实现了社会和谐这一最重要的目标,并获得了基于公共理性基础上的最坚实支撑。

结　语

提升新闻舆论"四力"尤其"引导力"是新时代新闻工作者的重要任务,也是当前做好意识形态和宣传思想工作的关键。新闻评论作为引导舆论最有力的工具,对其舆论引导力进行专题研究,从历史变迁的角度分析其演进轨迹,探讨其发展规律,为提升、完善当下及将来的新闻舆论引导力提供指导和借鉴,具有学术创新意义和现实指导价值,也是本书开展研究的出发点和最终落脚点。

本书的研究思路是从新时期中国新闻评论舆论引导力演进的历史维度出发,以引导力"变迁"为主题,以1978年到2021年43年间不同时期的时代特征和党的中心工作为背景,通过梳理和分析新时期中国新闻评论在各阶段进行舆论引导、发挥重要作用的典型表现和代表性作品,从构成要素、评价指标、作用机制及目标诉求等方面着手,探讨和揭示各阶段新闻评论舆论引导力的特征、效果及演化路径,在此基础上总结和提炼新时期中国新闻评论舆论引导力变迁的历史逻辑及现实启示。

纵观新时期中国新闻评论舆论引导力变迁的三个历史阶段,总体而言,从改革开放初期的回归拓展,到世纪之交的多元提升,再到新时代的强化整合,新闻评论舆论引导力始终处于不断的发展和演进过程之中,而贯穿这一过程的核心规律,是对党的新闻舆论思想的把握和贯彻,以及对国家中心工作大局的理解和服从。这一规律框定了新闻评论舆论引导实践的目标和任务,进而影响舆论引导力的特征与效果。在各阶段新闻评论舆论引导力发展演变的动态表现背后,坚持马克思主义的指导地位、坚持围绕党的中心工作、坚持以人民为中心、坚持与时俱进创新发展是引导力在意识形态、指导方针、价值导向和发展理念等方面的变迁之"不变"的逻辑,由封闭走向开放、自被动转为主动、从单一进而多元是引导力在空间、作为及取向维度的变迁之"变"的逻辑。变迁之"不变"与"变"的双重逻辑,一起构成了新时期中国新闻评论舆论引导力变迁所遵循的运行机制和客观规律。

　　宏观来看,43 年间新闻评论舆论引导力不断提升与完善,是和当代中国社会的发展进步,以及党的新闻舆论思想的逐步成熟齐头并进,相伴相成。指导理念、传播主体、引导方法、载体渠道、选题思路及平台交流等多种要素的作用合力,共同推动了引导力从简单走向全面,从浅显走向深刻,从僵化走向成熟。这是新时期中国新闻评论舆论引导力变迁的基本面貌,也是其发展演进的根本特征。而作为媒体和社会互动关系的产物,新闻评论舆论引导力的变迁状况必然受到其所处社会环境的影响和制约。政治、经济和科技文化等外部因素,构成了引导力变迁的时代背景和动力机制:

　　一是政治生态对引导力变迁的保障和引领。当代各时期的政治制度、政治文化、政治秩序、政治生活等因素对政治主体的思维和决策有重大影响,是决定公众参政议政程度的重要条件,对党的新闻舆论工作也有着重要影响和制约作用。从新中国成立初期的一元化体制,到改革开放时期的党政分工,再到新时代的"放管服"改革,我国政治文明建设稳步前进,党的执政理念和能力持续提升,人民群众参与社会治理的程度不断加深,社会空气逐渐开明。这些政治生态的进步表现,对党的中心工作的实施、新闻舆论思想的发展、舆论引导理念的完善、创作主体及题材选择的多元化等决定新闻评论发展方向的重要因素,具有巨大的促进作用。在日益开放自信的政治氛围中,新闻评论的舆论引导力获得了广阔的发展空间和稳固的制度保障。

　　二是经济发展对引导力变迁的激发和推动。生产力是社会发展的决定因素,也是社会主义的本质所在。新中国成立 70 多年来,我国经历了一个从高度集中的计划经济体制到建立和完善社会主义市场经济体制的发展过程,经济建设取得了举世瞩目的成就,国家面貌和人民生活水平发生了翻天覆地的变化,这一巨大转变同样也体现在新闻事业和传媒产业的蓬勃发展上:媒体的双重属性被认可,市场化程度不断加深,资源和物质条件极大改善。这些进步表现顺应了时代潮流,促进了广播评论、电视评论、网络评论等多种传播形式的发展,推动了新世纪前后时评文体的繁荣兴盛,为新闻评论传播系统和手段的丰富、完善,特别是当前融媒时代全媒体传播格局的构建奠定了坚实基础,极大提升了新闻评论舆论引导力的活力和强度。

　　三是科技文化对引导力变迁的支持和提升。科学技术是第一生产力,文化是社会发展的精神动力和思想源泉。对于新闻媒体来说,科技因素的巨大作用显而易见:从新中国成立初期的党报 统天下,到改革开放时期广播、电视和网络媒体的崛起,再到全媒体时代的媒体深度融合,当代中国新闻事业发展史就是一部通信技术和数字技术的进化史,这也为新闻评论创新样式形态、满足受众需求、改善传播效果、不断提升舆论引导能力提供了有力的技术支持。同样,文化对于社会主义精神文明建设和宣传思想工作也具有重要意义。我国当代新闻评论在论证风格和引导方式上经历了一个从宣传灌输到舆论引导的转变过程,其内在动力主要来自社会进步所导致的公众素养的提升和社会心态的转变。以社会主义核心价值观为基础的多元化的社会思潮、理性平和的思维方式、公开而活跃的交流氛围,除了对新闻舆论引导提出了更高要求外,自身也可以为新闻评论创作提供更丰富的素材,更具有创新性、包容性的思想见解,在此过程中,使得新闻评论意见来源和创作主体更加多样化,内容品质得到提升,舆论引导力的观点说服和价值观认同目标得以实现。

虽然当代中国新闻评论舆论引导力的变迁历程总体上呈现出进步和完善的发展趋势,但如果对其各阶段的表现、特征与效果进行具体分析,则会发现这一过程并非一帆风顺,不时会出现波折与反复。在社会主义建设探索时期,新闻评论由于"左"倾错误思想而产生负向引导,改革开放初期在姓"资"姓"社"路线之争中也曾犹豫彷徨,在互联网时代无序化的舆论场环境中更是不时丧失操守和底线,而作为引导力重要手段的舆论监督功能也长期处于不稳定状态之中,这既体现了历史发展的渐进性、曲折性,以及社会需求与引导力现状之间矛盾的运动发展、对立统一规律,也表明了引导者必须时刻自省、不断提升和完善新闻评论舆论引导力的长期性和必要性。唯如此,新闻评论方能在当前复杂多元的舆论场生态下,以史为鉴,总结经验和汲取教训,从而充分有效地发挥舆论引导作用,实现"建设具有强大凝聚力和引领力的社会主义意识形态"的战略任务。

认识和把握新时期中国新闻评论舆论引导力变迁的历史逻辑,探讨和总结其实践过程中的经验教训、成败得失,以此指导工作和解决问题,这是新时期中国新闻评论舆论引导力变迁的现实启示,也是未来引导力建设的基本路径。本书从价值理念、话语建构、目标指向等层面提出了一些思考和建议。从根本上说,以理性精神为基础,充分发挥新闻评论的思想引领和平台交流功能,推动社会整合,是塑造和提升当代新闻评论舆论引导力的根本途径,也是新时代新闻传播领域加强党的执政能力建设与推进国家治理现代化的重要内容。

　　如绪论所言,本书的创新之处体现在三个方面:一是研究视角较为开阔,史论色彩鲜明,历史研究与应用研究相结合,使得新闻评论舆论引导这一课题突破了传统的实务研究范畴;二是学术观点较为新颖,通过多元理论工具解析和呈现当代新闻评论舆论引导力变迁的内在机制及发展规律,在认识论层面指出理性精神与关系加强在引导力建设中的重要意义,这是对本课题局限于意识形态传统研究取向的理论创新与突破;三是研究范围面广量大,基于丰富案例样本的多角度综合研究方法,有助于展现当代新闻评论舆论引导力变迁过程的全貌,并取得独创性成果。

　　由于作者水平与精力有限,加之历史久远时期部分数据缺失,本书也存在着某些不足。全文研究方法以定性分析为主,主要通过文献梳理、历史回顾、理论阐释、比较对照、价值判断等方法,对案例样本尤其是 20 世纪评论作品进行推理分析和效果评价,基于数据的舆情分析与标准测量成果相对较为缺乏。虽然本书通过使用大量案例样本及间接材料支撑了论点架构和逻辑论证过程,较为有力地保证了研究结论的严密性和科学性,但定量研究方法的欠缺确实在一定程度上影响了部分结论的精确性和研究深度,这也是作者在今后的工作、学习过程中准备着力补足和加强的方面。

　　对于新闻评论尤其在当前媒体深度融合背景下所涉及的相关现象及话题,从定性分析和定量分析两个方面,对其所造成的舆情演变状况和舆论引导效果展开全面而深入的观察和剖析,从而指导新闻评论的舆论引导实践,是当代新闻评论舆论引导力课题研究的有效路径和现实意义所在。在新时代已经初步实现了守正创新的新闻评论,如何进一步发展、完善,为国家发展和社会进步贡献更多的正能量,是全媒体时代有志于以言论经世致用的新闻人必须思考和回答的重要课题,也是本人未来的研究重点。

附录 A 文中所列图示索引

附录 B 文中所列评论作品一览表

评论作品一览表一（1978—1992）

序号	标题	作者或体裁	发表时间	发表媒体	备注 （所获奖项）
1	黄钟与瓦釜	郭沫若	1977 年 10 月 26 日	《人民日报》	
2	标准只有一个	张 成	1978 年 3 月 26 日	《人民日报》	
3	鬣狗的风格	秦 牧	1978 年 3 月 28 日	《人民日报》	
4	实践是检验真理的唯一标准	特约评论员 文章	1978 年 5 月 11 日	《光明日报》	
5	马尾巴·蜘蛛·眼泪及其他	宋振庭	1978 年 5 月 14 日	《人民日报》	
6	"知识过剩"和铲除知识	郑伯琛	1978 年 5 月 21 日	《人民日报》	
7	关于真理的标准问题	邢贲思	1978 年 6 月 16 日	《人民日报》	
8	马克思主义的一个最基本的原则	特约评论员 文章	1978 年 6 月 24 日	《解放军报》	
9	莫把开头当过头——关于农村形势的述评	范敬宜	1979 年 5 月 13 日	《辽宁日报》	
10	"渤海 2 号"钻井船翻沉事故说明了什么？	陈 骥 牛凤和	1980 年 7 月 22 日	《工人日报》	
11	从"渤海 2 号"事故看石油部的领导作风	本报记者 述评	1980 年 8 月 24 日	《人民日报》	

序号	标题	作者或体裁	发表时间	发表媒体	备注（所获奖项）
12	为"第一次"叫好！	王丰玉	1980年9月1日	《人民日报》	
13	"回头路"辩	范敬宜	1980年10月6日	《辽宁日报》	
14	单干辩	范敬宜	1980年11月6日	《辽宁日报》	
15	江东子弟今犹在	林　放	1982年3月29日	《新民晚报》	
16	回答一个问题——翻两番为什么是能够实现的	社论	1982年10月18日	《人民日报》	
17	"大锅饭"养懒汉——四评不能再吃"大锅饭"	社论	1983年1月27日	《人民日报》	
18	评朱毓芬之死	评论员文章	1983年4月13日	《人民日报》	
19	就是要彻底否定"文革"	评论员文章	1984年4月13日	《人民日报》	1984年度全国好新闻特等奖
20	该注重管理了——向袁庚同志进一言	读者来信	1985年2月28日	《蛇口通讯》	1985年度全国好新闻特等奖
21	正确对待改革中的失误	短评	1985年5月27日	《湖南日报》	
22	岂有此理	谢　云	1986年11月28日	《中国青年报》	
23	"关广梅现象"提出了什么	评论员文章	1987年7月11日	《经济日报》	
24	论"关广梅现象"	评论员文章	1987年7月14日	《经济日报》	
25	反对官僚主义要坚决	评论员文章	1987年8月8日	《人民日报》	
26	抛弃一种僵化的思维方式	吴　桐	1987年8月10日	《新华日报》	1987年度全国好新闻一等奖
27	做改革开放的"带头羊"	皇甫平	1991年2月15日	《解放日报》	
28	改革开放要有新思路	皇甫平	1991年3月2日	《解放日报》	第2届中国新闻奖一等奖

续　表

序号	标题	作者或体裁	发表时间	发表媒体	备注 （所获奖项）
29	扩大开放的意识要更强些	皇甫平	1991 年 3 月 22 日	《解放日报》	
30	改革开放需要大批德才兼备的干部	皇甫平	1991 年 4 月 12 日	《解放日报》	
31	少数企业"死"不了　多数企业"活"不好	詹国枢	1991 年 8 月 15 日	《经济日报》	

评论作品一览表二（1992—2012）

序号	标题	作者或体裁	发表时间	发表媒体	备注 （所获奖项）
1	扭住中心不放	编辑部文章	1992 年 2 月 20 日	《深圳特区报》	
2	要搞快一点	编辑部文章	1992 年 2 月 22 日	《深圳特区报》	
3	要敢闯	编辑部文章	1992 年 2 月 24 日	《深圳特区报》	
4	改革的胆子再大一点	社论	1992 年 2 月 24 日	《人民日报》	
5	多干实事	编辑部文章	1992 年 2 月 26 日	《深圳特区报》	
6	两只手都要硬	编辑部文章	1992 年 2 月 28 日	《深圳特区报》	
7	共产党能消灭腐败	编辑部文章	1992 年 3 月 2 日	《深圳特区报》	
8	稳定是个大前提	编辑部文章	1992 年 3 月 4 日	《深圳特区报》	
9	我们只能走社会主义道路	编辑部文章	1992 年 3 月 6 日	《深圳特区报》	
10	为进一步解放思想鸣炮	编辑部文章	1992 年 3 月 12 日	《深圳商报》	1992 年度广东新闻奖一等奖
11	扫除形式主义	胡占凡 周绍成	1992 年 3 月 31 日	中央人民广播电台	第 3 届中国新闻奖一等奖

序号	标题	作者或体裁	发表时间	发表媒体	备注（所获奖项）
12	开发热的冷思考	廖志坤 李屏南	1993年 1月2日	《湖南日报》	全国省区党报好评论一等奖
13	"两机"风波说明了什么?	评论员文章	1993年 2月15日	《经济日报》	
14	论竞争	冯并	1993年 2月26日	《经济日报》	
15	论机制	冯并	1993年 3月1日	《经济日报》	
16	论秩序	冯并	1993年 3月6日	《经济日报》	
17	拜金主义要不得	胡占凡	1993年 4月8日	中央人民广播电台	第4届中国新闻奖一等奖
18	为什么要整顿金融秩序	评论员文章	1993年 7月16日	《经济日报》	第4届中国新闻奖一等奖
19	从十一届三中全会到十四届三中全会	任仲平	1993年 12月22日	《人民日报》	
20	要敢于负责	社论	1994年 3月27日	《湖北日报》	
21	反暴利,在南昌为什么难以展开	黄晔明 梁勇	1994年 12月30日	江西人民广播电台	第5届中国新闻奖一等奖
22	就同"大款"交朋友事向领导干部进一言	杨柳青	1995年 8月6日	《河北日报》	第6届中国新闻奖二等奖
23	敬告商家谨防"刁民"	高秀东 杨珂	1995年 11月6日	《中国消费者报》	
24	合资:引进来,更要利用好!	贾玉祥 姜少英 张帆	1995年 12月31日	北京电视台	第6届中国新闻奖二等奖
25	假如多一些王海	电视评论	1996年 1月13日	北京电视台	
26	"王海现象"意味着什么?	潘岗	1996年 2月13日	《人民日报》	
27	谁来保护消费者	电视评论	1996年 3月16日	中央电视台	

续　表

序号	标题	作者或体裁	发表时间	发表媒体	备注 (所获奖项)
28	沙尘暴的警告	电视评论	1996 年 6 月 8 日	甘肃电视台	第 7 届中国新闻奖二等奖
29	了不起的"软着陆"	评论员文章	1996 年 12 月 6 日	《人民日报》	
30	中华民族的百年盛事——热烈庆祝香港回归祖国	社论	1997 年 7 月 1 日	《人民日报》	第 8 届中国新闻奖一等奖
31	察潮流 顺民心 天下定——为庆祝党的 76 诞辰和 97 香港回归而作	社论	1997 年 7 月 1 日	《福建日报》	第 8 届中国新闻奖一等奖
32	回归赋	社论	1997 年 7 月 1 日	《经济日报》	第 8 届中国新闻奖二等奖
33	"国耻馆"断想	陈　沙	1997 年 7 月 9 日	《人民日报》	
34	"罚"要依法	再　军	1997 年 11 月 25 日	中央电视台	第 8 届中国新闻奖一等奖
35	众志成城战洪灾	评论员文章	1998 年 7 月 7 日	《人民日报》	
36	向英雄的人民子弟兵致敬	评论员文章	1998 年 8 月 1 日	《人民日报》	
37	当前头等大事	评论员文章	1998 年 8 月 9 日	《人民日报》	第 9 届中国新闻奖特别奖
38	"蚁穴溃堤"说防洪	竞　若	1998 年 9 月 9 日	《人民日报》	
39	论九八抗洪精神	任仲平	1998 年 9 月 17 日	《人民日报》	
40	欠债与还债	柴米河	1998 年 9 月 18 日	《人民日报》	
41	多建坝 少建碑	蔡　波	1998 年 9 月 24 日	《人民日报》	
42	艺术家的责任	时永松	1998 年 10 月 12 日	《人民日报》	
43	迎着老百姓的方向走	郝斌生	1998 年 11 月 1 日	《河北日报》	第 9 届中国新闻奖一等奖

序号	标题	作者或体裁	发表时间	发表媒体	备注（所获奖项）
44	国旗为谁而降	郭光东	1998 年 12 月 2 日	《中国青年报》	
45	立党之本 执政之基 力量之源	特约评论员文章	2000 年 5 月 23 日	《人民日报》	
46	莫把"脱困"当"脱险"	黄　有 陆　钢 王　晶	2000 年 11 月 22 日	辽宁电视台	第 11 届中国新闻奖一等奖
47	对涉瞒涉腐涉黑要一查到底	任桂瞻	2001 年 9 月 5 日	人民网	
48	国营矿 140 份报告为何无效	任桂瞻	2001 年 9 月 5 日	人民网	
49	人大瓼政协瓼法院瓼 瓼瓼有来头	任桂瞻	2001 年 9 月 5 日	人民网	
50	非法民矿狂采滥挖 社会问题层出不穷	任桂瞻	2001 年 9 月 5 日	人民网	
51	南丹矿难一周年，我们该反思什么？	任桂瞻	2002 年 7 月 17 日	人民网	
52	善待百姓	王柏森	2003 年 4 月 3 日	《新华日报》	第 14 届中国新闻奖二等奖
53	当前的一项重大任务	评论员文章	2003 年 4 月 22 日	《人民日报》	
54	奉献者的激情	评论员文章	2003 年 4 月 24 日	《人民日报》	
55	谁为一个公民的非正常死亡负责？	孟　波	2003 年 4 月 25 日	《南方都市报》	
56	众志成城 战胜疫病	评论员文章	2003 年 4 月 26 日	《人民日报》	
57	还百姓"黑色数字"的知情权	石　飞	2003 年 4 月 30 日	人民网	
58	孙志刚案,是谁在"装聋作哑"？	锦秀文	2003 年 5 月 4 日	人民网	
59	一手抓防治非典 一手抓经济建设	评论员文章	2003 年 5 月 8 日	《人民日报》	

序号	标题	作者或体裁	发表时间	发表媒体	备注 (所获奖项)
60	从孙志刚案看有关收容的法规违反《立法法》	邹云翔	2003 年 5 月 15 日	人民网	
61	筑起我们新的长城——论抗击非典的伟大精神	任仲平	2003 年 5 月 15 日	《人民日报》	第 14 届中国新闻奖一等奖
62	小习惯 大危害——向陋习宣战(一)	电视评论	2003 年 5 月 21 日	中央电视台	
63	不干不净 吃了有病——向陋习宣战(二)	电视评论	2003 年 5 月 22 日	中央电视台	
64	危险的垃圾——向陋习宣战(三)	电视评论	2003 年 5 月 23 日	中央电视台	
65	非典:敲响环保警钟 人类自食其果	时评	2003 年 6 月 4 日	新华社	
66	什么样的反弹最可怕	社评	2003 年 6 月 14 日	《北京青年报》	
67	警惕为失职官员"翻案"	肖　山	2003 年 6 月 17 日	《法律与生活》	
68	夺取双胜利 关键在落实	任仲平	2003 年 6 月 18 日	《人民日报》	
69	收容制度废止既是高潮更是起点	子　曰	2003 年 6 月 20 日	《南方都市报》	
70	挥别非典阴影 重建社会生活	张天蔚	2003 年 6 月 25 日	《北京青年报》	
71	国有企业改制一定要规范	评论员文章	2004 年 1 月 10 日	《光明日报》	第 15 届中国新闻奖一等奖
72	坚决制止低俗炒作行为	赵　金	2004 年 4 月 19 日	《云南日报》	第 15 届中国新闻奖一等奖
73	算一算 GDP 的代价	张登贵	2004 年 12 月 15 日	《宁波日报》	第 15 届中国新闻奖二等奖
74	欠债咋就不还钱	孙　锐 孙笑非 王学亮	2004 年 12 月 19 日	黑龙江电视台	第 15 届中国新闻奖一等奖
75	2004 中国社会的新主题词:科学发展观 和谐社会	杂志评论	2004 年 12 月 27 日	《瞭望东方》	

续　表

序号	标题	作者或体裁	发表时间	发表媒体	备注 （所获奖项）
76	治理好污水也是政绩	广播评论	2004 年 12 月 28 日	浙江人民 广播电台	第 15 届中国新 闻奖一等奖
77	建立和谐社会表明中国 政治家正视现实的勇气 智慧	党国英	2005 年 1 月 3 日	《中国新闻周刊》	
78	提高自主创新能力 推进 经济结构调整	编辑部文章	2005 年 2 月 8 日	《经济日报》	第 16 届中国新 闻奖特别奖
79	在全面建设小康社会中 充分发挥先锋模范作 用——论保持共产党员 先进性	任仲平	2005 年 2 月 25 日	《人民日报》	第 16 届中国新 闻奖特别奖
80	我们怎样表达爱国热情	丁　刚	2005 年 4 月 16 日	人民网	第 16 届中国新 闻奖一等奖
81	准确把握和谐社会的科 学内涵	评论员文章	2005 年 5 月 20 日	《人民日报》	
82	切实贯彻构建和谐社会 的重要原则	评论员文章	2005 年 5 月 23 日	《人民日报》	
83	维护社会稳定构建和谐 社会	评论员文章	2005 年 5 月 24 日	《人民日报》	
84	和谐社会从细微之处 建起	刘水玉	2005 年 5 月 24 日	新华社	
85	全面落实构建和谐社会 的任务	评论员文章	2005 年 5 月 27 日	《人民日报》	
86	绝不容许漠视矿工的 生命	凌广志 赵东辉	2005 年 8 月 12 日	新华社	
87	整顿官员参股煤矿要严 防破窗效应	何向东	2005 年 8 月 25 日	《中国青年报》	
88	李毅中:矿难背后	电视访谈	2005 年 8 月 27 日	中央电视台	
89	广东兴宁矿难凸显煤矿 安全监管中的利益死结	龙　志 谭　林	2005 年 8 月 30 日	《南方都市报》	
90	黑龙江七台河矿难百人 死亡 矿工自救器哪 去了?	文字评论	2005 年 11 月 30 日	《新京报》	

续　表

序号	标题	作者或体裁	发表时间	发表媒体	备注 (所获奖项)
91	怎么才能有德国伊本布伦煤矿那样严密的安全网?	郑汉根	2005年 12月2日	《新京报》	
92	治疗"矿难麻木症"的药方何在	徐锋	2005年 12月15日	《广州日报》	
93	农民蒋时林起诉财政局唤醒纳税人权利意识	王学进	2006年 4月6日	《中国青年报》	
94	决不许亵渎英雄,歪曲历史	张　勤 王新玲 陈建海 范少俊	2006年 12月30日	浙江广电集团	第17届中国新闻奖一等奖
95	走好全国一盘棋——论促进区域协调发展	任仲平	2007年 4月5日	《人民日报》	第18届中国新闻奖一等奖
96	始终想到"最低"处	尚德琪	2007年 9月5日	《甘肃日报》	第18届中国新闻奖二等奖
97	细节硬伤让发现华南虎喜剧黯然失色	王石川	2007年 10月18日	《长江商报》	
98	发现华南虎怎成拿脑袋担保的闹剧	乔志峰	2007年 10月21日	光明网	
99	"华南虎风波"背后的科学文明缺失	单士兵	2007年 10月22日	《山西晚报》	
100	对虎照真相的追究正滑向极端	张天蔚	2007年 11月13日	《中国青年报》	
101	华南虎事件见证网民力量	黎　明	2007年 11月19日	《东方早报》	
102	虎照,又一个无言的结局	卢新宁	2007年 11月30日	《人民日报》	
103	"华南虎事件"能否成为一个契机?	卢新宁	2007年 12月19日	人民网	第18届中国新闻奖二等奖
104	峰回路转的不止是虎照事件	卢新宁	2007年 12月31日	《人民日报》	
105	灾难中凝聚沉着的力量	陆　侠	2008年 5月12日	人民网	

序号	标题	作者或体裁	发表时间	发表媒体	备注（所获奖项）
106	万众一心 众志成城 战胜特大地震灾害	评论员文章	2008年5月13日	《四川日报》	第19届中国新闻奖一等奖
107	建议为地震遇难者设立哀悼日	评论员文章	2008年5月16日	《中国青年报》	第19届中国新闻奖三等奖
108	国旗彰显生命的尊严	何振华	2008年5月19日	人民网	
109	今天，让我们体悟生命的尊严	李忠志	2008年5月19日	《河北日报》	第19届中国新闻奖二等奖
110	悲痛中凝聚不屈的力量	社论	2008年5月20日	《人民日报》	
111	灾难中挺立伟大的中国——写在中国人民抗击四川汶川大地震之际	任仲平	2008年6月2日	《人民日报》	第19届中国新闻奖一等奖
112	伟大中华民族在灾难中复兴	许根宏	2008年6月10日	中安在线	第19届中国新闻奖三等奖
113	奏响"和平、友谊、进步"的北京乐章——写在北京奥运会倒计时20天	任仲平	2008年7月19日	《人民日报》	
114	周老虎案择优旁听没道理	椿桦	2008年9月26日	《现代快报》	
115	周正龙案的法治标本意义	舒圣祥	2008年9月28日	《大河报》	
116	周正龙缓刑避免了报复刑主义	陈杰人	2008年11月19日	《中国青年报》	
117	周正龙回家，对弱势群体违法要理性判断	张鸣	2008年11月19日	《珠江晚报》	
118	周正龙为什么把所有问题都自己扛	鲁开盛	2008年11月19日	《中国青年报》	
119	30年不变的时代呼声——写在改革开放30周年之际（上）	任仲平	2008年12月16日	《人民日报》	
120	历史的契机等待我们把握——写在改革开放30周年之际（下）	任仲平	2008年12月17日	《人民日报》	

续　表

序号	标题	作者或体裁	发表时间	发表媒体	备注 （所获奖项）
121	云南邀网友调查躲猫猫事件评论集	网络专题	2009年 2月20日	新浪网	
122	"躲猫猫"调查团发现真相了吗？	潘洪其	2009年 2月21日	《北京青年报》	
123	网民调查与"躲猫猫"一样似儿戏	兼葭	2009年 2月22日	红网	
124	请网民查"躲猫猫"真相是进步吗	刘永涛	2009年 2月22日	红网	
125	"躲猫猫"事件呼唤独立调查制度	窦含章	2009年 2月23日	新华网	
126	躲猫猫调查形式大于勇气	舒圣祥	2009年 2月23日	新浪网	
127	躲猫猫的深层追问才刚刚开始	社论	2009年 2月23日	《新京报》	
128	质疑躲猫猫调查团民意指向为何茫然	李妍	2009年 2月23日	《重庆时报》	
129	比"躲猫猫"更危险的是公信力沦陷	燕农	2009年 2月23日	《燕赵都市报》	
130	不节制自身魔性 网民无异于暴民	曹林	2009年 2月26日	《中国青年报》	
131	不是所有弯道都是超越好时机	孙秀岭	2009年 4月13日	《大众日报》	第20届中国新闻奖一等奖
132	不能对挺虎问题官员有意无意不作为	范伟国	2009年 5月5日	《人民日报》	
133	挺虎官员为何还是林业厅的领导	社论	2009年 5月5日	《新京报》	
134	挺虎官员复出何以让人风声鹤唳	范在中	2009年 5月5日	《重庆时报》	
135	决定现代化命运的重大抉择——论加快经济发展方式转变	任仲平	2010年 3月1日	《人民日报》	第21届中国新闻奖一等奖
136	善待民工才能缓解民工荒	袁奇翔 王掌 甘洋	2010年 3月24日	浙江广播电台	第21届中国新闻奖一等奖

序号	标题	作者或体裁	发表时间	发表媒体	备注（所获奖项）
137	中国现代化建设的"新支点"——写在西部大开发十周年	任仲平	2010年7月5日	《人民日报》	
138	我们正在被教化成"刁民"	霍默静	2010年9月13日	凤凰网	
139	自焚事故调查应请宜黄官方回避	叶建明	2010年9月13日	荆楚网	
140	"误伤说"到底伤了谁的心	和法堡	2010年9月17日	光明网	
141	不能让宜黄事件发展成违宪恶例	西风	2010年9月17日	新华网	
142	宜黄事件:走向正确的方向	网络专题	2010年9月19日	腾讯网	
143	宜黄拆迁事件警钟为谁而鸣	王石川	2010年9月19日	《京华时报》	
144	宜黄事件权力滥用成悲剧根源	社论	2010年9月20日	新华社	
145	"自焚"事件能否催生"征收条例"	社论	2010年9月20日	《新京报》	
146	拆迁悲剧,何时不再重演?	电视评论	2010年9月20日	中央电视台	
147	从拆迁悲剧说"权力的谨慎"	刘文宁	2010年9月21日	《工人日报》	
148	学习智利以人为本 何需领导带班下井	网络专题	2010年10月份	凤凰卫视	
149	宜黄县委书记县长被免职能否终结"强拆"疯狂?	孙晓波	2010年10月11日	人民网	
150	官越来越难当,早该成为全民共识	李晓亮	2010年10月11日	《扬子晚报》	
151	呼唤中国的"井下应急避难所"	社论	2010年10月14日	《新京报》	
152	矿难何以让一个国家如此耀眼	张海英	2010年10月14日	《华西都市报》	

续　表

序号	标题	作者或体裁	发表时间	发表媒体	备注 (所获奖项)
153	值得警思的"强拆论"	范正伟	2010年 10月14日	《人民日报》	
154	智利矿难救援不仅是奇迹	白蕊	2010年 10月15日	《北京晨报》	
155	反思智利矿难 中国井下避难所缺少强制标准	社论	2010年 10月16日	《新京报》	
156	依法理性表达爱国热情	付龙 史江民	2010年 10月25日	人民网	第21届中国新闻奖一等奖
157	倾听那些"沉没的声音"	人民日报评论部	2011年 5月26日	《人民日报》	第22届中国新闻奖一等奖
158	人民网评:打通"两个舆论场"	廖江 潘健 祝华新 单学刚	2011年 7月11日	人民网	第22届中国新闻奖二等奖
159	城市管理亟待走出"整治思维"	翟慎良	2011年 8月4日	《新华日报》	第22届中国新闻奖二等奖
160	文化强国的"中国道路"——论推动社会主义文化大发展大繁荣	任仲平	2011年 10月15日	《人民日报》	
161	"富豪相亲"浊化社会空气	刘庆传	2012年 12月4日	《新华日报》	第23届中国新闻奖二等奖

评论作品一览表三(2012—2021)

序号	标题	作者或体裁	发表时间	发表媒体	备注 (所获奖项)
1	美丽中国 有你有我	孙秀艳	2012年 11月14日	《人民日报》	
2	建设"美丽中国"须攻坚克难——从三个"严峻形势"谈起	鲍晓倩	2012年 11月22日	《经济日报》	
3	"美丽中国"的美丽内涵 "美丽"要有高质量	宋晖	2012年 12月3日	《中国青年报》	

序号	标题	作者或体裁	发表时间	发表媒体	备注（所获奖项）
4	"美丽中国"的美学内涵与意义	向云驹	2013年2月25日	《光明日报》	
5	把校舍真正建设成第一避难所	刘涛	2013年4月26日	《中国教育报》	第24届中国新闻奖文字评论一等奖
6	有"问题意识",也要有"过程意识"——辩证看待社会发展与问题之一	人民日报评论部	2013年5月20日	《人民日报》	第24届中国新闻奖文字评论二等奖
7	还绿水青山 建美丽中国	评论员文章	2013年6月16日	新华社	
8	民生工程为何不得民心	电视评论	2013年10月3日	南京广播电视台	第24届中国新闻奖电视评论二等奖
9	心如容器	评论员文章	2013年10月8日	《大众日报》	第24届中国新闻奖文字评论二等奖
10	证难办 脸难看	刘宁 张玉虎 郭峰 杨枫 崔辛雨	2013年10月11日	中央电视台	第24届中国新闻奖电视评论一等奖
11	守护人民政党的生命线——论深入开展党的群众路线教育实践活动	任仲平	2013年10月14日	《人民日报》	第24届中国新闻奖特别奖
12	中国改革"再出发"的总宣言	石铭	2013年11月12日	人民网	第24届中国新闻奖网络评论一等奖
13	限制"公款消费"本质是制约权力寻租	子房先生	2013年11月15日	中国经济网	第24届中国新闻奖特别奖
14	突破法律的改革需授权	评论员文章	2013年12月9日	《法制日报》	第24届中国新闻奖文字评论二等奖
15	扫清雾霾,亟需创建绿色考评体系	广播评论	2013年12月29日	北京交通广播	第24届中国新闻奖广播评论二等奖

续　表

序号	标题	作者或体裁	发表时间	发表媒体	备注 (所获奖项)
16	打赢反腐倡廉攻坚持久战	评论员文章	2014 年 1 月 15 日	新华社	
17	驻京办痼疾难除，反腐败正当其时	社论	2014 年 1 月 22 日	《新京报》	
18	公共辩论，求真比求胜更重要	范正伟	2014 年 7 月 28 日	《人民日报》	第 25 届中国新闻奖文字评论一等奖
19	对办事群众不妨多说一句话	李　敏 马向荣 孙树东 王玉珏	2014 年 9 月 22 日	甘肃广播 电影电视总台	第 25 届中国新闻奖广播评论二等奖
20	让法治成为一种信仰	电视评论	2014 年 10 月 20 日	中央电视台	第 25 届中国新闻奖电视评论二等奖
21	让法治托举起青年梦想	评论员文章	2014 年 10 月 24 日	《中国青年报》	第 25 届中国新闻奖文字评论二等奖
22	反腐是一种国家使命	冯骥才 杨振宇 王爱滢	2014 年 10 月 25 日	《今晚报》	第 25 届中国新闻奖文字评论三等奖
23	法律如不能保民，同样不能保官	刘文嘉	2014 年 11 月 14 日	光明网	第 25 届中国新闻奖网络评论二等奖
24	"藏粮于土"箭在弦上	杨　晶 李　皎 高　祥 牟维宁	2014 年 12 月 5 日	黑龙江人民 广播电台	第 25 届中国新闻奖广播评论一等奖
25	不"唯 GDP"并非"去 GDP"	马志刚	2015 年 2 月 11 日	《经济日报》	第 26 届中国新闻奖文字评论二等奖
26	"怎么证明我妈是我妈！"	黄庆畅	2015 年 4 月 8 日	《人民日报》	第 26 届中国新闻奖文字评论二等奖
27	凝聚当代中国的价值公约数——论培育和践行社会主义核心价值观	任仲平	2015 年 4 月 20 日	《人民日报》	第 26 届中国新闻奖特别奖

序号	标题	作者或体裁	发表时间	发表媒体	备注（所获奖项）
28	"三严三实"体现执政为民的永恒价值	评论员文章	2015年6月30日	《光明日报》	
29	铁腕反腐凝聚党心民心	评论员文章	2015年7月31日	《人民日报》	
30	要帮进城农民算好三笔账	何兰生	2015年8月12日	《农民日报》	第26届中国新闻奖文字评论二等奖
31	凝聚和平与正义的磅礴力量	社论	2015年9月3日	《人民日报》	
32	弘扬抗战精神 开创美好未来	社论	2015年9月3日	《光明日报》	
33	中国故事，更精彩的书写还在后面	詹 勇 王甘开 李学梅	2015年9月10日	新华社	第26届中国新闻奖文字评论一等奖
34	别拿屠呦呦说事儿	刘亚东	2015年10月8日	《科技日报》	第26届中国新闻奖文字评论三等奖
35	政府敢啃"硬骨头" 市场才能有"肉"吃	安传香	2015年10月16日	新华网	第26届中国新闻奖网络评论一等奖
36	坚持绿色发展 建设美丽中国	评论员文章	2015年11月1日	新华社	
37	反腐重在依法治权	赵华琳 梧红艳	2015年11月14日	山西广播电视台	第26届中国新闻奖电视评论二等奖
38	坚决打赢脱贫攻坚战——一论学习贯彻总书记中央扶贫开发工作会议重要讲话	评论员文章	2015年11月30日	《人民日报》	
39	脱贫攻坚贵在精准重在实效——二论学习贯彻习近平总书记中央扶贫开发工作会议重要讲话	评论员文章	2015年12月1日	《人民日报》	

序号	标题	作者或体裁	发表时间	发表媒体	备注 (所获奖项)
40	把脱贫攻坚责任扛在肩上——三论学习贯彻习近平总书记中央扶贫开发工作会议重要讲话	评论员文章	2015年12月2日	《人民日报》	
41	漠视生命是最可怕的沉沦	林新华	2015年12月11日	《衡阳晚报》	第26届中国新闻奖文字评论一等奖
42	丰年更忧粮安	高　祥牟维宁任季玮	2015年12月13日	黑龙江广播电视台	第26届中国新闻奖广播评论二等奖
43	供给侧改革需加减法并举	梁发芾	2016年1月27日	《甘肃日报》	第27届中国新闻奖文字评论一等奖
44	为敢担当的干部担当	微言	2016年3月14日	《宝鸡日报》	第27届中国新闻奖文字评论二等奖
45	把"两学一做"学习教育抓紧抓好	石　平	2016年3月17日	《求是》	
46	确保"两学一做"学习教育取得实效	评论员文章	2016年4月6日	新华社	
47	论扎实开展"两学一做"学习教育	评论员文章	2016年4月7日	《人民日报》	
48	魏则西事件下的污名化狂欢要不得	张　杰	2016年5月8日	《福建日报》	第27届中国新闻奖文字评论二等奖
49	以公开守护公正	王　册	2016年5月10日	人民日报评论微信公号	
50	一评雷某案:以有力信息公开取信于民	李代祥	2016年5月12日	新华社	
51	二评雷某案:权威发布不能落在舆情后面	丁永勋	2016年5月12日	新华社	
52	为美丽中国筑牢大地之基	评论员文章	2016年6月1日	《人民日报》	

序号	标题	作者或体裁	发表时间	发表媒体	备注 （所获奖项）
53	脱贫攻坚摆不得半点"花架子"	康维佳	2016年 6月22日	中央广播 电视总台	第27届中国新闻奖广播评论二等奖
54	以信仰之光照亮奋斗之路	任仲平	2016年 6月29日	《人民日报》	第27届中国新闻奖特别奖
55	以真理之光引领复兴征程	任仲平	2016年 6月30日	《人民日报》	
56	携手担当脱贫攻坚的时代重任——学习贯彻习近平总书记在东西部扶贫协作座谈会重要讲话	评论员文章	2016年 7月22日	新华社	
57	收粮商贩王力军的尴尬	任　杰 杨晓燕 刘　华 宋国峰 田长青	2016年 8月3日	内蒙古电视台	第27届中国新闻奖电视评论二等奖
58	展现大国风范 不妨多一份理解和宽容	哲　言	2016年 8月21日	浙江在线	第27届中国新闻奖网络评论二等奖
59	不能以极端个案指责社会否定时代	崔文佳	2016年 9月14日	《北京日报》	第27届中国新闻奖文字评论三等奖
60	"农改居"：农民的权益只能增不能减	何兰生	2016年 9月23日	《农民日报》	第27届中国新闻奖文字评论二等奖
61	"罗尔捐款门"，到底谁更受伤	陈红艳 陈　凯	2016年 12月5日	广东广播电视台	第27届中国新闻奖广播评论二等奖
62	以供给侧改革破解老工业基地"双重转型"之困	牟维宁 高　祥 张立波 任季玮	2016年 12月28日	黑龙江广播 电视台	第27届中国新闻奖广播评论一等奖
63	不因唱衰而忧 不因看涨而乐	樊大彧	2017年 2月20日	《北京青年报》	第28届中国新闻奖文字评论二等奖

续 表

序号	标题	作者或体裁	发表时间	发表媒体	备注 (所获奖项)
64	民生实事莫沉迷于"数字突破"	翟慎良	2017年 2月24日	《新华日报》	第28届中国新闻奖文字评论一等奖
65	带着感情去拆违	周 导 胡旻珏	2017年 2月27日	上海广播电视台	第28届中国新闻奖广播评论一等奖
66	坚定不移打赢脱贫攻坚战	评论员文章	2017年 3月8日	新华社	
67	警惕形式主义披隐身衣卷土重来	何晨阳	2017年 3月21日	新华社	第28届中国新闻奖文字评论二等奖
68	反腐,以"人民的名义"	评论员文章	2017年 3月31日	《人民日报》	
69	反腐败的大众视角	社论	2017年 3月31日	澎湃新闻	
70	脱贫攻坚"实"字着力"严"字当头	社论	2017年 5月11日	《江西日报》	
71	于欢案直播,让公众在身临其境中感受到公平正义	朱德泉	2017年 5月27日	《大众日报》	第28届中国新闻奖网络评论二等奖
72	评于欢案二审宣判:公平正义提升法治成色	评论员文章	2017年 6月23日	《南方周末》	
73	极恶!拿慰安妇头像做表情包,良心何在!	杨鑫宇	2017年 8月22日	中青在线	第28届中国新闻奖网络评论一等奖
74	脱贫攻坚要实打实干	评论员文章	2017年 8月31日	新华社	
75	深化标本兼治,夺取反腐压倒性胜利	社论	2017年 10月20日	《新京报》	
76	持之以恒建设美丽中国——七论学习贯彻党的十九大精神	社论	2017年 11月3日	《经济日报》	
77	脱贫攻坚要补齐"精神短板"	评论员文章	2017年 11月22日	新华社	

序号	标题	作者或体裁	发表时间	发表媒体	备注（所获奖项）
78	"藕遇白鹤"是喜是忧	龚小娟 李 先 刘乐明	2017年 12月26日	江西广播电视台	第28届中国新闻奖广播评论二等奖
79	在新时代展现高质量发展新作为——开展扶贫领域作风问题专项治理系列评论之一	社论	2017年 12月27日	《新华日报》	
80	新时代呼唤蓬勃的青年精神	刘 涛	2017年 12月29日	《中国教育报》	第28届中国新闻奖文字评论一等奖
81	生态资源大省的尴尬与抉择	牟维宁 任广镇 韩天任 季 玮	2017年 12月31日	黑龙江广播电视台	第28届中国新闻奖广播评论二等奖
82	传达不过夜不如落实不打折	李思辉	2018年 1月17日	《湖北日报》	第29届中国新闻奖文字评论二等奖
83	厚植生态文明 耕耘美丽中国	评论员文章	2018年 4月24日	新华社	
84	携手迈向和和美美的美丽中国	评论员文章	2018年 4月25日	《光明日报》	
85	脱贫攻坚首先要作风攻坚	评论员文章	2018年 5月2日	《湖南日报》	
86	让劳动光荣成为青年坚定信念	刘 涛	2018年 5月4日	《中国教育报》	第29届中国新闻奖文字评论二等奖
87	坚持"房子是用来住的，不是用来炒的"定位	夏似飞 陈淦璋 彭 艺	2018年 6月19日	《湖南日报》	第24届中国新闻奖文字评论二等奖
88	"贸易恐怖主义"救不了美国	盛玉红	2018年 6月20日	中国国际广播电台	第29届中国新闻奖广播评论二等奖
89	治污必须要治官	牛日成 刘冰霜	2018年 6月23日	广东广播电视台	第29届中国新闻奖广播评论二等奖

续　表

序号	标题	作者或体裁	发表时间	发表媒体	备注 (所获奖项)
90	中美贸易战十评	评论员文章	2018年 7月份	《人民日报》	
91	三评浮夸自大文风之一:文章不会写了吗?	林　峰	2018年 7月2日	人民网	第29届中国新闻奖网络评论二等奖
92	中国法治何以强起来	评论专版	2018年 8月31日	《人民日报》	
93	对"私营经济离场论"这类蛊惑人心的奇谈怪论应高度警惕——"两个毫不动摇"任何时候都不能偏废	平　言	2018年 9月13日	《经济日报》	第29届中国新闻奖文字评论一等奖
94	经济日报详解企业民主管理制度:别让网络"标题党"牵着鼻子走	网络评论	2018年 9月26日	经济日报客户端	
95	"第二次公私合营"是某些"标题党"唯恐天下不乱	网络评论	2018年 9月26日	中国经济网	
96	曲解企业民主管理实属别有用心	平　言	2018年 9月27日	《经济日报》	
97	坚定维护基本经济制度不动摇	平　言	2018年 9月29日	《经济日报》	
98	国企在股市接盘民企能说明"国进民退"吗?	平　言	2018年 10月14日	经济日报客户端	
99	国企"接盘"民企并非"国进民退"	平　言	2018年 10月18日	《经济日报》	
100	开辟中国大豆"第二战场"	高　祥 金　威 牟维宁 胡　萍	2018年 10月19日	黑龙江广播电视台	第29届中国新闻奖广播评论一等奖
101	"两个毫不动摇"任何时候都不能动摇	平　言	2018年 10月27日	《经济日报》	
102	我国民营经济要走向更加广阔舞台	评论员文章	2018年 11月1日	《经济日报》	

序号	标题	作者或体裁	发表时间	发表媒体	备注 （所获奖项）
103	在抓落实中重"绩"留"心"	陆　峰	2018年 11月27日	中国江苏网	第29届中国新闻奖网络评论一等奖
104	创造历史的伟大变革——纪念改革开放40周年（上）	任仲平	2018年 12月14日	《人民日报》	第29届中国新闻奖特别奖
105	亿万人民的共同事业——纪念改革开放40周年（下）	任仲平	2018年 12月17日	《人民日报》	第29届中国新闻奖特别奖
106	向着更加壮阔的航程——致敬改革开放40周年	评论员文章	2018年 12月17日	新华社	第29届中国新闻奖文字评论一等奖
107	搞一次卫生何需9份"痕迹"	严　伍 李建艳 胡　冰 王　鑫	2018年 12月23日	江西省分宜县融媒体中心	第29届中国新闻奖广播评论二等奖
108	重生——海鑫重整启示录	蔺建秀 王　丽 常路杰 刘凤林 卫红帅 杨晋闻	2018年 12月29日	山西电视台	第29届中国新闻奖电视评论二等奖
109	何日"凤还巢"？	李化成 耿　军 王　希 范维坚 张　鑫	2018年 12月31日	山东电视台	第29届中国新闻奖电视评论一等奖
110	以作风攻坚促进脱贫攻坚	评论员文章	2019年 1月23日	《人民日报》	
111	论扎实开展党史学习教育	主题评论	2019年 4月份	《人民日报》	
112	扎实推进党史学习教育	主题评论	2019年 4月份	新华社	
113	没有一条生命是为了牺牲而存在	西　坡	2019年 4月2日	澎湃新闻	第30届中国新闻奖文字评论二等奖

续　表

序号	标题	作者或体裁	发表时间	发表媒体	备注 （所获奖项）
114	别把超时加班美化为"拼搏和敬业"	郑莉	2019年4月11日	《工人日报》	第30届中国新闻奖文字评论二等奖
115	问责不能泛化简单化	范赜	2019年4月17日	《中国纪检监察报》	第30届中国新闻奖文字评论二等奖
116	"钟声"九连评	专栏文章	2019年5月份	《人民日报》	
117	无惧风雨,砥砺前行	评论员文章	2019年5月12日	新华社	
118	任何挑战都挡不住中国前进的步伐	国纪平	2019年5月13日	《人民日报》	第30届中国新闻奖文字评论一等奖
119	中美开展经贸合作是正确的选择,但合作是有原则的	评论员文章	2019年5月13日	《人民日报》	
120	国际锐评:中国已做好全面应对的准备	电视评论	2019年5月13日	中央电视台	
121	为新时代党的历史使命而努力奋斗	社论	2019年6月1日	《人民日报》	
122	牢记初心使命 再铸新的辉煌	社论	2019年6月1日	《经济日报》	
123	打赢脱贫攻坚决胜之战	评论员文章	2019年9月1日	新华社	
124	这个名字,绽放时代的光彩	杨晶 杨国栋 刘洪源	2019年9月26日	黑龙江电视台	第30届中国新闻奖电视评论一等奖
125	奋斗创造人间奇迹——为庆祝新中国成立70周年而作(上)	任仲平	2019年9月29日	《人民日报》	
126	铸就新时代中国的更大辉煌——热烈庆祝中华人民共和国成立70周年	社评	2019年9月30日	新华社	

序号	标题	作者或体裁	发表时间	发表媒体	备注（所获奖项）
127	初心铸就千秋伟业——为庆祝新中国成立70周年而作（下）	任仲平	2019年9月30日	《人民日报》	第30届中国新闻奖特别奖
128	庆祝中华人民共和国70华诞	系列评论员文章	2019年10月份	新华社	
129	奋斗的史诗 复兴的伟力——热烈庆祝中华人民共和国成立七十周年	社论	2019年10月1日	《人民日报》	
130	为祖国自豪 为祖国祝福——论学习贯彻习近平总书记在庆祝中华人民共和国成立70周年大会上重要讲话	评论员文章	2019年10月2日	《人民日报》	
131	凝聚建设美丽中国的制度力量	评论员文章	2019年11月10日	《光明日报》	
132	西海固能够如期脱贫吗?	梁艳春 李咏梅 赵慧丽 窦薇	2019年12月2日	宁夏广播电视台	第30届中国新闻奖广播评论二等奖
133	整治金融"土特产"：反腐败不留死角	社论	2019年12月11日	澎湃新闻	
134	警惕"指尖上"的形式主义	柳芳 赵文华 张益恒	2019年12月26日	湖北广播电视台	第30届中国新闻奖广播评论一等奖
135	不要让群众在危房里奔小康	杨晓丹 张舒 傅萌 周茉莉 蔡斯伟 朱光照	2019年12月31日	南京广播电视台	第30届中国新闻奖电视评论二等奖
136	反腐得人心，反腐有信心	社论	2020年1月16日	澎湃新闻	
137	相比"风月同天"，我更想听到"武汉加油"	肖畅	2020年2月12日	《长江日报》	
138	疫情当前,怎么火了一句唐诗?	评论员文章	2020年2月12日	光明网	

续　表

序号	标题	作者或体裁	发表时间	发表媒体	备注（所获奖项）
139	风雨无阻向前进——写在中国人民抗击新冠肺炎疫情之际	任仲平	2020年3月26日	《人民日报》	第31届中国新闻奖特别奖
140	多国囤粮：一堂活生生的粮食安全"警示课"	江娜	2020年4月3日	《农民日报》	第31届中国新闻奖文字评论二等奖
141	Cover-up'claims from US are all sound and fury（谎言：美国最新一轮阴谋论的源头）	［美］伊谷然	2020年4月18日	《中国日报》	第31届中国新闻奖文字评论一等奖
142	莫让驻村队员变演员	矛戈	2020年4月23日	《广西日报》	第31届中国新闻奖文字评论二等奖
143	钟华论：在民族复兴的历史丰碑上——2020中国抗疫记	集体	2020年5月10日	新华社	第31届中国新闻奖文字评论二等奖
144	张桂梅为什么感动中国	韩亚聪	2020年7月27日	《中国妇女报》	第31届中国新闻奖文字评论二等奖
145	人不负青山 青山定不负人——共同建设我们的美丽中国	人民日报评论部	2020年8月10日	《人民日报》	
146	发现不了问题就是最大问题	陈力方	2020年10月12日	《山西日报》	第31届中国新闻奖文字评论一等奖
147	警惕"精致的形式主义"	刘庆传 颜云霞	2020年10月12日	《新华日报》	第31届中国新闻奖文字评论一等奖
148	巩固脱贫攻坚成果，走向实现人民共同富裕的新征程	社论	2020年10月17日	《21世纪经济报道》	
149	智能时代，如何让老年人跨越"数字鸿沟"？	赵波 张巡天	2020年10月18日	无锡新闻综合广播	第31届中国新闻奖广播评论二等奖

序号	标题	作者或体裁	发表时间	发表媒体	备注（所获奖项）
150	自愿不能成为职场伤害的美丽借口	林　琳	2020年11月10日	《工人日报》	第31届中国新闻奖文字评论二等奖
151	弘扬宪法精神，建设法治中国	评论员文章	2020年12月3日	新华社	
152	求才 莫让才求人	商晓虎 吕兖周 关　霄 丁宏娟	2020年12月23日	山东电视台	第31届中国新闻奖电视评论二等奖
153	守住农业"芯片"，端牢中国饭碗	王静雅 丛志成 牟维宁 王　伟	2020年12月31日	黑龙江广播电视台	第31届中国新闻奖广播评论一等奖
154	到处人脸识别，有必要吗？	朱珉迕	2021年1月26日	上观新闻	第32届中国新闻奖新媒体评论一等奖
155	决不允许"鸡脚杆子上刮油"	评论员文章	2021年2月2日	《湖北日报》	第32届中国新闻奖报纸评论一等奖
156	以脱贫攻坚精神推动民族复兴伟业	评论员文章	2021年2月26日	求是网	
157	发扬脱贫攻坚精神，加速乡村振兴	社论	2021年2月26日	《新京报》	
158	大力弘扬脱贫攻坚精神——论学习贯彻习近平总书记在全国脱贫攻坚总结表彰大会上重要讲话	评论员文章	2021年2月28日	《人民日报》	
159	大力弘扬脱贫攻坚精神——学习贯彻习近平总书记在全国脱贫攻坚总结表彰大会重要讲话	评论员文章	2021年2月28日	新华社	
160	弘扬伟大脱贫攻坚精神，朝着共同富裕接续奋斗	社论	2021年6月24日	《南方日报》	

序号	标题	作者或体裁	发表时间	发表媒体	备注（所获奖项）
161	砥柱人间是此峰——写在中国共产党成立100周年之际	南方宏论	2021年6月23日	《南方日报》	第32届中国新闻奖文字评论一等奖
162	百年辉煌，砥砺初心向复兴——写在中国共产党成立100周年之际	任仲平	2021年6月28日	《人民日报》	第32届中国新闻奖特别奖
163	铸就百年辉煌 书写千秋伟业——热烈庆祝中国共产党成立一百周年	社论	2021年7月1日	《人民日报》	
164	把握"九个必须"，开创美好未来	评论员文章	2021年7月1日	新华社	
165	千秋伟业还看今朝	社论	2021年7月1日	《光明日报》	
166	没有共产党就没有中国人民的幸福生活	社论	2021年7月1日	《求是》	第32届中国新闻奖文字评论一等奖
167	听党指挥 奋勇前进	社论	2021年7月1日	《解放军报》	
168	以辉煌百年为起点 向民族复兴奋进	社论	2021年7月1日	《第一财经日报》	
169	永远把伟大建党精神继承下去、发扬光大	电视评论	2021年7月1日	中央电视台	
170	矢志践行初心使命 奋力开创光辉未来——热烈庆祝中国共产党成立100周年	社论	2021年7月1日	《经济日报》	
171	长风浩荡百年潮，砥柱人间是此峰	田闻之	2021年7月1日	北京日报客户端	
172	砥砺初心赢得民心 续写百年辉煌	社论	2021年7月1日	《北京日报》	
173	奋斗百年路 奋进新征程	社论	2021年7月1日	《新华日报》	
174	百年大党与这一天的中国	社论	2021年7月1日	澎湃新闻	

参考文献

一、马克思主义经典著作及重要文献

[1]《马克思恩格斯文集》第1—10卷,北京:人民出版社,2009年版。

[2]《马克思恩格斯选集》第1—4卷,北京:人民出版社,2012年版。

[3]《列宁选集》第1—4卷,北京:人民出版社,2012年版。

[4]《毛泽东选集》第1—4卷,北京:人民出版社,1991年版。

[5]《毛泽东文集》第1—8卷,北京:人民出版社,1996年版。

[6]《建国以来毛泽东文稿》第1—13册,北京:中央文献出版社,1987—1998年版。

[7]《刘少奇选集》(上、下),北京:人民出版社,1981年版。

[8]《邓小平文选》第1—3卷,北京:人民出版社,1994年版。

[9]《邓小平关于建设有中国特色社会主义的论述专题摘编》,北京:中央文献出版社,1992年版。

[10]《江泽民文选》第1—3卷,北京:人民出版社,2006年版。

[11]《江泽民论有中国特色社会主义》,北京:中央文献出版社,2002年版。

[12]《胡锦涛文选》第1—3卷,北京:人民出版社,2016年版。

[13]胡锦涛:《在纪念真理标准讨论二十周年座谈会上的讲话》,《求是》1998年第10期。

[14]《习近平关于全面建成小康社会论述摘编》,北京:中央文献出版社,2016年版。

[15]《习近平谈治国理政》第1—3卷,北京:外文出版社,2014、2017、2020年版。

[16]习近平:《论党的宣传思想工作》,北京:中央文献出版社,2020年版。

[17]《建国以来重要文献选编》第1册,北京:中央文献出版社,1992年版。

[18]《三中全会以来重要文献选编》(上、下),北京:人民出版社,1982年版。

[19]《十二大以来重要文献选编》(上、中、下),北京:人民出版社,1986—1988年版。

[20]《十三大以来重要文献选编》(上、中、下),北京:人民出版社,1991—1993年版。

[21]《十四大以来重要文献选编》(上、中、下),北京:人民出版社,1997—1999年版。

[22]《十五大以来重要文献选编》(上、中、下),北京:中央文献出版社,2011年版。

[23]《十六大以来重要文献选编》(上、中、下),北京:中央文献出版社,2011年版。

[24]《十七大以来重要文献选编》(上、中、下),北京:中央文献出版社,2013年版。

[25]《十八大以来重要文献选编》(上、中、下),北京:中央文献出版社,2018年版。

[26]《十九大以来重要文献选编》(上、中、下),北京:中央文献出版社,2019、2021年版。

[27]《中国共产党宣传工作文献选编》(全四册),北京:学习出版社,1996年版。

[28]《中国共产党新闻工作文献选编(1938—1989)》,北京:人民出版社,1990年版。

[29]《中国共产党新闻工作文件汇编》(上、中、下),北京:新华出版社,1980年版。

[30]《党的宣传工作会议概况和文献(1951—1992)》,北京:中共中央党校出版社,1994年版。

[31]《关于建国以来党的若干历史问题的决议》,北京:人民出版社,2009年版。

[32]《中共中央关于党的百年奋斗重大成就和历史经验的决议》,北京:人民出版社,2021年版。

［33］《中共中央关于加强党的执政能力建设的决定》，北京：人民出版社，2004年版。

［34］《中共中央关于坚持和完善中国特色社会主义制度、推进国家治理体系和治理能力现代化若干重大问题的决定（辅导读本）》，北京：人民出版社，2019年版。

二、中文著作

［1］《胡适文存》二集，合肥：黄山书社，1996年版。

［2］夏晓虹编：《梁启超文选》，北京：中国广播电视出版社，1992年版。

［3］《人民日报社论全集》（全15册），北京：人民日报出版社，2013年版。

［4］《新闻文存》，北京：中国新闻出版社，1987年版。

［5］曹林：《时评写作十六讲》，北京：北京大学出版社，2020年版。

［6］曹林：《时评中国：用理性反抗坏逻辑》，北京：北京大学出版社，2016年版。

［7］陈栋：《解码新时评——中国新闻时评的新发展（1995—2006）》，北京：中国社会科学出版社，2010年版。

［8］陈力丹、陈俊妮：《传播学纲要》，北京：中国人民大学出版社，2014年版。

［9］陈力丹、张建中：《新闻理论教程》，北京：中国人民大学出版社，2013年版。

［10］陈力丹：《精神交往论：马克思恩格斯的传播观》，北京：开明出版社，1993年版。

［11］陈力丹：《马克思主义新闻观百科全书》，北京：中国人民大学出版社，2018年版。

［12］陈力丹：《马克思主义新闻观思想体系》，北京：中国人民大学出版社，2006年版。

［13］陈力丹：《新闻理论十讲》，上海：复旦大学出版社，2008年版。

［14］陈力丹：《舆论学——舆论导向研究》，上海：上海交通大学出版社，2018年版。

［15］程曼丽、乔云霞主编：《新闻传播学辞典》，北京：新华出版社，2012年版。

［16］程世寿：《公共舆论学》，武汉：华中科技大学出版社，2003年版。

［17］程仲文：《新闻评论学》，上海：力生文化出版公司，1947年版。

［18］丁柏铨、丁和根、董秦：《改革开放以来中国共产党新闻思想研究》，北京：

新华出版社,2006 年版。

[19] 丁柏铨主编:《中国新闻理论体系研究》,北京:新华出版社,2002 年版。

[20] 丁法章:《当代新闻评论教程》(第 5 版),上海:复旦大学出版社,2021 年版。

[21] 董广安、纪元主编:《中国高级记者成名作透视》,郑州:河南人民出版社,2003 年版。

[22] 范荣康:《新闻评论学》,北京:人民日报出版社,1988 年版。

[23] 方汉奇主编:《中国新闻事业通史》第一卷,北京:中国人民大学出版社,1992 年版。

[24] 方汉奇主编:《中国新闻传播史》(第三版),北京:中国人民大学出版社,2014 年版。

[25] 方晓红:《中国新闻史》,南京:南京师范大学出版社,2009 年版。

[26] 符建湘、杨山青:《新闻评论在当代的发展》,长沙:湖南大学出版社,2013 年版。

[27] 戈公振:《中国报学史》,长沙:岳麓书社,2011 年版。

[28] 郭步陶:《时事评论技法》,南京:正中书局,1947 年版。

[29] 郭大钧主编:《中国当代史》,北京:北京师范大学出版社,2016 年版。

[30] 郭庆光:《传播学教程》,北京:中国人民大学出版社,2011 年版。

[31] 胡文龙、秦珪、涂光晋:《新闻评论教程》,北京:中国人民大学出版社,1998 年。

[32] 胡文龙主编:《中国新闻评论发展研究》,北京:中国人民大学出版社,2002 年版。

[33] 黄瑚:《中国新闻事业发展史》,上海:复旦大学出版社,2009 年版。

[34] 李良荣:《中国报纸文体发展概要》,福州:福建人民出版社,2002 年版。

[35] 李仁臣:《〈就是要彻底否定“文革”〉见报前后》,人民日报报史编辑组编《人民日报回忆录》,北京:人民日报出版社,1988 年版。

[36] 李舒:《新闻评论》,北京:中国人民大学出版社,2013 年版。

[37] 林大椿:《新闻评论学》,台北:阳明出版社,1957 年版。

[38] 林之达主编:《中国共产党宣传史》,成都:四川人民出版社,1990 年版。

[39] 刘海贵主编:《中国现当代新闻业务史导论》,上海:复旦大学出版社,2002

年版。

[40] 刘建华、曹云雯编：《获奖评论赏析》，北京：人民日报出版社，2020年版。

[41] 刘建明：《社会舆论原理》，北京：华夏出版社，2002年版。

[42] 刘建明主编：《宣传舆论学大辞典》，北京：经济日报出版社，1992年版。

[43] 刘学义：《话语权转移——转型时期媒体言论话语权实践的社会路径分析》，北京：中国传媒大学出版社，2008年版。

[44] 刘勇：《中国报纸新闻文体嬗变（1978—2008）》，北京：中国人民大学出版社，2016年版。

[45] 马立诚、凌志军：《交锋——当代中国三次思想解放实录》，北京：今日中国出版社，1998年版。

[46] 马少华：《什么影响着新闻评论》，北京：人民日报出版社，2013年版。

[47] 马少华：《新闻评论教程》，北京：高等教育出版社，2007年版。

[48] 孟小平：《揭示公共关系的奥秘——舆论学》，北京：中国新闻出版社，1989年版。

[49] 米博华：《走进高高殿堂——米博华新闻评论选》，北京：新华出版社，2006年版。

[50] 秦珪、胡文龙、涂光晋：《新闻评论写作经验选编》，北京：中国人民大学出版社，1989年版。

[51] 人民日报评论部：《人民日报评论年编》（2009—2021），北京：人民日报出版社，2009—2021年版。

[52] 人民日报评论部：《人民日报任仲平100篇》，北京：人民日报出版社，2018年版。

[53] 尚媛媛：《新闻评论构建法治认同的作用机制与表现》，武汉：武汉大学出版社，2015年版。

[54] 邵华泽：《同研究生谈新闻评论》，北京：人民日报出版社，1999年版。

[55] 邵华泽：《新闻评论写作漫谈》，北京：长城出版社，1986年版。

[56] 邵培仁主编：《20世纪中国新闻学与传播学（宣传学和舆论学卷）》，上海：复旦大学出版社，2002年版。

[57] 石元康：《从中国文化到现代性：典范转移?》，北京：生活·读书·新知三联书店，2000年版。

［58］童兵:《从"驯服工具"到"以人为本"——认知新闻事业人民属性的六十年历程》,郑保卫主编《新闻学论集》第 23 辑,北京:经济日报出版社,2009 年版。

［59］涂光晋:《从"媒体意见发布"到"公众意见整合"——新时期中国新闻评论的历史性变迁》,《2004 第二届亚洲传媒论坛——新闻学与传播学全球化的研究、教育与实践论文集》,北京:中国传媒大学出版社,2005 年版。

［60］涂光晋:《时代之"声"——新时期中国新闻评论研究》,北京:中国人民大学出版社,2011 年版。

［61］王润泽主编:《中国百年新闻经典·评论卷》,北京:人民出版社,2016 年版。

［62］王韬:《弢园尺牍》,北京:中华书局,1959 年版。

［63］王习胜、张建军:《逻辑的社会功能》,北京:北京大学出版社,2010 年版。

［64］王雄:《新闻舆论研究》,北京:新华出版社,2002 年版。

［65］萧功秦:《超越左右激进主义——走出中国转型的困境》,杭州:浙江大学出版社,2012 年版。

［66］谢明辉:《新闻评论研究》,北京:人民日报出版社,2014 年版。

［67］徐宝璜:《新闻学》,北京:中国人民大学出版社,1994 年版。

［68］徐汉雄:《视角的力量——新闻评论的六大思维角度》,北京:中国发展出版社,2019 年版。

［69］颜振育:《立足大事 深化主题》,《中国新闻奖作品选(1997 年·第八届)》,北京:新华出版社,1999 年版。

［70］杨军:《新中国成立以来我党对出版性质认识的历史轨迹探究》,《学报编辑大视野——第四届全国高校社科学报优秀编辑学论著评选获奖论文集粹》,福州:福建人民出版社,2012 年版。

［71］杨雨丹:《都市报时评的公共性探究》,广州:暨南大学出版社,2014 年版。

［72］殷海光:《逻辑新引·怎样判别是非》,成都:四川人民出版社,2018 年版。

［73］喻国明、刘夏阳:《中国民意研究》,北京:中国人民大学出版社,1993 年版。

［74］曾建雄:《中国新闻评论发展史(近代部分)》,南宁:广西师范大学出版社,1996 年版。

［75］张鹤魂:《新闻评论》,北平:现代学社,1941 年版。

［76］张友渔：《报纸评论之起源》，《张友渔文选（上卷）》，北京：法律出版社，1997 年版。

［77］赵曙光主编：《中国网络评论发展报告（2020）》，北京：社会科学文献出版社，2021 年版。

［78］赵振宇：《新闻评论通论》，北京：清华大学出版社，2014 年版。

［79］赵振宇：《新闻评论研究引论——功能、品格、思维、发现》，北京：中国人民大学出版社，2011 年版。

［80］赵振宇：《应对突发事件：舆论引导系统论》，北京：中国社会科学出版社，2017 年版。

［81］郑保卫主编：《马克思主义新闻经典论著导读》，北京：中国人民大学出版社，2007 年版。

［82］郑保卫：《中国共产党新闻思想史》，福州：福建人民出版社，2004 年版。

［83］周伟主编：《思想原声——一百年来的思想激荡》，北京：光明日报出版社，2003 年版。

［84］朱传誉：《报人·报史·报学》，台北：商务印书馆，1985 年版。

三、中文译著

［1］［美］保罗·F·拉扎斯菲尔德、伯纳德·贝雷尔森、黑兹尔·高德特：《人民的选择》（第三版），唐茜译，北京：中国人民大学出版社，2012 年版。

［2］［美］大卫·伊斯利、乔恩·克莱因伯格：《网络、群体与市场——揭示高度互联世界的行为原理与效应机制》，李晓明、王卫红、杨韫利译，北京：清华大学出版社，2011 年版。

［3］［法］居斯塔夫·勒庞：《乌合之众——群体心理研究》，胡小跃译，杭州：浙江文艺出版社，2015 年版。

［4］［美］马克斯维尔·麦库姆斯：《议程设置：大众媒介与舆论》，郭镇之、徐培喜译，北京：北京大学出版社，2008 年版。

［5］［法］米歇尔·福柯：《权力的眼睛：福柯访谈录》，严锋译，上海：上海人民出版社，1997 年版。

［6］［美］尼古拉·尼葛洛庞帝：《数字化生存》，胡泳、范海燕译，海口：海南出版社，1997 年版。

[7][美]沃纳·赛佛林、小詹姆斯·坦卡德:《传播理论:起源、方法与应用》,郭镇之译,北京:华夏出版社,2000年版。

[8][美]沃尔特·李普曼:《公众舆论》,阎克文、江红译,上海:上海人民出版社,2006年版。

[9][美]新闻自由委员会:《一个自由而负责的新闻界》,展江、王征、王涛译,北京:中国人民大学出版社,2004年版。

[10][法]雅克·卢梭:《社会契约论》,何兆武译,北京:商务印书馆,1980年版。

[11][美]约翰·费斯克等:《关键概念:传播与文化研究辞典》(第二版),李彬译注,北京:新华出版社,2004年版。

四、学位论文

[1]邓辉林:《新时期报纸时评运行规范研究——以发展传播学为视角》,华中科技大学博士学位论文,2010年。

[2]董育宁:《新闻评论语篇的语言研究》,复旦大学博士学位论文,2007年。

[3]冯小红:《新传播格局下党报评论的发展对策——以人民日报评论为例》,武汉大学博士学位论文,2015年。

[4]郭超海:《中国共产党执政能力建设与舆论引导机制研究》,中共中央党校博士学位论文,2010年。

[5]胡沈明:《现代新闻评论宽容意识研究》,华中科技大学博士学位论文,2011年。

[6]黄旦:《"耳目"与"喉舌"的历史性转换:中国百年新闻思想主潮论》,复旦大学博士学位论文,1998年。

[7]刘春波:《舆论引导论》,武汉大学博士学位论文,2013年。

[8]刘义昆:《新闻评论的科学精神研究》,华中科技大学博士学位论文,2015年。

[9]倪琳:《近代中国舆论思想演迁》,上海大学博士学位论文,2010年。

[10]苏蕾:《从强公共性到弱公共性——我国媒体评论公共性话语建构》,华中科技大学博士学位论文,2010年。

[11]魏岚:《〈人民日报〉新冠肺炎新闻评论的舆论引导研究》,河北师范大学

硕士学位论文,2021年。

〔12〕杨娟:《民国时期新闻评论理念研究——以储安平为中心的考察》,华中科技大学博士学位论文,2017年。

〔13〕杨雨丹:《言论差异与媒体公共性的建构——以都市报时评为中心的研究》,复旦大学博士学位论文,2012年。

〔14〕喻频莲:《"两报一刊"评论研究》,华中科技大学博士学位论文,2016年。

〔15〕张强:《当代中国新闻评论的民主意识研究》,华中科技大学博士学位论文,2015年。

〔16〕张莹:《在线新闻评论的情感分析研究》,南开大学博士学位论文,2013年。

五、报刊文章

(一) 报纸文章

〔1〕《本报宣言》,《向导》周报,1922年9月13日。

〔2〕《共产党》月刊,1921年第6号。

〔3〕《胡锦涛在全国宣传部长会议上发表重要讲话 围绕中心 服务大局 高度重视并切实做好统一思想工作》,《人民日报》,2002年1月12日,第1版。

〔4〕《江泽民总书记视察人民日报社》,《人民日报》,1996年9月27日。

〔5〕《全国宣传部长会议在京召开江泽民与出席会议同志座谈并作重要讲话》,《人民日报》,2001年1月11日。

〔6〕《全面提升新时代宣传工作的科学化规范化制度化水平——中央宣传部负责人就〈中国共产党宣传工作条例〉答记者问》,《人民日报》,2019年9月1日,第2版。

〔7〕《习近平在党的新闻舆论工作座谈会上强调:坚持正确方向创新方法手段 提高新闻舆论传播力引导力》,《人民日报》,2016年2月20日,第1版。

〔8〕《习近平主持召开中央全面深化改革领导小组第四次会议强调 共同为改革想招 一起为改革发力 群策群力把各项改革工作抓到位》,《人民日报》,2014年8月19日。

〔9〕陈祥林:《经典案件映射法治进程》,《人民法院报》,2009年9月27日,第

8 版。

　　［10］胡锦涛：《在人民日报社考察工作时的讲话》，《人民日报》，2008 年 6 月 21 日。

　　［11］毛泽东：《驳"舆论一律"》，《人民日报》，1955 年 5 月 24 日。

　　［12］习近平：《青年要自觉践行社会主义核心价值观——在北京大学师生座谈会上的讲话》，《人民日报》，2014 年 5 月 5 日，第 2 版。

　　［13］许志永：《开放编年史——2003：孙志刚案开启的公民权利道路》，《经济观察报》，2018 年 6 月 29 日。

　　［14］中华人民共和国国务院新闻办公室：《中国的全面小康》，《人民日报》，2021 年 9 月 29 日，第 10 版。

（二）期刊论文

　　［1］白贵、甄巍然：《"五度"引导：城市党报提升舆论引导力的路径选择》，《中国记者》2013 年第 1 期。

　　［2］蔡名照：《发挥评论旗帜作用 占领舆论引导高地》，《中国记者》2019 年第 11 期。

　　［3］陈柏森：《经济评论要敢于和善于触及经济"难点"——评〈反暴利，在南昌为什么难以展开〉》，《声屏世界》1995 年第 8 期。

　　［4］陈昌凤：《媒体微博：公共事件中的舆论引导者》，《新闻与写作》2013 年第 11 期。

　　［5］陈昌凤、林嘉琳：《批判性思维与新冠疫情报道的伦理问题》，《新闻界》2020 年第 5 期。

　　［6］陈家兴：《新闻评论的舆论引导刍议》，《新闻记者》2009 年第 7 期。

　　［7］毛湛文：《马克思和恩格斯论"舆论纸币"》，《新闻界》2017 年第 2 期。

　　［8］李庆林、穆亭钰：《"舆论纸币"对理解"报刊的内在规律"的价值与意义》，《现代传播》2021 年第 1 期。

　　［9］陈力丹：《"提高新闻舆论传播力、引导力、影响力、公信力"——学习十九大报告关于新闻舆论工作的论述》，《新闻爱好者》2018 年第 3 期。

　　［10］陈力丹：《继承和发展马克思的新闻传播思想》，《新闻与传播研究》2018 年第 6 期。

［11］陈力丹：《刘少奇的新闻思想及其理论意义》，《新闻与传播研究》1998 年第 2 期。

［12］陈慕泽：《中华传统文化缘何未成为全球化大厦担纲之梁——谈逻辑与分析理性》，《湖南科技大学学报（社会科学版）》2005 年第 5 期。

［13］陈绚：《全媒体时代新闻评论的发展路径探析》，《西部广播电视》2021 年第 15 期。

［14］陈亚萍：《论邓小平"文化大革命"之"功"说》，《南京师大学报（社会科学版）》2002 年第 2 期。

［15］陈燕：《重大事件中微信传播的舆论引导》，《新闻界》2014 年第 13 期。

［16］丁柏铨：《论中国共产党百年来舆论观的演变发展》，《新闻与写作》2021 年第 1 期。

［17］丁柏铨：《十八大以来中国共产党新闻舆论观研究论纲》，《中国出版》2016 年第 8 期。

［18］丁柏铨：《新时代中国共产党新闻舆论观的深厚背景试析》，《中国地质大学学报（社会科学版）》2019 年第 5 期。

［19］丁骋、吴廷俊：《舆论"一律"与"不一律"的历史路径及走向探析》，《国际新闻界》2011 年第 3 期。

［20］丁迈、缑赫：《主流媒体舆论引导能力评估体系建构》，《中国广播电视学刊》2016 年第 6 期。

［21］董天策：《20 世纪中国报刊工具理念的历史进程》，《西南民族学院学报（哲学社会科学版）》2001 年第 11 期。

［22］樊亚平、刘静：《舆论宣传·舆论导向·舆论引导——新时期中共新闻舆论思想的历史演进》，《兰州大学学报（社会科学版）》2011 年第 4 期。

［23］范海潮：《竖屏、平民与传播力：〈主播说联播〉创新理念探析》，《电视研究》2020 年第 1 期。

［24］范敬宜：《宏观意识·理论意识·建设意识——"关广梅现象"报道给我们的启示》，《新闻知识》1988 年第 9 期。

［25］范敬宜：《如果不是人民日报转载……》，《新闻战线》1999 年第 10 期。

［26］方毅华、曲经纬：《传播好中国声音 提升舆论引导力——解析央视〈新闻联播〉的故事化实践》，《电视研究》2016 年第 8 期。

[27] 冯德正、苗兴伟:《新闻评论中批判性态度的话语建构》,《现代外语》2022年第2期。

[28] 高卫华:《中华民族传统文化三个传播断层反思》,《现代传播》2012年第11期。

[29] 高玉飞:《新闻评论跨文体写作研究——以中国新闻奖获奖作品〈新时代呼唤蓬勃的青年精神〉为例》,《新闻战线》2019年第20期。

[30] 关敬蓉:《新媒体时代电视评论节目的创新发展》,《新闻战线》2018年第19期。

[31] 光军:《一封来信的"新闻冲击波"——简评1985年全国好新闻特等奖作品〈向袁庚同志进一言〉》,《新闻界》1986年第4期。

[32] 哈艳秋、韩文婷:《论党的新闻事业在群众路线中的实践与传承》,《新闻爱好者》2014年第7期。

[33] 韩国飚:《"王海现象"报道与媒介之舆论导向》,《新闻前哨》1996年第3期。

[34] 韩民青:《发展是变与不变的统一》,《学术论坛》1982年第3期。

[35] 韩艳红:《中国共产党百年来把握社会主要矛盾的三重逻辑》,《马克思主义研究》2021年第12期。

[36] 侯雨亭:《框架理论视角下主流媒体对"中美贸易战"的报道分析——以〈中国日报〉为例》,《科技传播》2020年第7期。

[37] 侯煜、杨恒:《新闻评论的舆论引导能力分析》,《社科纵横》2010年第11期。

[38] 胡百精:《中国舆论观的近代转型及其困境》,《中国社会科学》2020年第11期。

[39] 胡绩伟:《报纸工作人员是调查研究的专业工作人员》,《新闻战线》1980年第5期。

[40] 胡柳娟:《新中国70年中国共产党宣传思想工作的政治考量》,《社会主义研究》2019年第6期。

[41] 胡文龙:《我国新时期新闻评论改革与走向》,《新闻界》1998年第5期。

[42] 胡正强:《中国共产党早期媒介批评实践与思想论略》,《武汉理工大学学报(社会科学版)》2011年第2期。

［43］黄坤明：《以党内法规建设新成效推动宣传思想工作开创新局面》，《奋斗》2019 年第 18 期。

［44］黄芝晓：《新闻评论的现代语感》，《国际新闻界》2007 年第 7 期。

［45］计永超、刘莲莲：《新闻舆论引导力：理论渊源、现实依据与提升路径》，《新闻与传播研究》2016 年第 9 期。

［46］季为民、叶俊：《论习近平新闻思想》，《新闻与传播研究》2018 年第 4 期。

［47］姜春康：《新媒体时代党报新闻评论的变与不变》，《中国报业》2021 年第 7 期。

［48］蒋忠波、邓若伊：《网络议程设置的实证研究——以提升网络舆论引导力为视阈》，《新闻与传播研究》2011 年第 3 期。

［49］金光耀：《"十七年"：不同时代的不同叙述和记忆》，《史林》2011 年第 1 期。

［50］金梦玉、丁韬文：《"短视频＋新闻评论"的创作路径、发展瓶颈与未来探索》，《中国编辑》2021 年第 6 期。

［51］金振吉：《转型期社会矛盾及其化解》，《社会科学战线》2011 年第 3 期。

［52］康维佳：《提升广播评论的思想性——以中国新闻奖获奖作品〈脱贫攻坚摆不得半点"花架子"〉为例》，《中国广播》2018 年第 9 期。

［53］孔德明：《确保舆论引导正确 提高舆论引导能力》，《新闻战线》2008 年第 9 期。

［54］李德民、米博华：《一腔豪情写回归——〈中华民族的百年盛事〉创作体会》，《写作》1999 年第 3 期。

［55］李方存：《广播评论：以强烈的震撼力打动听众——〈治理好污水也是政绩〉采写经过》，《新闻战线》2005 年第 11 期。

［56］李磊明：《中国共产党对理论宣传规律的探索》，《新闻与传播研究》2007 年第 3 期。

［57］李良荣：《艰难的转身：从宣传本位到新闻本位——共和国 60 年新闻媒体》，《国际新闻界》2009 年第 9 期。

［58］李曼：《范敬宜新闻评论研究》，《新闻研究导刊》2018 年第 13 期。

［59］李宁、王唯：《浅淡范敬宜的新闻采写特色》，《西部广播电视》2013 年第 12 期。

［60］李盼、黄梅芳：《赏析两则第二十五届中国新闻奖获奖作品》，《新闻研究导刊》2016年第10期。

［61］李沁、刘人豪、塔娜：《中国主流媒体网络舆论监督的观念嬗变与机制重构》，《当代传播》2021年第6期。

［62］李舒、宋守山：《新闻媒体引导力的内涵、现状与实现层次——一种基于认同理论的分析》，《现代传播》2021年第3期。

［63］李舒：《转型期新闻评论的政治传播功能及其实现》，《现代传播》2012年第4期。

［64］李长春：《在全国宣传部长会议上的讲话》，《党建》2003年第2期。

［65］李拯：《让大型政论彰显"时代温度"——第三十一届中国新闻奖特别奖〈风雨无阻向前进〉写作体会》，《新闻战线》2021年第23期。

［66］林渊：《论唯物辩证法理论发展的层次》，《南京师大学报（社会科学版）》1986年第2期。

［67］刘保全：《观点鲜明 论述透彻 文字清新——评第十四届中国新闻奖言论一等奖〈筑起我们新的长城——论抗击非典的伟大精神〉》，《新闻战线》2005年第1期。

［68］刘保全：《群策群力，现场采写出佳篇》，《新闻与写作》2010年第6期。

［69］刘大保：《言近旨远 清醒难得——读社论〈要注意调节生产的节奏〉》，《新闻战线》1987年第8期。

［70］刘冠才：《先秦诸子与古希腊哲学家修辞观之比较》，《南京师大学报（社会科学版）》2017年第4期。

［71］刘见初：《"增强党性，反映群众"——论毛泽东与新闻舆论引导》，《毛泽东思想论坛》1995年第1期。

［72］刘建明：《党报的理论体系及其建构者》，《国际新闻界》2006年第5期。

［73］刘俊、胡智锋：《媒介融合时代主流媒体如何提升舆论引导力》，《人民论坛》2019年第6期。

［74］刘雷：《新闻评论提升新兴舆论场引导力的策略——以"人民网评"为例》，《传媒》2020年第6期。

［75］刘明洋、吴洁：《在理性权威中诉诸感性表达——基于新冠肺炎疫情期间〈人民日报〉疫情评论的舆论引导分析》，《中国出版》2020年第17期。

［76］刘肖、董子铭：《舆论引导力的学理解读》，《当代传播》2012年第3期。

［77］刘义昆、郭晴晴：《新时代新闻工作者的"四力"实践——基于中国新闻奖文字评论的考察（2014—2019）》，《新闻知识》2020年第1期。

［78］刘义林：《西方理性类型论的演进》，《江西师范大学学报（哲学社会科学版）》1992年第7期。

［79］卢新宁、范正伟：《在寻找"最大公约数"中形成共识——参与写作〈灾难中挺立伟大的中国〉的体会》，《青年记者》2009年第34期。

［80］闫小波、周春梅：《从"两报一刊"到"特约评论员"——纪念真理标准讨论二十周年》，《新闻爱好者》1998年第8期。

［81］吕立勤：《难忘50天——批驳"私营经济离场论"创作谈》，《新闻战线》2019年第21期。

［82］吕文宝、雷跃捷：《新中国成立以来党的新闻舆论理念的演进与逻辑》，《中国广播电视学刊》2021年第7期。

［83］马少华：《观点写作，在创新中建立新的文体默契》，《中国记者》2020年第7期。

［84］马少华：《时评的历史与规范》，《新闻大学》2002年第3期。

［85］彭军辉：《浅淡灾难新闻评论的"议程设置"——以〈人民日报〉"汶川地震"系列评论为例》，《新闻知识》2009年第11期。

［86］齐亚宁：《新媒体时代主流媒体舆论引导力提升路径探讨》，《理论与改革》2015年第5期。

［87］强月新、梁湘毅：《短视频新闻评论话语方式的四种转向——以央视〈主播说联播〉为个案分析》，《现代传播》2021年第4期。

［88］乔一洺：《"中美贸易战"报道的议题设置分析——以〈人民日报〉为例》，《记者观察》2019年第8期。

［89］秦军：《融媒时代 新闻评论路在何方》，《传媒评论》2019年第9期。

［90］任敏：《中国共产党宣传思想工作的百年探索：发展演进、内在逻辑及战略方向》，《中国广播电视学刊》2021年第10期。

［91］阮青、叶胜红：《社会基本矛盾理论与全面深化改革的方向》，《科学社会主义》2016年第3期。

［92］佘双好、汤桢子：《建党百年来中国共产党宣传思想工作概念的生成及其

特点》,《西北工业大学学报(社会科学版)》2021 年第 4 期。

[93] 佘双好、汤桢子:《中国共产党百年宣传思想工作发展历程与基本经验》,《江南大学学报(人文社会科学版)》2021 年第 6 期。

[94] 沈继成:《梁启超与〈时务报〉》,《华中师范大学学报(人文社会科学版)》1998 年第 5 期。

[95] 沈正赋:《论新闻舆论"四力"发展的动力建构》,《现代传播》2022 年第 1 期。

[96] 沈正赋、刘传红:《从宣传到引导:中国共产党新闻舆论思想的历时性考察与思辨》,《中国地质大学学报(社会科学版)》2017 年第 6 期。

[97] 沈正赋:《新媒体时代新闻舆论传播力、引导力、影响力和公信力的重构》,《现代传播》2016 年第 5 期。

[98] 沈正赋:《中国共产党百年宣传观的历史观照与理论探赜》,《当代传播》2021 年第 3 期。

[99] 沈正赋:《中国共产党百年舆论观的历时变迁与发展图景》,《传媒观察》2022 年第 2 期。

[100] 施振宏:《"中国当代史"在〈中图法〉中的类目设置问题探讨》,《国家图书馆学刊》2006 年第 3 期。

[101] 时统宇:《用忧患意识凸现评论的阳刚与大气——评〈莫把"脱困"当"脱险"〉》,《新闻实践》2001 年第 11 期。

[102] 时统宇:《兴盛与衰落:深度报道在传媒中的角色转换》,《中国广播电视学刊》1997 年第 6 期。

[103] 宋守山、李舒:《主流媒体新闻评论引导力的实践路径》,《中国编辑》2021 年第 8 期。

[104] 宋守山:《转型语境中主流媒体新闻评论引导力的困境与提升路径》,《中国记者》2020 年第 7 期。

[105] 宋玉书:《引导而不训导 深刻而不深奥——中国新闻奖获奖新闻评论〈不是所有弯道都是好时机〉点评》,《记者摇篮》2011 年第 5 期。

[106] 孙健:《试析中国共产党新闻舆论观的确立及特色》,《毛泽东邓小平理论研究》2019 年第 5 期。

[107] 童兵:《关于当前新闻传播几个理论问题的思考》,《新闻与传播研究》

2013 年第 1 期。

　　［108］童兵:《全党要高度重视笔杆子工作——邓小平新闻思想的理论要点及其评价》,《新闻记者》2004 年第 8 期。

　　［109］涂光晋、吴惠凡:《表达·交流·争论·整合——新媒体时代新闻评论的变化与反思》,《国际新闻界》2011 年第 5 期。

　　［110］涂光晋、吴惠凡:《从"党的耳目喉舌"到"公众话语平台"——"人民网"意见表达与整合研究》,《现代传播》2012 年第 1 期。

　　［111］涂光晋:《搭建"意见平台"——我国报纸言论版的回顾与思考》,《国际新闻界》2007 年第 7 期。

　　［112］王俊赛、张菊兰:《新媒体时代网络新闻评论特征分析》,《今传媒》2019 年第 4 期。

　　［113］王小萌:《〈中国舆论场〉:新闻评论类节目转型探索的新实践》,《当代电视》2018 年第 8 期。

　　［114］王永章:《论科学发展观以人为本的核心立场》,《思想理论教育》2013 年第 13 期。

　　［115］卫兴华:《中国特色社会主义经济理论体系研究》,《经济学动态》2011 年第 5 期。

　　［116］吴廷俊:《"政治家办报"——研究二十世纪五六十年代中国新闻史的一个关键词》,《国际新闻界》2010 年第 3 期。

　　［117］吴桐:《敢于写有争议的文章——写作〈抛弃一种僵化的思维方式〉的一点体会》,《新闻通讯》1988 年第 8 期。

　　［118］肖燕雄:《文化霸权与"文革"新闻评论》,《现代传播》1997 年第 3 期。

　　［119］新华社新闻研究所课题组:《新媒体环境下新闻评论创新之策》,《中国记者》2013 年第 9 期。

　　［120］徐聪:《全媒体时代党报评论引导力提升四策》,《中国出版》2015 年第 17 期。

　　［121］许向东、刘巧:《时代正气与观点精度的相遇——文字评论〈让劳动光荣成为青年坚定信念〉评析》,《新闻战线》2019 年第 21 期。

　　［122］杨保军:《创制亲近性文本:跨文化有效传播的重要基础》,《国际新闻界》2001 年第 6 期。

［123］杨芳秀:《让党报评论引领主流舆论——范正伟访谈录》,《新闻战线》2016 年第 5 期。

［124］杨娟:《新媒体语境下如何提升新闻评论传播力——以第 28 届中国新闻奖获奖作品为例》,《新闻与写作》2019 年第 4 期。

［125］杨树:《媒体融合背景下新型主流媒体新闻评论创新与发展》,《中国出版》2020 年第 12 期。

［126］杨新敏:《重新认识新闻评论》,《现代传播》2002 年第 4 期。

［127］杨雪:《关注社会热点话题 启发公众理性思考——第二十五届中国新闻奖一等奖作品〈公共辩论,求真比求胜更重要〉评析》,《新闻前哨》2017 年第 10 期。

［128］杨正义:《善用评论 强化新闻报道引导力》,《电视研究》2018 年第 10 期。

［129］杨忠厚:《于发声处显担当——关于主流媒体增强评论引导力的几点思考》,《新闻战线》2016 年第 11 期。

［130］殷俊、孟育耀:《论新媒体言论的基本特征及传播转型》,《国际新闻界》2012 年第 12 期。

［131］应金泉:《引导力·创造力·生命力——试论党报版面的特殊作用和编排艺术》,《新闻实践》1997 年第 10 期。

［132］于宁:《是礼赞也是科学的论证——读〈伟大的理想实现了〉》,《新闻战线》1986 年第 6 期。

［133］喻国明:《传播的"语法革命"和舆论引导力》,《电视研究》2009 年第 10 期。

［134］喻国英:《虑周藻密 风云并驱——〈一个鲜明主题〉点评》,《写作》1999 年第 2 期。

［135］袁志坚:《媒体公信力:提高媒体舆论引导能力的前提》,《新闻与传播研究》2010 年第 5 期。

［136］曾建雄:《转型期新闻评论功能的拓展与内容形式创新》,《国际新闻界》2012 年第 12 期。

［137］曾庆香:《对"舆论"定义的商榷》,《新闻与传播研究》2007 年第 4 期。

［138］张亮、胡晓琳:《谈谈电视新闻评论性节目的新闻性与服务性的结合》,《中国广播电视学刊》1996 年第 2 期。

［139］张涛甫:《时评为时而著 教育因势而变——互联网时代评论写作的变与

不变》,《新闻记者》2019 年第 10 期。

〔140〕张万强:《分析理性视角下的中国传统思维方式论析》,《宁夏大学学报（人文社会科学版）》2014 年第 6 期。

〔141〕张心怡、赵振宇:《渐趋开放的公共空间——〈人民日报〉新创评论版特色研究》,《新闻大学》2017 年第 3 期。

〔142〕张旭安:《探析评论类公众号在新媒体时代下的写作策略——以"侠客岛"为例》,《传媒论坛》2020 年第 10 期。

〔143〕张勇锋:《舆论引导"时、度、效"方法论研究论纲》,《现代传播》2015 年第 10 期。

〔144〕张玉川:《对"新闻评论"一词的溯源与考证》,《国际新闻界》2012 年第 1 期。

〔145〕张原:《新闻评论构建舆引导论话语权的范式研究》,《电视研究》2010 年第 11 期。

〔146〕张占斌、高立菲:《全面建成小康社会:衡量标准与科学内涵》,《人民论坛·学术前沿》2016 年第 18 期。

〔147〕张志安、晏齐宏:《当代中共领导人舆论观及其变迁逻辑》,《当代传播》2018 年第 2 期。

〔148〕章晨曦、董立林:《"融评",给评论更多可能性》,《传媒评论》2019 年第 4 期。

〔149〕赵宬斐:《多元舆论场中党的舆论引导能力研究》,《政治学研究》2014 年第 1 期。

〔150〕赵海奇:《汶川地震报道中网络新闻评论的类型、文风分析》,《新闻世界》2009 年第 2 期。

〔151〕赵振宇、彭舒鑫:《新闻评论:新时代的新气象和新思考》,《新闻战线》2019 年第 5 期。

〔152〕赵振宇:《多重理论视野中的新闻评论》,《西南民族大学学报（人文社科版）》2006 年第 9 期。

〔153〕赵振宇:《一项需要普及和提高的公民素质——关于新闻评论的三点理性思考》,《新闻大学》2007 年第 4 期。

〔154〕郑保卫、张喆喆:《习近平新闻舆论观的思想精髓、理论来源与实践价

值》,《新闻与写作》2019 年第 10 期。

[155] 郑保卫、邹晶:《论当前我国舆论引导的新策略》,《现代传播》2007 年第 6 期。

[156] 郑根岭:《新闻评论新态势研究》,《现代传播》2008 年第 5 期。

[157] 郑珺:《新世纪以来国史学理论问题研究的进展及思考》,《毛泽东邓小平理论研究》2012 年第 11 期。

[158] 郑萍:《中国传媒公共领域探究——基于学界的争论》,《中国行政管理》2010 年第 1 期。

[159] 周勇、倪乐融:《拐点与抉择:中国电视业发展的历史逻辑与现实进路》,《现代传播》2019 年第 9 期。

[160] 朱迪:《新闻评论在重大突发事件中的舆论引导分析——以新冠肺炎疫情期间的主流媒体为例》,《新闻知识》2021 年第 1 期。

[161] 朱佳木:《当代中国史理论研究的学科建设及当前任务》,《思想理论教育导刊》2021 年第 5 期。

[162] 朱佳木:《论中国人民共和国史研究》,《中国社会科学》2009 年第 1 期。

[163] 邹汉阳、肖巍:《党媒提高舆论引导力的历史经验与当代启示》,《毛泽东邓小平理论研究》2016 年第 3 期。

六、电子文献

[1] 大众网:《于欢案直播,让公众在身临其境中感受到公平正义》(2017-5-27),http://www.dzwww.com/2011/zgxwj/28/yh/dldctp/201811/t20181102_18023042.htm.

[2] 光明网:《"四个自信"的真理性来源》(2020-4-5),https://m.gmw.cn/toutiao/2020-04/05/content_123325158.htm.

[3] 人民网:《"于欢案"舆论背后的社会心态及媒体引导研究》(2018-2-5),http://media.people.com.cn/n1/2018/0205/c416774-29806543-2.html.

[4] 人民网:《第二十四届中国新闻奖获奖作品(一等奖)——证难办 脸难看》(2014-10-20),http://media.people.com.cn/BIG5/n/2014/1020/c389973-25869238.html.

[5] 人民网:《守护人民政党的生命线》(2014-10-20),http://media.people.com.cn/n/2014/1020/c389973-25866474.html.

[6] 人民网:《习近平:推动媒体融合向纵深发展 巩固全党全国人民共同思想

基础》(2019-1-26),http://media.people.com.cn/n1/2019/0126/c40606-30591084.html.

〔7〕人民网:《限制"公款消费"本质是制约权力寻租》(2014-10-20),http://media.people.com.cn/n/2014/1020/c389973-25867306.html.

〔8〕人民网:《中国改革"再出发"的总宣言》(2014-5-26),http://media.people.com.cn/n/2014/0526/c384276-25065204.html.

〔9〕腾讯网:《今日话题-宜黄事件:走向正确的方向》(2010-9-19),https://view.news.qq.com/zt2010/yi/index.htm.

〔10〕新华网:《依法理性表达爱国热情》(2010-10-25),http://www.xinhuanet.com/newmedia/2011xwj/wlpl1.html.

〔11〕新华网:《胡锦涛总书记与网民交流:互联网是了解民情汇集民智的重要渠道》(2008-6-22),http://news.xinhuanet.com/politics/2008-06/22/content_8417170.htm

〔12〕新华网:《警惕形式主义披隐身衣卷土重来》(2017-3-21),http://www.xinhuanet.com/2017-03/21/c_1120663063.htm.

〔13〕新华网:《权威发布不能落在舆情后面》(2016-5-12),http://www.xinhuanet.com/politics/2016-05/12/c_1118854762.htm.

〔14〕新华网:《习近平:决胜全面建成小康社会 夺取新时代中国特色社会主义伟大胜利——在中国共产党第十九次全国代表大会上的报告》(2017-10-27),http://www.xinhuanet.com//politics/2017-10/27/c_1121867529.htm.

〔15〕新华网:《做好宣传思想工作,习近平提出要因势而谋应势而动顺势而为》(2018-8-22),http://www.xinhuanet.com/politics/2018-08/22/c_1123307452.htm.

〔16〕新浪网:《人民网评:打通"两个舆论场"》(2011-7-11),https://news.sina.com.cn/pl/2011-07-11/103622792325.shtml.

〔17〕新浪网:《云南邀网友调查躲猫猫事件评论集》(2009-2-20),http://news.sina.com.cn/pl/2009-02-20/101517254616.shtml.

〔18〕央广网:《央广评论:脱贫攻坚摆不得半点"花架子"》(2016-6-22),http://china.cnr.cn/news/20160622/t20160622_522461733.shtml.

〔19〕中国共产党新闻网:《习近平:共同为改革想招 一起为改革发力》(2014-8-18),http://cpc.people.com.cn/n/2014/0818/c64094-25489502.html.

〔20〕中国记协网:"'Cover-up' claims from US are all sound and fury"(谎言:美国最新一轮阴谋论的源头)(2021-10-25),http://www.zgjx.cn/2021-10/25/c_

1310261528.htm.

　　［21］中国记协网：《"贸易恐怖主义"救不了美国》（2019-6-23），http：//www.zgjx.cn/2019-06/23/c_138143776.htm.

　　［22］中国记协网：《"怎么证明我妈是我妈!"》（2016-8-30），http：//www.xinhuanet.com//zgjx/2016-08/30/c_135642364.htm.

　　［23］中国记协网：《"自愿"不能成为职场伤害的"美丽借口"》（2021-10-29），http：//www.zgjx.cn/2021-10/29/c_1310277600.htm.

　　［24］中国记协网：《创造历史的伟大变革——纪念改革开放40周年（上）》（2019-6-23），http：//www.zgjx.cn/2019-06/23/c_138139289.htm.

　　［25］中国记协网：《多国囤粮：一堂活生生的粮食安全"警示课"》（2021-10-29），http：//www.zgjx.cn/2021-10/29/c_1310277622.htm.

　　［26］中国记协网：《何日"凤还巢"?》（2019-6-23），http：//www.zgjx.cn/2019-06/23/c_138158925.htm.

　　［27］中国记协网：《警惕"精致的形式主义"》（2021-10-25），http：//www.zgjx.cn/2021-10/25/c_1310261591.htm.

　　［28］中国记协网：《没有一条生命是为了牺牲而存在》（2020-10-16），http：//www.zgjx.cn/2020-10/16/c_139444008.htm.

　　［29］中国记协网：《凝聚当代中国的价值公约数——论培育和践行社会主义核心价值观》（2016-8-31），http：//www.xinhuanet.com/zgjx/2016-08/31/c_135647537.htm.

　　［30］中国记协网：《欠债咋就不还钱》（2007-1-28），http：//www.xinhuanet.com/zgjx/2007-01/28/content_5664478.htm.

　　［31］中国记协网：《人民网三评浮夸自大文风之一：文章不会写了吗?》（2019-6-23），http：//www.zgjx.cn/2019-06/23/c_138161982.htm.

　　［32］中国记协网：《任何挑战都挡不住中国前进的步伐》（2020-10-14），http：//www.zgjx.cn/2020-10/14/c_139434396.htm.

　　［33］中国记协网：《什么是新闻舆论和舆论导向?》（2020-4-8），http：//www.zgjx.cn/2020-04/08/c_138957190.htm.

　　［34］中国记协网：《网络评论：我们怎样表达爱国热情》（2007-1-28），http：//www.xinhuanet.com//zgjx/2007-01/28/content_5664962.htm.

　　［35］中国记协网：《魏则西事件下的污名化狂欢要不得》（2017-6-19），http：//

www.xinhuanet.com//zgjx/2017-06/19/c_136367136.htm.

〔36〕中国记协网:《新华社评论员:向着更加壮阔的航程——致敬改革开放 40 周年》(2019-6-23),http://www.zgjx.cn/2019-06/23/c_138139502.htm.

〔37〕中国记协网:《新时代呼唤蓬勃的青年精神》(2021-3-5),https://baikeshot.cdn.bcebos.com/reference/56199306/9f57b9481e563f8123896080f337b9eb.png@!reference.

〔38〕中国记协网:《以信仰之光照亮奋斗之路》(2017-6-15),http://www.xinhuanet.com//zgjx/2017-06/15/c_136367154.htm.

〔39〕中国记协网:《于欢案直播,让公众在身临其境中感受到公平正义》(2018-5-27),http://www.pingjiang.zgjx.cn/NewsAwardingSys/WksPublicNetworkAction/todetails.do?id=8a89901063b795680163bd52a2d7028e.

〔40〕中国记协网:《在抓落实中重"绩"留"心"》(2019-6-23),http://www.zgjx.cn/2019-06/23/c_138161990.htm.

〔41〕中国记协网:《张桂梅为什么感动中国》(2021-10-29),http://www.zgjx.cn/2021-10/29/c_1310277609.htm.

〔42〕中国记协网:《治污必须要治官》(2019-6-23),http://www.zgjx.cn/2021-10/29/c_1310277600.htm.

〔43〕中国记协网:《中国故事,更精彩的书写还在后面》(2016-8-29),http://www.xinhuanet.com//zgjx/2016-08/29/c_135641628.htm.

〔44〕中国记协网:《钟华论:在民族复兴的历史丰碑上——2020 中国抗疫记》(2021-10-29),http://www.zgjx.cn/2021-10/29/c_1310277591.htm.

〔45〕中国记协网:《百年辉煌,砥砺初心向复兴——写在中国共产党成立 100 周年之际》(2022-11-1),http://www.zgjx.cn/2022-11/01/c_1310668477.htm.

〔46〕中国记协网:《决不允许"鸡脚杆子上刮油"》(2022-11-1),http://www.zgjx.cn/2022-11/01/c_1310668223.htm.

〔47〕中国记协网:《到处人脸识别,有必要吗?》(2022-11-1),http://www.zgjx.cn/2022-11/01/c_1310668219.htm.

后　记

　　这本书是我的工作单位三江学院建设"国家级一流本科专业（新闻学）"过程中的阶段性成果，也是在我的博士论文基础上加工而来的"迟到"的作品——早在2021年底，本书就已经基本完稿。不过虽然出版的时间晚了一点，但天道酬勤，书墨飘香，也算是圆了我多年来的一个心愿。回想本书的构思、创作和修改历程，苦辣酸甜一点一滴仿似昨日，如在目前。时过境未迁，还是用当时的论文"致谢"表达我此刻的心情吧：

　　当我开始动手写这篇谢辞的时候，时间已过零时，到了二〇二一年的最后一天。虽然这只是我过去两年多来每晚苦熬论文的平常状态，但心中还是百感交集，欲语凝噎，仿佛人生历了一劫，终于迎来重生。一时之间，曾经萦绕心头、朝夕相伴的无数心事和情绪，竟不知从何说起。

　　都说读博是治学之人一生求学道路上的最艰难阶段，不但体现在智力和脑力方面，还有体力、心力、耐力……自己经历了一遭，方知此言非虚。从报考到进门，从上课到开题，从写作到答辩，每一道环节都是对人生定势的突破，每一处难点都是对自身极限的挑战。回想过去的上千个日日夜夜，我每晚守在书桌旁查阅资料，苦思冥想，写下几页甚至只有几百的文字，缓慢而艰难地推进和累积着论文的厚度；而当因为自身的愚钝和延误，对前途产生迷茫、对某些关键环节迟迟不得要领时，那种孤独和焦虑更是难以名状，几欲放弃。光阴似箭，往事历历，如今回头望去，满腔感慨之余，我还是不自禁地心有余悸，自问是没有勇气将这个过程再来一遍的，即使今天的压力与日俱增，环境更加严酷。

　　虽然求学过程屡经波折，但所幸的是，在导师和家人的支持和鼓励之下，这一路我还是咬牙挺了过来，人生得到了历练，也收获了很多。上千个日夜的心血和付出，实实在在地化为了这一篇二十余万字的学位论文，在此过程中研究能力和学术水平自觉得到了很大提升；而读博期间的思考和经历，更是拓宽了视野，沉淀了灵魂，让我受益终身。虽然和同窗相比，我已落后太多，也不敢奢望能拉近差距，但尽全力坚持完成学位论文写作，也算没有完全辜负师长的期望和当年求学的初衷，想来也给了自己稍许安慰。

在此，要深深感谢我的导师李培林教授！导师是个很亲切、随和的长者，当我在求学过程中遇到困难，或者有所懈怠的时候，导师总会及时给予关心和指导，引领方向，答疑解惑。导师的宽厚谦和、谆谆教诲令人感动，也让我有勇气继续将学业进行下去。同样还要特别感谢胡正强教授！在论文写作过程中，胡老师给了我很多宝贵的建议，从选题架构到修改完善，无不浸润着胡老师的心血，也让我深切感受到了一位优秀学者在学识上的高度和厚度、渊博和严谨。

同时，衷心感谢方晓红教授、张晓锋教授对我的关心和指导。在论文选题和写作过程中，方老师和张老师给予了我很多帮助，提出了很多深刻的、一针见血的意见，让我在徘徊不前时如醍醐灌顶、茅塞顿开。此外，还要感谢倪延年教授、顾理平教授、骆正林教授的关心指导，无论课内还是课外，他们的深厚学养和悉心教导，都让我钦佩折服，获益良多。感谢南京大学丁和根教授，在论文修改的关键时刻给予点拨，提出宝贵的指导意见，帮助我消除困惑、精益求精！

感谢我的工作单位三江学院文学与新闻传播学院的领导周建忠教授！在工作中，周院长像一位慈祥而严厉的长辈，对我寄予厚望，关怀备至，为我完成学业创造了最有利的条件，提供了最宽松的环境，给予了最有力的支持，对此我永远心怀感激！感谢曾经的老领导笪佐领校长、石坚教授，谢谢他们当年关心和支持我读博，让我能有一个好的起点，取得今天的成绩。他们是我前进道路上的贵人！谢谢他们！

感谢我的同学王继先、李金宝、高山冰、邹举，他们是我的好朋友，现在都已是功成名就的优秀学者。有他们的示范和激励，让我在彷徨之余，依然怀有梦想，向他们学习！

感谢季丹军、詹悦兰、巢小莉、秦浩，谢谢你们的关心和帮助，为我分担和减轻了很多工作压力，让我能够安心写作。感谢其他关心支持我的同事和朋友，篇幅所限不能一一列举，但我会永远铭记在心。谢谢你们！

当然，还要感谢我的家人，是他们在任何时候都无条件地支持我、帮助我、照顾我，在漫长的求学生涯中成为我最温暖的寄托、最坚强的后盾、最稳定的依靠。感谢我的父亲！儿子让您失望了，您已年近八十，可我学业延宕至今……希望能尽快实现让您参加我的毕业典礼、看到我戴博士帽的梦想！

已是凌晨两点，心中还有千言万语，还有百般滋味，还有很多要感谢的人！但纵然再写万言，也无法完全表达此刻我心中的感谢、感激、感动和感恩之情。唯有来日漫漫余生中，一一报答，无远弗届。

再次感谢所有爱我的人和我爱的人！！

周必勇

二〇二一年十二月三十一日深夜

于汇锦书房

补：感谢丁和根老师为本书作序，他在我访问学者结业之后依然关心和指导我的学业。丁老师的品德和学养，是我一辈子学习的榜样。我很庆幸能够拜入他的门下，做一名光荣的丁门弟子。

此书出版之际，我的父亲已经过世。父亲在病榻之时，我一直用等到春暖花开、来南京参加我的博士毕业典礼这样的话鼓励他、安慰他，但最终未能如愿，这是我无法弥补的终生遗憾。每念及此事，我都心如刀绞。如今，家中父亲的遗像前，一直摆着我身穿学位服、怀捧他遗像的照片，希望通过这种方式，能让父亲的在天之灵感受到我对他的心意和思念。

周必勇

二〇二四年五月七日

于汇锦书房